中国科技成果转化年度报告 2020

（高等院校与科研院所篇）

中国科技评估与成果管理研究会
国家科技评估中心　编著
中国科学技术信息研究所

科学技术文献出版社
SCIENTIFIC AND TECHNICAL DOCUMENTATION PRESS

·北京·

图书在版编目（CIP）数据

中国科技成果转化年度报告.2020：高等院校与科研院所篇／中国科技评估与成果管理研究会，国家科技评估中心，中国科学技术信息研究所编著. —北京：科学技术文献出版社，2021.2

ISBN 978-7-5189-7650-8

Ⅰ.①中… Ⅱ.①中… ②国… ③中… Ⅲ.①科技成果—成果转化—研究报告—中国—2020 Ⅳ.① F124.3

中国版本图书馆 CIP 数据核字（2021）第 025498 号

中国科技成果转化年度报告2020（高等院校与科研院所篇）

策划编辑：李 蕊	责任编辑：张 红 责任校对：张永霞 责任出版：张志平	
出 版 者	科学技术文献出版社	
地　　　址	北京市复兴路15号　邮编　100038	
编 务 部	（010）58882938，58882087（传真）	
发 行 部	（010）58882868，58882870（传真）	
邮 购 部	（010）58882873	
官 方 网 址	www.stdp.com.cn	
发 行 者	科学技术文献出版社发行　全国各地新华书店经销	
印 刷 者	北京时尚印佳彩色印刷有限公司	
版　　　次	2021年2月第1版　2021年2月第1次印刷	
开　　　本	710×1000　1/16	
字　　　数	295千	
印　　　张	24.75	
书　　　号	ISBN 978-7-5189-7650-8	
审 图 号	GS（2021）1478号	
定　　　价	118.00元	

版权所有　违法必究

购买本社图书，凡字迹不清、缺页、倒页、脱页者，本社发行部负责调换

编委会

顾　问：郭向远
主　任：解　敏
编　委：贾敬敦　王瑞军　潘教峰　李志民　黄灿宏
　　　　郭铁成　李有平　陈兆莹　郭书贵　韩　军
　　　　梁　冰　张春鹏

编写组

组　长：张春鹏　董红霞
成　员：王天琪　余本朝　朱湘琳　张　希　屈宝强
　　　　任文锦　赵　欣　唐经东　李　威　李思敏
　　　　刘斯达　张　丁　张　杰　张静园　范宇婷
　　　　钟　科　梁玲玲　盛　睿　鲁　露　曾津国

出版说明

2020年，习近平总书记在科学家座谈会等多个场合的讲话中对科技成果转化做出新指示，要求"加速科技成果向现实生产力转化，提升产业链水平，维护产业链安全"。《中共中央关于制定国民经济和社会发展第十四个五年规划和二〇三五年远景目标的建议》提出"加强知识产权保护，大幅提高科技成果转移转化成效"，对未来科技成果转化指明了方向。

根据《中华人民共和国促进科技成果转化法》《实施〈中华人民共和国促进科技成果转化法〉若干规定》的要求，国家设立的研究开发机构、高等院校有科技成果转化活动的，均要报送上一年度的科技成果转化年度报告。2017年以来，科技部、财政部积极建立和完善科技成果转化年度报告制度，旨在切实掌握研究开发机构和高等院校的科技成果转化进展、取得的成效、主要经验和存在的问题等。2020年，共有3450家单位填报了符合要求规范的2019年年度报告，比2018年的3200家增加250家。2019年，各高校院所积极开展科技成果转化，转化活动持续活跃，成效良好。

在科技部成果转化与区域创新司的指导下，中国科技评估与成果管理研究会、国家科技评估中心、中国科学技术信息研究所综合采用数理统计、专家咨询、电话访谈及实地调查等方法，对3450家研究开发机构和高等院校的科技成果转化情况进行分析研究，组织编写本报告。本

中国科技成果转化
年度报告 2020
高等院校与科研院所篇

报告的编写与发布，旨在使政府部门和社会公众了解科技成果转移转化的进展情况和成效，总结工作案例，针对当前科技成果转移转化存在的问题和障碍，进一步完善科技成果转化政策体系。希望本报告能为各部门、地方、高校院所和科研人员提供参考，进一步释放全社会科技成果转化热情与活力，推动科技成果转化真正落地生根。

本报告分为总体情况、高等院校、科研院所3篇，主要包括概况、科技成果转化总体分析、财政资助项目科技成果转化、科技成果转化收入分配及奖励、产学研合作、兼职创业和创设参股新公司、技术转移机构建设、工作案例等内容。本报告中"科技成果"是指《中华人民共和国促进科技成果转化法》第二条规定的"通过科学研究与技术开发所产生的具有实用价值的成果"。报告重点对《中华人民共和国促进科技成果转化法》规定的技术转让、许可、作价投资活动进行数据分析，技术开发、技术咨询、技术服务等活动在"产学研合作"章节中进行分析。

本报告中的数据源于各填报单位提交的2016—2019年年报数据，工作案例源于2019年填报单位提交的本单位近3年产生的成效内容，政策述评相关的政策文本源于公开渠道搜集整理的2020年党中央、国务院和各部委发布的涉及科技成果转化的法律法规和政策文件。由于每年填报单位总数不同，部分单位填报不具有连续性，因此，本报告中涉及"比上一年增长率"的统计口径为同时填报2019年和2018年年度报告的2760家单位相应数据。编委会在本年度报告数据核对过程中发现，部分单位的单位性质及个别数据有误，填报单位进行了更正，因此，本年度报告中显示的2016—2018年个别数据与往年已发布报告中的数据略有变化。

《中国科技成果转化年度报告（高等院校与科研院所篇）》已连续出版了3年，基于前期的工作基础及分析需求，2020年对年度报告的工作进行了完善，主要包括以下3个方面：一是细化完善填报指标。增加或细化以转让、许可、作价投资方式转化单项科技成果的"成果应用行业领域""转化至省市""转化至企业类型"等指标，深入了解科技成果的具体流向。二是新增分析维度。依据新增指标，深入挖掘科技成果转化流向，包括科技成果转化至单位所在地、行业领域、跨地方和跨地区转化等维度，分析各地方科技成果的产出和承接情况；深入挖掘填报单位中的后起之秀，研究形成新案例、新做法，包括现代科研院所交叉融合和科技成果评估评价等。三是优化报告展现形式。强化多维分析，新增折线图等，使数据展示更多样，增强可读性。

在年度报告的填报和编写过程中，虽然编委会不断进行优化和完善，但是由于每年都会新增填报指标，且填报单位会有所不同，导致不同报送主体对填报指标的认识存在一定差异，个别数据填报仍存在一定不足。随着逐年数据的积累，综合研究分析方法仍有进一步优化空间，科技成果转化对经济社会的贡献和影响有待进一步梳理和总结。本报告以反映客观数据为主，有待社会各界一起进行深入研究。报告中难免存在疏漏，欢迎各位读者批评指正，以便进一步完善。

本报告在编写过程中得到了方衍、李长青、严长春、吴寿仁、罗林波、陈靖、刘毅婷、王钦丽、李楠、秦涛、肖克峰、张娴、杨云、邓益志、闫万体、郭曼、陈柏强、张彦奇、范瑞泉、傅东升等多位专家的大力支持，在此表示衷心感谢。

《中国科技成果转化年度报告2020
（高等院校与科研院所篇）》
编委会

目 录

第一篇 总体情况

第一章 概 况 ... 3
一、科技成果转化总体进展 ... 4
二、科技成果转化政策述评 ... 7
三、科技成果转化工作创新 ... 15
四、科技成果转化存在的问题 ... 19
五、相关建议 ... 23

第二章 科技成果转化总体分析 ... 28
一、基本情况 ... 29
二、以转让方式转化科技成果 ... 41
三、以许可方式转化科技成果 ... 42
四、以作价投资方式转化科技成果 ... 43
五、科技成果转化定价方式 ... 44
六、科技成果转化流向 ... 46

第三章 财政资助项目科技成果转化 ... 59
一、基本情况 ... 59
二、中央所属单位科技成果转化 ... 61
三、各省、直辖市、自治区所属单位科技成果转化 ... 62

四、各地区财政资助科技成果转化 66

第四章 科技成果转化收入分配及奖励 70
一、基本情况 70
二、中央所属单位收入分配及奖励 77
三、各省、直辖市、自治区所属单位收入分配及奖励 83
四、地区收入分配及奖励 90

第五章 产学研合作 92
一、基本情况 92
二、中央所属单位产学研合作 94
三、各省、直辖市、自治区所属单位产学研合作 95
四、地区产学研合作 97

第六章 兼职创业和创设参股新公司 99
一、兼职及离岗创业人员 99
二、创设和参股新公司 100

第七章 技术转移机构建设 102
一、高校院所技术转移机构及人才建设 102
二、与企业共建研发机构、转移机构、转化服务平台 104
三、技术转移机构发挥作用 105

第八章 工作案例 107
一、优化成果转化制度体系，成果转化政策日益完善 107
二、探索现代科研院所交叉融合，提升科技成果转化整体效能 112
三、聚焦关键核心技术，助推高价值科技成果产业化 117

ii

四、推进科技成果本地转化，助力区域经济高质量发展 123

五、深化技术转移机构建设，积极发挥服务支撑作用 128

六、建立成果转化人才培养体系，提升技术转移专业服务能力 132

七、创新科技成果评估评价方法，破解成果转化难题 136

第二篇　高等院校

第一章　概　况 143

　　一、科技成果转化规模 144

　　二、科技成果转化交易金额 145

　　三、科技成果转化收入分配 145

　　四、产学研合作 146

第二章　科技成果转化总体分析 147

　　一、基本情况 148

　　二、以转让方式转化科技成果 158

　　三、以许可方式转化科技成果 159

　　四、以作价投资方式转化科技成果 160

　　五、科技成果转化定价方式 161

　　六、科技成果转化流向 163

第三章　财政资助项目科技成果转化 174

　　一、基本情况 174

　　二、中央所属高等院校科技成果转化 176

　　三、各省、直辖市、自治区所属高等院校科技成果转化 177

　　四、各地区财政资助科技成果转化 181

第四章 科技成果转化收入分配及奖励 185
- 一、基本情况 185
- 二、中央所属高等院校收入分配及奖励 192
- 三、各省、直辖市、自治区所属高等院校收入分配及奖励 199
- 四、地区收入分配及奖励 206

第五章 产学研合作 208
- 一、基本情况 208
- 二、中央所属高等院校产学研合作 210
- 三、各省、直辖市、自治区所属高等院校产学研合作 211
- 四、地区产学研合作 213

第六章 兼职创业和创设参股新公司 215
- 一、兼职及离岗创业人员 215
- 二、创设和参股新公司 216

第七章 技术转移机构建设 218
- 一、高等院校技术转移机构及人才建设 218
- 二、与企业共建研发机构、转移机构、转化服务平台 220
- 三、技术转移机构发挥作用 221

第三篇 科研院所

第一章 概况 225
- 一、科技成果转化规模 226
- 二、科技成果转化交易金额 227
- 三、科技成果转化收入分配 227

四、产学研合作 228

第二章　科技成果转化总体分析 229
　　一、基本情况 230
　　二、以转让方式转化科技成果 240
　　三、以许可方式转化科技成果 241
　　四、以作价投资方式转化科技成果 242
　　五、科技成果转化定价方式 243
　　六、科技成果转化流向 245

第三章　财政资助项目科技成果转化 256
　　一、基本情况 256
　　二、中央所属科研院所科技成果转化 258
　　三、各省、直辖市、自治区所属科研院所科技成果转化 259
　　四、各地区财政资助科技成果转化 262

第四章　科技成果转化收入分配及奖励 266
　　一、基本情况 266
　　二、中央所属科研院所收入分配及奖励 271
　　三、各省、直辖市、自治区所属科研院所收入分配及奖励 277
　　四、地区收入分配及奖励 285

第五章　产学研合作 286
　　一、基本情况 286
　　二、中央所属科研院所产学研合作 288
　　三、各省、直辖市、自治区所属科研院所产学研合作 289
　　四、地区产学研合作 291

第六章　兼职创业和创设参股新公司 293
一、兼职及离岗创业人员 293
二、创设和参股新公司 294

第七章　技术转移机构建设 296
一、科研院所技术转移机构及人才建设 296
二、与企业共建研发机构、转移机构、转化服务平台 298
三、技术转移机构发挥作用 299

附　录

附录 1　2016—2020 年涉及科技成果转化主要政策法规 303

附录 2　2019 年高校院所以转让、许可、作价投资
3 种方式转化科技成果合同金额前 100 名 311

附录 3　2019 年高校院所奖励个人现金和股份总金额前 100 名 316

附录 4　2019 年高校院所以技术转让（包括转让、许可、作价投资）、
技术开发、技术咨询、技术服务方式转化科技成果合同
金额前 100 名 321

附录 5　2019 年高等院校以转让、许可、作价投资
3 种方式转化科技成果合同金额前 100 名 326

附录 6　2019 年高等院校奖励个人现金和股份总金额前 100 名 331

附录 7　2019 年高等院校以技术转让（包括转让、许可、作价投资）、
技术开发、技术咨询、技术服务方式转化科技成果合同
金额前 100 名 336

附录 8　2019 年科研院所以转让、许可、作价投资
3 种方式转化科技成果合同金额前 100 名 341

附录 9　2019 年科研院所奖励个人现金和股份总金额前 100 名 346

目　录

附录 10　2019年科研院所以技术转让（包括转让、许可、作价投资）、技术开发、技术咨询、技术服务方式转化科技成果合同金额前100名 351

附录 11　2019年高校院所以转让、许可、作价投资方式转化科技成果的平均合同金额前100名 356

附录 12　2019年各地方辖区内的高校院所以转让、许可、作价投资方式转化科技成果的合同金额排名 361

附录 13　2019年各地方辖区内的高等院校以转让、许可、作价投资方式转化科技成果的合同金额排名 363

附录 14　2019年各地方辖区内的科研院所以转让、许可、作价投资方式转化科技成果的合同金额排名 365

附录 15　2019年各地方辖区内产出科技成果转化至本地方的合同项数与合同金额情况 367

附录 16　2019年各地方辖区内产出科技成果输出至其他地方合同金额占合同总金额比重的相关情况 369

附录 17　科技成果转化年度报告指标体系 371

附录 18　名词解释 378

第一篇

总体情况 ①

---

① 本篇涉及各维度总数（包括图表中所示数据）分别指 2019 年 3450 家、2018 年 3200 家、2017 年 3395 家、2016 年 2590 家相对应总数，报告中涉及"比上一年增长率"的统计口径是同时填报了 2019 年和 2018 年年度报告的 2760 家单位相应数据。本年度报告在数据核对过程中发现，部分单位的单位性质及个别数据有误，联系填报单位进行更正，因此，本年年度报告中显示的 2016—2018 年个别数据会与往年已发布报告中的数据略有变化。

第一章 概　况

本篇对2019年3450家研究开发机构（以下简称"科研院所"）[①]和高等院校（科研院所和高等院校统称为"高校院所"）的科技成果转化进展和成效、工作案例、2020年出台政策、存在的主要问题及相关建议等内容进行了研究分析。3450家高校院所中，按属地划分，包括中央所属单位535家，地方所属单位2915家；按单位性质划分，包括高等院校1378家，科研院所2072家。2019年，高校院所科技成果转化主要数据如表1-1-1所示。

表1-1-1　科技成果转化总体进展主要数据

	指标	2019年	比上一年增长率
总体概况	总合同项数/项	432 907	34.2%
	总合同金额/万元	10 859 531.1	14.7%

---

① 本报告中"科研院所"指《促进科技成果转化法》中"研究开发机构"，涉及法律法规原文时，仍用"研究开发机构"，其他均使用"科研院所"。

续表

	指标	2019年	比上一年增长率
以转让、许可、作价投资方式转化科技成果	合同项数/项	15 035	32.3%
	合同金额/万元	1 524 205.7	−19.1%
	当年到账金额/万元	443 091.3	29.8%
	财政资助项目产生的科技成果转化合同金额/万元	470 403.7	−18.9%
	中央财政资助项目产生的科技成果转化合同金额/万元	379 299.0	−26.4%
	交易均价/万元	101.4	−38.8%
	单项科技成果转化合同金额超过1亿元的成果/项	24	−20.0%
	个人获得的现金和股权奖励金额/万元	531 355.1	−23.6%
	奖励人次/万人次	7.4	1.7%
	人均奖励金额/万元	7.1	−24.9%
产学研合作	合同项数/项	417 872	34.3%
	合同金额/万元	9 335 325.4	22.9%
其他	与企业共建研发机构、转移机构、转化服务平台/家	10 770	27.2%
	创设和参股新公司/家	2073	−5.0%
	兼职从事成果转化和离岗创业人员数量/人	14 210	23.4%

一、科技成果转化总体进展

总体来看，随着我国促进科技成果转化系列政策法规的逐步落实，各高校院所科技成果转化已进入平稳发展阶段。

（一）科技成果转化活动持续活跃

一是以转让、许可、作价投资方式转化科技成果的合同项数和当年到账金额有所增长。2019年，3450家高校院所以转让、许可、作价投资方式转化科技成果的合同项数为15 035项，其中连续填报的2760家单位的合同项数比上一年增长32.3%，合同总金额为152.4亿元，比上一年下降19.1%。当年到账金额达44.3亿元，比上一年增长29.8%，占当年签订合同总金额的29.1%。二是转化合同总金额超过1亿元的单位数量保持在30家左右。以转让、许可、作价投资方式转化科技成果合同总金额超过1亿元的单位有29家，比上一年下降9.4%。三是财政资助项目产生的科技成果转化合同项数有所上升，金额有所下降。财政资助项目产生的科技成果以转让、许可、作价投资方式转化合同项数为2815项，比上一年增长10.9%；合同金额为47.0亿元，比上一年下降18.9%。其中，中央财政资助项目产生的科技成果转化合同项数为1533项，比上一年增长26.2%；合同金额为37.9亿元，比上一年下降26.4%。

（二）科技成果交易金额下降

一是科技成果交易均价下降。以转让、许可、作价投资方式转化科技成果的平均合同金额[①]为101.4万元，比上一年下降38.8%。二是作价投资合同金额有所下降。2019年以作价投资方式转化科技成果的合同金额达51.0亿元，作价投资平均合同金额1016.6万元，比上一年下降39.1%，是转让方式平均合同金额的18.8倍，是许可方式平均合同金额

---

① 不同行业领域科技成果的经济价值不同，因此，报告中所述平均合同金额只是客观统计的结果，不代表所有科技成果的平均合同金额。

的 9.9 倍。合同项数增长明显，作价投资金额有所回落，使得交易均价有所下降。三是大额科技成果转化项目数下降。2019 年单项科技成果转化合同金额超过 1 亿元[①]的成果有 24 项，比上一年下降 20.0%；超过 5000 万元的有 42 项，比上一年下降 30.0%；超过 1000 万元的有 236 项，比上一年增长 1.7%。其中，中国科学院上海药物研究所和暨南大学联合研发的"1 类新药 JND30134 的合作开发 / 研究"成果转化项目合同金额共计 8.55 亿元。

（三）科技成果转化奖励强度下滑

一是现金和股权奖励总金额有所下降。2019 年个人获得的现金和股权奖励金额达 53.1 亿元，比上一年下降 23.6%，其中现金奖励金额为 30.9 亿元，比上一年增长 17.9%；股权奖励为 22.2 亿元，比上一年下降 47.0%。二是研发与转化主要贡献人员获得的奖励金额有所下降。研发与转化主要贡献人员获得的现金和股权奖励总金额达 47.6 亿元，比上一年下降 26.2%，占奖励个人总金额（53.1 亿元）的比重达到 89.6%。

（四）产学研合作[②] 稳定增长

一是技术开发、咨询、服务合同金额有所增长。2019 年，技术开发、咨询、服务合同金额为 933.5 亿元，比上一年增长 22.9%，占"四技"[③]合同总金额的 86.0%。技术开发、咨询、服务合同金额超过 10 亿元的单位共 8 家。二是与企业共建成果转化平台数量比上一年有所增长，创

---

① 本报告所述"超过 ×× 元"均为包含本身数值。
② 本报告中产学研合作是指以技术开发、技术咨询、技术服务 3 种方式转移转化科技成果的活动。
③ 技术转让（包括转让、许可、作价投资）、技术开发、技术咨询、技术服务，简称为"四技"。

设和参股新公司数量与上一年基本持平。2019年与企业共建研发机构、转移机构、转化服务平台总数为10 770家，比上一年增长27.2%。创设和参股新公司2073家，比上一年下降5.0%。三是兼职从事科技成果转化和离岗创业人员有所增长，智力流动不断强化。高校院所兼职从事成果转化和离岗创业人员数量为14 210人，比上一年增长23.4%。

（五）科技成果转化流向聚集明显

一是科技成果近四成转化至制造业领域（以合同金额计，下同）。以转让、许可、作价投资方式转化的科技成果转化至制造业的合同金额为58.2亿元，占合同总金额的38.2%。二是科技成果超六成转化至中小微其他类型企业。转化至中小微其他类型企业的合同金额为91.9亿元，占合同总金额的60.3%。三是东部地区是科技成果的主要产生地。科技成果产出合同金额排名前3位的省市是上海市、北京市、广东省。四是科技成果主要转化至东部地区。承接科技成果转化合同金额排名前3位的省市是上海市、广东省、江苏省。

二、科技成果转化政策述评

2020年，党中央、国务院及各部委高度重视科技成果转化，不断完善科技成果转化法规与政策体系。修订的法律法规和30多个文件[①]中涉及科技成果转化，涵盖了党中央、国务院对科技成果转化提出加强知识产权保护、加快发展技术要素市场等新要求，深入推进权属、奖评等多项体制机制改革，支持重点难点政策在高校院所、改革示范区试点先

[①] 30多个文件中，党中央、国务院印发11项，其余为相关部委印发。具体政策详见附录1。

行，加强企业创新联合体和专业化技术转移机构等主体的建设，加强科技成果转化基地（平台）建设和推进行业领域科技成果转化等6个方面。

（一）党中央、国务院提出加强知识产权保护、加快发展技术要素市场等新要求，为进一步促进科技成果转化指明方向

2020年，习近平总书记在科学家座谈会、经济社会领域专家座谈会、全面推动长江经济带发展座谈会及中央政治局第二十四次集体学习等讲话中，均对科技成果转化提出了新指示和新要求。包括"要依托我国超大规模市场和完备产业体系，创造有利于新技术快速大规模应用和迭代升级的独特优势，加速科技成果向现实生产力转化，提升产业链水平，维护产业链安全""要激发各类主体活力，破除制约要素自由流动的制度藩篱，推动科技成果转化""要促进产学研协同创新。要提高量子科技理论研究成果向实用化、工程化转化的速度和效率，积极吸纳企业参与量子科技发展，引导更多高校、科研院所积极开展量子科技基础研究和应用研发，促进产学研深度融合和协同创新"等。这些重要讲话既为科技成果转化指明了方向，也提出了具体要求。2020年11月，《中共中央关于制定国民经济和社会发展第十四个五年规划和二〇三五年远景目标的建议》提出"加强知识产权保护，大幅提高科技成果转移转化成效"，对未来科技成果转化提出了更高要求。2020年3月，《中共中央 国务院关于构建更加完善的要素市场化配置体制机制的意见》提出"加快发展技术要素市场"，并提出了健全职务科技成果产权制度、完善科技创新资源配置方式、培育发展技术转移机构和技术经理人、促进技术要素与资本要素融合发展和支持国际科技创新合作5个方面的措施。2020年5月，《中共中央 国务院关于新时代加快完善社会主义市场经济体制的意见》提出"建立以企业为主体、市场为导向、产学研深度融合的技术创新体系，支持大中小企业和各类主体融通创新，创新促进科技成果转化机制""完善技术成果转化公开交易与监管体系，推动科技成果转化和产业化"。

（二）深入推进权属、奖评等多项体制机制改革，助力科技成果转移转化

专利法和国家多个文件为职务科技成果权属改革提供制度保障。新修订的《中华人民共和国专利法》第六条规定的"该单位可以依法处置其职务发明创造申请专利的权利和专利权，促进相关发明创造的实施和运用"和第十六条规定的"国家鼓励被授予专利权的单位实行产权激励，采取股权、期权、分红等方式，使发明人或者设计人合理分享创新收益"，为科技成果赋权改革提供了更全面的法律保障。《国务院关于促进国家高新技术产业开发区高质量发展的若干意见》提出"探索职务科技成果所有权改革"。为推进职务科技成果赋权改革，2020年5月，科技部等9部门印发了《赋予科研人员职务科技成果所有权或长期使用权试点实施方案》（以下简称《实施方案》）。2020年10月，科技部发布了《赋予科研人员职务科技成果所有权或长期使用权试点单位名单》，正式启动赋权改革试点工作。

《实施方案》有以下5个方面值得重点关注：一是理念创新。正式提出了"树立科技成果只有转化才能真正实现创新价值、不转化是最大损失的理念"，通过赋予科研人员职务科技成果所有权或长期使用权实施产权激励，完善科技成果转化激励政策。二是审慎试点。提出了分领域选择40家高等院校和科研机构开展试点，试点期3年，形成可复制、可推广的经验和做法，推动完善相关法律法规和政策措施。三是分类推进。试点单位既可以把归单位所有的职务科技成果所有权赋予成果完成

人,与成果完成人成为共同所有权人,也可以赋予科研人员不低于 10 年的职务科技成果长期使用权。对科研人员而言,既可以在转化前获得职务科技成果所有权(即先赋权后转化),也可以在转化后获得奖励现金和股权(即先转化后奖励)。四是充分授权。明确充分赋予试点单位管理科技成果自主权,探索形成符合科技成果转化规律的国有资产管理模式。单位采取哪一种形式进行科技成果转化,不需报主管部门、财政部门审批。试点单位将科技成果转让、许可或者作价投资给国有全资企业的,可以不进行资产评估;试点单位将其持有的科技成果转让、许可或作价投资给非国有全资企业的,由单位自主决定是否进行资产评估。五是尽职免责。提出试点单位领导人员履行勤勉尽职义务,严格执行决策、公示等管理制度,在没有牟取非法利益的前提下,可以免除追究其在科技成果定价、自主决定资产评估及成果赋权中的相关决策失误责任。各地方、各主管部门要建立相应容错和纠错机制,探索通过负面清单等方式,制定勤勉尽责的规范和细则。完善纪检监察、审计、财政等部门监督检查机制,以是否符合中央精神和改革方向、是否有利于科技成果转化作为对科技成果转化活动的定性判断标准,实行审慎包容监管。

  奖励考核齐发力,以奖评促转化。国家一方面发挥科技奖励的导向激励作用,推动高价值科技成果尽快向现实生产力转化应用。2020 年 10 月,新修订的《国家科学技术奖励条例》规定,国家技术发明奖和科技进步奖将强调实施和应用推广,将"创造显著经济效益、社会效益、生态环境效益或者对维护国家安全做出显著贡献"列为评审条件,明确了国家科技奖励评审中注重科技成果转化实效的导向作用,发挥以奖促转的作用。另一方面发挥考核评价的引导作用,将科技成果转化相关指标列入考核评价范围。2020 年 11 月,教育部发布的《第五轮学科评估工作方案》指出"自然科学学科更加强调科技成果转化应用与解决关键核心技术问题",并将"科研成果（与转化）"作为二级指标之一,"专利转化情况（部分学科）"作为三级指标之一,提升成果转化在学科评估中的重要性。2020年2月,科技部印发的《关于破除科技评价中"唯论文"不良导向的若干措施（试行）》提出"强化分类考核评价导向",明确了不同类型的科技活动和技术创新与成果转化类基地等的评估侧重点。同月,教育部、科技部印发的《关于规范高等学校SCI论文相关指标使用 树立正确评价导向的若干意见》提出,对于"科技成果转化工作,一般不把论文作为评价指标"。2020年6月,科技部、财政部、发展改革委印发的《中央财政科技计划（专项、基金等）绩效评估规范（试行）》将科技计划项目"对科技成果转移转化的作用"列入科技计划项目评估内容。2020年7月,科技部、农业农村部等7部门联合印发《关于加强农业科技社会化服务体系建设的若干意见》提出 "科技成果转移转化的成效作为学科评估、人才评价等各类评估评价和项目资助的重要依据"。

（三）支持创新政策在高校院所、改革示范区试点先行，重点突破

2020年7月,《国务院办公厅关于提升大众创业万众创新示范基地带动作用 进一步促改革稳就业强动能的实施意见》提出"支持高校和科研院所示范基地在建设现代科研院所、推动高校创新创业与科技成果转化相结合、推进职务科技成果所有权或长期使用权改革、优化科技成果转化决策流程、完善产学研深度融合的新机制、建立专业化技术转移机构等方面开展试点"。2020年2月,教育部、国家知识产权局、科技部印发《关于提升高等学校专利质量促进转化运用的若干意见》,提出了"突出转化导向"的基本原则,强化"优化专

利质量和促进科技成果转移转化"的导向,并提出"逐步建立职务科技成果披露制度"和"加强技术转移与知识产权运营机构建设"等重点任务,均为高校院所加快科技成果转移转化提供制度保障。2020年9月,《国务院关于深化北京市新一轮服务业扩大开放综合试点建设国家服务业扩大开放综合示范区工作方案的批复》提出,支持北京"以未来科学城、怀柔科学城等为依托,推动科技成果转化服务创新发展"。2020年10月,中共中央办公厅、国务院办公厅印发的《深圳建设中国特色社会主义先行示范区综合改革试点实施方案(2020—2025年)》提出"加快完善技术成果转化相关制度",包括成果评价机制、科技成果"三权"改革、赋权改革和利益分配机制,要求深圳"探索政府资助项目科技成果专利权向发明人或设计人、中小企业转让和利益分配机制,健全国有企业科研成果转化利益分配机制"。

(四)加强企业创新联合体和专业化技术转移机构等主体的建设

2020年7月,《国务院办公厅关于提升大众创业万众创新示范基地带动作用进一步促改革稳就业强动能的实施意见》提出"构筑产学研融通创新创业体系" 和"鼓励企业示范基地牵头构建以市场为导向、产学研深度融合的创新联合体"。同月,《国务院关于促进国家高新技术产业开发区高质量发展的若干意见》提出"加强专业化技术转移机构和技术成果交易平台建设,培育科技咨询师、技术经纪人等专业人才"。

2020年5月,科技部、教育部印发《关于进一步推进高等学校专业化技术转移机构建设发展的实施意见》,提出的总体思路是"以技术转移机构建设发展为突破口,进一步完善高校科技成果转化体系,强化高校科技成果转移转化能力建设，促进科技成果高水平创造和高效率转化"，主要目标是在"十四五"期间"培育建设 100 家左右示范性、专业化国家技术转移中心"。2020 年 3 月，科技部印发《关于科技创新支撑复工复产和经济平稳运行的若干措施》，将推进科技成果转移转化列为多项措施的内容，并将加快国家技术转移体系建设列为 18 项措施之一。2020 年 5 月，科技部、财政部等 6 部门联合印发《新形势下加强基础研究若干重点举措》，提出"推动产学研协作融通，形成基础研究、应用研究和技术创新贯通发展的科技创新生态"。

（五）加强科技成果转化基地（平台）建设

国家高度重视科技成果转化基地（平台）建设，包括中试工程化服务平台、科技成果转化示范区、国家技术创新中心等。2020 年 7 月，《国务院关于促进国家高新技术产业开发区高质量发展的若干意见》提出"支持在国家高新区内建设科技成果中试工程化服务平台，并探索风险分担机制"。2020 年 7 月，《国务院办公厅关于提升大众创业万众创新示范基地带动作用进一步促改革稳就业强动能的实施意见》提出"建设专业化的科技成果转化服务平台，增强中试服务和产业孵化能力"。2020 年 9 月，《国务院关于深化北京市新一轮服务业扩大开放综合试点建设国家服务业扩大开放综合示范区工作方案的批复》支持未来科学城、国际合作产业园区、北京高端制造业基地、北京创新产业集群示范区等载体建设。

2020 年 4 月，科技部、财政部印发《关于推进国家技术创新中心建设的总体方案（暂行）》，提出要"健全以企业为主体、产学研深度融合的技术创新体系，完善促进科技成果转化与产业化的体制机制，为现代化经济体系建设提供强有力的支撑和保障"，定位于"实现从科学到技术的转化，促进重大基础研究成果产业化"。2020 年 6 月，《科技部办公厅关于加快推动国家科技成果转移转化示范区建设发展的通知》指出，为充分发挥国家科技成果转移转化示范区的带动作用，以科技成果转化引领示范区高质量发展，同时提出了加快示范区建设发展的 7 项措施，包括服务科技型企业、创新促进科技成果转化机制模式、强化科技成果转化全链条服务、加快推进重大科技成果转化应用、集聚创新资源、完善工作推进体系、优化布局和绩效评价等。

（六）各部委陆续出台配套政策，推进行业领域科技成果转化

智能建造、农业、铁路等行业领域科技成果转化配套政策日趋完善。2020 年 7 月，住房和城乡建设部、发展改革委等 13 部门联合印发《关于推动智能建造与建筑工业化协同发展的指导意见》，提出"加快智能建造科技成果转化应用，培育一批技术创新中心、重点实验室等科技创新基地"。2020 年 4 月，《农业农村部办公厅关于开展国家农业科技示范展示基地建设的通知》将农业科技示范展示基地定位为"加快农业科技成果转化，开展先进技术集成示范推广，推动先进农业技术传播，引领农业高质量发展的重要示范展示平台"，要求建设主体"构建科技成果转化的先行区域"，提升转化能力，省级农业农村部门要"推进成果转化、技术推广、农民培训在基地融会贯通"，基地要加强与科技支撑单位的合作，"鼓励科研人员在基地创新创业""探索建立农业科技成果在基地转化应用收益合理分配做法，提高建设运营主体和科技支撑单位开展成果转化和技术应用的积极性"。2020 年 7 月，科技部、农业农村部等 7 部门联合印发《关于加强农业科技社会化服务体系建设的若干意见》，提出"推动高校和科研院所进一步加强成果转化和科技服

务""建立健全高校和科研院所农业科技成果转移转化机制，加强对成果转化的管理、组织和协调"。国家铁路局印发的《铁路行业科技创新基地管理办法（试行）》规定铁路行业科技创新基地包括铁路行业重点实验室和铁路行业工程研究中心，前者的职能是"开展基础研究、应用基础研究、前瞻性技术及相关公益性技术研究"，后者是"促进重大科技成果转化和产业化的孵化器"，促进科技创新成果的工程化、产业化。

三、科技成果转化工作创新

在科技成果转移转化过程中，科研院所、高等院校结合实际，积极探索形成符合自身特点的科技成果转化工作模式。

（一）优化成果转化制度体系，成果转化政策日益完善

多数单位在科技成果转化工作中主动研究探索加快科技成果转化政策措施，深化顶层设计，出台、修订、完善具体可操作的科技成果转化管理制度，形成各具特色的科技成果转移转化工作机制。暨南大学通过制定一系列加快科技成果转化、推动经营性领域技术入股改革试点的政策措施，以市场为导向，创建以地方研究院等新型研发机构为核心的科技成果转化平台体系，组建协同创新中心、工程中心、产学研基地和校企联合实验室等近100个产学研平台，探索科技成果转化新路径。2019年，学校以转让、许可、作价投资方式转化科技成果总金额达4.3亿元。上海大学通过制度、管理、服务体系的不断建设与完善，聚焦成果转化难点痛点，组建科技成果转化政策研究中心，通过理论与实践相结合，探索"专利申请权转让"方式和落实个税"减半计征"政策实施路径，2019年"专利申请权转让"项目金额近1亿元。

（二）探索现代科研院所交叉融合，提升科技成果转化整体效能

一些单位在我国深化科技体制改革、实施创新驱动战略的大环境下，积极创新促进科技成果转化机制，多学科交叉融合建设现代科研院所，探索提升科研水平和完善成果转化方式。中国科学院空天信息创新研究院由中国科学院电子学研究所、遥感与数字地球研究所、光电研究院整合组建，将电子与信息科学、遥感科学、光电工程等技术领域交叉融合，实现从平台到载荷、器件，再到数据接收、处理、应用的全链条创新体系。研制的"嫦娥四号"两载荷成功开机，使我国成为国际首次实现在月球背面开展低频射电天文观测的国家。知识产权作价 2 亿入股企业，赋能地方新旧动能转换。中国科学院脑科学与智能技术卓越创新中心聚焦脑科学和类脑智能技术领域，与校、地、院、企合作创立脑科学与类脑智能、认知与认知能力智能、智能机器人、智能集成 IC 与智能传感技术等五大协同科学研究中心，积聚各类优势学科力量交叉融合，2019 年实现以转让、许可方式转化金额 1.17 亿元。

（三）聚焦关键核心技术，助推高价值科技成果产业化

部分单位围绕国家重大战略需求和世界科技前沿，聚焦关键核心技术，注重基础科学研究，加强高价值专利培育，探索科技成果转化创新模式。中国科学院微电子研究所围绕集成电路产业链的关键环节和重大需求，以平台为载体，探索"产业链、创新链、金融链"三链融合创新模式，与地方政府共建 10 多个新型研发机构，与合肥市、TCL 集团、中科院科技成果转化基金发起设立总规模 102 亿元的集成电路相关产业基金，累计成功孵化企业 116 家，2019 年企业实现营业收入超 90 亿元。中国科学院动物研究所立足于面向世界科技前沿和国家重大需求，聚焦

干细胞与再生医学领域核心技术研发与高价值专利培育,通过建设国家干细胞资源库和再生医学创新研究院,推动干细胞与再生医学的研究、应用与转化,研究所成果转化后再研发的干细胞药物 CAStem 细胞注射液(科舒达),入选国务院联防联控机制科技攻关组重点推荐的治疗新冠肺炎"三药三方案"。中国民航科学技术研究院聚焦民航行业发展,探索内部转化、集成转化、合作研发等多种成果转化模式,通过开展重点技术产品产业化,到集成不同单位技术联合实施,再到跨行业推广应用等,实现研究院内外和行业内外的科研成果转化,转化的特性材料拦阻系统(EMAS)助力打破国外公司对该项产品的技术和价格垄断。

(四)推进科技成果本地转化,助力区域经济高质量发展

一些单位依托自身行业特色,聚焦区域产业创新,建立形式多样、转化通畅的校地、校企合作模式,推进本地化产业集聚。中国药科大学通过校企共建基地、研究院、"企业驻校"等模式,与长三角生物医药创新企业在学科建设、人才培养、科学研究等方面开展广泛交流合作。2019 年,学校启动了 4 个科技成果转化平台基地的运营和建设,共建 53 个校企联合实验室,产学研合作项数达 488 项,合同总金额 1.79 亿元。华南理工大学通过打造"五院一园"科技成果转化示范区,推动项目与企业需求、创新成果与现实生产力、科技与产业和资本的对接。与华为、美的、联想、金山等行业龙头企业建立"校企联合实验室",让科研成果向生产力直接转化,服务粤港澳大湾区战略性新兴产业布局。近年来,已实现近 1000 件知识产权转让、许可、作价投资,直接转化收益近 5 亿元。

（五）深化技术转移机构建设，积极发挥服务支撑作用

多数单位的技术转移机构不断总结科技成果转化工作经验，推动建立、深化、完善符合自身科技成果转化的体制机制，探索、实践、形成符合自身特色的科技成果转化服务模式。浙江大学技术转移机构通过开展高价值专利筛选工作，采用走访、调研等方式，挖掘企业合作需求，在校企技术合作、共建创新平台、联合申报科技项目、服务创新创业等方面牵线搭桥、参与谋划、组织前期调研和推广对接服务。成功促成各类产学研合作项目总经费逾 1.6 亿元，推动校企战略合作 2.5 亿元。沈阳药科大学技术转移中心通过待转化成果库和合作平台建设，以联盟为依托，以待转化成果库为基础，以调研、发布、对接为抓手，推动学校共建产学研合作平台和合作实验室，选派专家进驻企业，服务省内生物医药产业转型发展，实现科研成果、科研人才的有效供给。2019 年，通过中心共签订"四技"合同 157 项，合同金额 3.74 亿元。

（六）建立成果转化人才培养体系，提升技术转移专业服务能力

多数单位不断深化完善技术转移人才体系架构，注重培养建设复合型技术转移人才队伍，增强专业水平和服务能力，科技成果转化工作能力显著提升。中国科学院上海光学精密机械研究所构建起由"中科院知识产权专员 + 上海光机所知识产权专员 + 研究室知识产权管理员"3 个层级的知识产权人才队伍，运营管理研究所科技成果转化平台，形成以研究所为科技创新源头，以 3 个转化平台为中试孵化基地，运用二次开发、培育孵化等方式，先后培育孵化了 50 余家激光相关中小型高科技企业，成果转化能力显著提升。山东大学通过整合技术转移中心、大学科技园、山东工业技术研究院的科技资源，形成人员统一调配协调联动

的工作体系，通过设立技术转移分中心、共建产业技术研究院等多种形式搭建覆盖全省的科技成果转移转化网络，不断加强机构人员的培训，建立了校内外专兼职科技成果转移转化工作队伍，近3年累计派出人员200余名到地方政府和企业进行科技挂职，对接学校科技资源优势与地方产业需求，与地市签约共建平台40余个，合同经费突破2.5亿元。

（七）创新科技成果评估评价方法，破解成果转化难题

部分单位破解传统科技成果分类管理与转化难题，注重以市场化前景为导向，创新建立有利于管理、培育、转化的科技成果评估评价系统与工作体系。南京理工大学研究建立高校成果的专利标引加工体系，解决专利成果的评价指标、评价方法等问题，开发标引评价系统PMES，实现学校专利分类别、分层次管理和运营，促进促成校企横向合同签约额5000余万元，专利转让518件，服务企业400余家。武汉理工大学设立科技成果转化培育项目，研究建立实施细则和评价标准，通过遴选第三方机构开展科技成果评价工作，引导科技人员围绕新技术新产品新装备开展科技创新，精准对接市场企业需求，产生高价值专利包和项目群。2019年，经评价后共资助成果94项，实现科技合作项目签约10余项，形成的项目群和专利群有力反哺了学校优势学科的竞争力和影响力。

四、科技成果转化存在的问题

本年度高校院所在填报年度报告中反映的情况[①]和相关调研显示，当前影响科技成果转化的主要问题涉及科技成果转化政策衔接和落实、

---

① 2019年，3450家高校院所中1668家（占总数的48.3%）单位报送了目前存在的问题和建议，23.0%（共793家）的单位反映存在不同层面的科技成果转化问题。

专业化转移机构和人才、科技成果转化基地（平台）建设、科技成果质量和转化动力、科技评价机制改革、科技金融体系等方面。

（一）科技成果转化政策需进一步衔接和落实

一是政府部门间科技成果转化部分相关法规政策衔接不够。部分单位反映《促进科技成果转化法》和《中华人民共和国专利法实施细则》两项法律对科技人员奖励报酬的计算方式存在差异，实际操作人员理解不同，影响相关激励机制的实施。实际上，根据《中华人民共和国立法法》中新法优于旧法、专门法优于一般法的规定，成果转化应优先遵循《促进科技成果转化法》实施奖励。科技成果转移转化涉及多个部门，目前有些地方各部门间对法规政策理解不到位、认识不统一、统筹协调不够，有待系统性地统一修订或培训与成果转化相关的政策，加强政策的衔接落地。二是现有科技成果转化政策落实不到位。国家近年来出台了一系列收益分配、定价机制、税收减免、决策免责等相关规定，但部分地方对政策的理解有偏差，相应可落地的实施细则缺乏，提供相关政策咨询服务有限，部分高校院所也存在缺乏相关配套措施的问题，在一定程度上影响了成果转化工作的实施。三是医疗卫生机构（尤其高等院校附属医疗机构）成果转化机制不明确。《促进科技成果转化法》中规定高等院校和科研院所为科技成果转化的主体，具有科研职能的医疗卫生机构（尤其高等院校附属医疗机构）是否享受科技成果转化相关政策，各地对政策的理解存在差异。

（二）专业化转移机构和人才仍需加强建设和培养

一是专业化的技术转移机构仍待加强。2019年年度报告统计数据显示，自建技术转移机构的单位占比是19.3%，在本单位科技成果转化过程中发挥重要作用的占比是41.2%。部分单位反映，已设立的技术转移机构职能不健全，仅能进行技术服务类、品种权许可等简单操作，对常规科技成果转化的5种方式并不熟悉，对于作价投资等需要提供系列专业化服务的转化活动更无法有效实施。部分单位未设立专门技术转移机构，涉及科技成果转化需科研人员自己完成或者寻找第三方中介服务机构协助完成，而目前中介服务机构水平参差不齐，中介服务机构内部转移转化机制尚未健全，提供的服务缺乏专业性，难以满足高校院所高质量的成果转化要求。二是缺乏复合型转移转化人才。转移转化涉及知识产权、技术开发、法律财务、企业管理、商业谈判等方面，对专业的转移转化人员要求高。但目前高校院所给予转移转化人才的待遇不高且没有明确的晋升机制，愿意投身于此的专职人员较少，高水平技术转移专业人才仍较为紧缺。

（三）科技成果转化基地（平台）尚待系统性布局

一是中试基地缺乏系统性布局。虽然国家及地方对中试放大试验基地的重视程度有所提升，但依然存在着经费投入不足、观念和意识未跟进、社会中试资源分散、企业参与动力不足、利益分配机制缺乏和建设不充分等问题。二是缺乏系统完备的第三方信息交流平台。现存的各类信息平台缺少统一规范和管理，普遍存在新闻信息多、统计分析少，重复信息多、前沿资讯少，零散数据多、有效资源少等问题。缺少信息共享的利益分配机制，全国性科技成果信息服务网络的各个节点无法真正打通、形成有效协同，进而增加了获取有效信息的难度，严重影响了科技成果信息服务平台的使用效率和可信度。三是高校科技成果转化基地建设与成果转化分属不同部门，存在政策不协调、各自为政的情况；平台建设的内容与设立时的目标不一致，成果转化在平台的评估中没有发挥引导作用。

（四）科技成果质量和转化动力有待提高

一是高校院所反映的"四唯"问题仍然存在，部分科研工作者重基础研究轻应用研究，重论文轻成果转化，不了解市场情况和企业需求，转化动力有待提高。二是部分科技成果质量水平不高，许多成果只是为了完成项目、发表论文、申报专利和申报职称凑数，成果本身转化价值不高。三是成果转化主体作用有待进一步发挥。部分中小企业资金实力有限，科技成果承接能力弱，较难将科技成果及时推向市场。而有成果转化能力的大型国有企业创新不够，动力不足，风险投资体系不够完善，不愿尝试创新成果的转化应用。

（五）科技评价机制改革需要深入推进

一是破除"四唯"尚未找到合理有效的评价方法来替代。虽然2020年国家出台了一系列相关政策，但部分单位反映，"四唯"破而未立，如何将科技成果转化放入职称晋升的考核体系尚未有统一方式，我国科技评价的不良状况没有得到明显改善，科学合理的评价机制有待进一步落实。二是科技成果评价缺乏规范性。目前，科技成果评价仍以同行评议的定性评价为主，缺乏以分类评估、系统性、定量定性相结合、可溯源为原则开展科技成果评价的机构，开展的科技成果评价活动缺乏规范性和权威性。国家科技计划立项、验收评审中对科技成果的先进度、成熟度、创新度等的评价重视不够。三是无形资产估值难。目前多数单位主要采用通过学术委员会进行初步估值后，结合财务核算的形式进行评估，但是这种方法存在一定的局限性，因无形资产的特殊性，较难准确估算其真正的价值。

（六）科技成果转化金融支持体系亟待完善

科技成果转化工作离不开金融资本支撑。近年来，国家层面设立了国家科技成果转化引导基金等多类金融资本，引导社会资源支持科技创新，推动成果转化。截至 2019 年年底，中国政府引导基金的数量已经超过了 1700 支，目标规模达到了 10 万亿元，已到位的资金规模 4.69 万亿元。但年度报告中高校院所反映，因规避风险，相关资本进入成果转化最早期，解决成果转化"死亡谷"问题的意愿不太强烈，资本普遍更愿追求"短平快""赚快钱"的利益回报。如何引导资本建立从实验研究、小试、中试到规模化生产全过程，多元化、差异化的科技金融投资模式，仍是科技成果转化面临的重要课题。

五、相关建议

党的十九届五中全会提出，坚持创新在我国现代化建设全局中的核心地位，把科技自立自强作为国家发展的战略支撑，把科技创新摆在各项规划任务之首。习近平总书记对科技创新和成果转化工作多次做出指示，明确提出"要加速科技成果向现实生产力转化，提升产业链水平，维护产业链安全""要发挥企业在技术创新中的主体作用，使企业成为创新要素集成、科技成果转化的生力军，打造科技、教育、产业、金融紧密结合的创新体系"。按照以习近平总书记为核心的党中央的指示和要求，科技成果转化下一步工作要牢牢把握遵循坚持系统观念的原则，推进科技成果转化政策与各项政策的深度融合，形成纵向到底、横向贯通的科技成果转化工作体系，让科技成为支撑我国经济发展的核心动力。

（一）打通科技成果转化政策堵点，全面推进相关政策落地实施

一是针对相关政策进行细化并解读，打消基层执行人员和科技成果转化人员的疑虑。二是进一步完善高校院所科技成果转化资产评估管理制度，完善科技成果类无形资产的国有资产管理办法，提高科技成果转化管理效能。三是推广打通政策链的典型经验和做法。目前，上海市、江苏省、广东省、山东省等地科技成果转化金额较高，科技成果转化相关政策落实取得一定成效，可在地方开展科技成果转化政策培训，加强经验交流和推广。

（二）建设和培育技术转移机构和人才，提高专业化服务能力

一是加强专业技术转移机构建设。落实《关于进一步推进高等学校专业化技术转移机构建设发展的实施意见》的要求，积极推进指导高校专业化技术转移机构建设相关工作，依据不同高校的专业特色，建设一批能够提供行业特色成果转化服务的技术转移机构。同时推动社会化技术转移机构高质量发展，形成技术转移机构百家争鸣的新局面。二是加强专业化转移人才培养。完善职业资格体系和职业标准，推动技术转移人员职称序列的设立完善。积极建立技术经理人学历教育和社会化培训相结合的培养体系，充分发挥国家技术转移人才培养基地作用。推广北京等地方模式，积极探索技术转移人才培养新机制，增设技术经纪专业职称，探索推动国家科技成果转化研修中心的建设，完善课程体系，培养高质量科技成果转化人才队伍。三是充分发挥新型研发机构在科技成果转化过程中的作用。一批功能定位和机制模式均改革创新的新型研发机构大量涌现，在促进科技成果转化方面发挥了积极作用。建议进一步

创新机制，如建立"政府—新型研发机构"间人才交流机制，以选派优秀青年管理干部挂职等方式保障新型研发机构与政府部门顺畅、高效对接，进一步提升新型研发机构在成果转化及专业人才培养等方面的服务效能。

（三）优化科技成果转化基地（平台）建设，为成果转化提供有力支撑

一是优化国家科技成果转移转化示范区布局和升级。完善政策措施，打造成果转化基地、成果转化示范企业等，促进技术、人才等科技创新资源向企业汇聚。支持企业牵头组建创新联合体，联合高校院所共同建立联合实验室、研发基地、协同创新中心等企校联合研发平台。鼓励示范区面向企业重大应用场景，研究实施以需求为导向的科技成果转化专项。支持示范区开展跨区域技术转移合作。二是部署实施科技创新创业行动，进一步提升众创空间、孵化器、大学科技园、新型研发机构等建设水平，充分发挥其在中试放大试验中的作用，提升成果转化效能。三是建立具有第三方公信力的国家级科技成果信息集成平台。充分汇聚各类资源要素并且开放共享，针对不同行业的特点，建立有特色的分领域的信息平台，强化供给双方信息对接。

（四）促进供需两端双向发力，推动高质量科技成果产出

一是出台"工程带科研"等相关政策。针对企业工程化、产业化中的难点和关键问题，公开招投标，鼓励和支持企业积极采用新技术、新工艺、新产品、新材料等，以需求为导向加速科技成果转化应用。二是鼓励高校院所整合科技成果资源。汇集企业需求，建立科技项目库、专家库和信息库，建立项目发布制度，选择符合产业转型升级的重大成果

转化项目予以跟踪支持。三是鼓励高校院所组织召开洽谈会或通过网络渠道介绍推广科技成果。针对性地联系对口政府部门、相关企事业单位，积极推进成果转化。四是各地方探索创办成果转化平台企业、以技术成果参股组建科技型企业、派出员工参与科技型企业运营、鼓励职工创办科技企业或到科技企业兼职等，打通成果转化和社会服务通道。

（五）扎实推进科技评价制度改革，完善科技成果转化机制

一是建立科学合理的科研评价导向，细化科技成果转化从业人员考核晋升细则，以质量、贡献和转化绩效为导向，激发科研人员转化热情。二是建立科技成果分类评价系列标准，加强现有可操作性强的科技成果评价标准的推广应用，引导科技成果评价行业规范有序发展。适时将技术成熟度评价纳入国家科技计划立项、验收评审标准中，同时作为国家科技成果转化引导基金等科技金融投资决策的条件，发挥好科技成果评价在成果转化中的作用。三是深入落实新颁布的奖评等评估制度。2020年11月，教育部发布的《第五轮学科评估工作方案》指出"自然科学学科更加强调科技成果转化应用与解决关键核心问题"，并将"科研成果（与转化）"作为二级指标之一，高校应积极落实此项方案，积极推进科学评价制度的执行。

（六）引导更多金融资源支持科技成果转化，加强科技与金融深度融合

扩大创业投资和政府创业投资引导基金规模，强化对种子期、初创期创业企业的直接融资支持。继续完善国家科技成果转化引导基金管理制度，强化"投早、投小、投硬科技"的功能定位，发挥好转化基金在落实重大科技创新决策中作用。深化促进科技和金融结合，积极探索通

过天使投资、创业投资、知识产权质押融资、知识产权证券化、科技保险等方式推动科技成果产业化,建立从实验研究、中试到生产的全过程、多元化和差异性的科技创新融资模式,为促进科技成果转移转化提供更多金融产品服务。

第二章
科技成果转化总体分析

本篇涉及的3450家高校院所中,高等院校1378家,占39.9%;科研院所2072家,占60.1%。从隶属关系来看,中央所属单位共535家(占15.5%),其中高等院校99家、科研院所436家;地方所属单位共2915家(占84.5%),其中高等院校1279家、科研院所1636家(图1-2-1)。从区域分布看,3450家高校院所在东部、中部、西部、东北4个区域的分布情况为:东部地区1620家(占47.0%),中部地区760家(占22.0%),西部地区853家(占24.7%),东北地区为217家(占6.3%)。

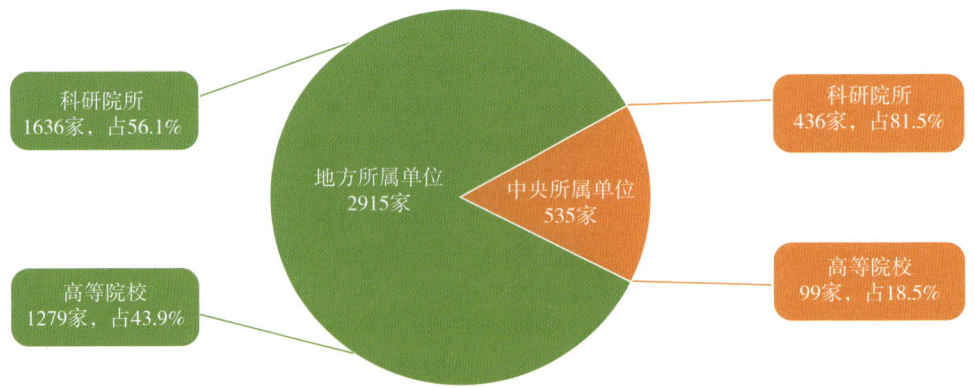

图1-2-1 单位分布情况

一、基本情况

科技成果转化活动日益活跃，以转让、许可、作价投资3种方式转化科技成果转化合同项数增长，合同金额降低。2019年，3450家高校院所以转让、许可、作价投资3种方式转化科技成果合同项数为15 035项，比上一年增长32.3%；合同金额达152.4亿元，比上一年下降19.1%（图1-2-2）。

图1-2-2　以转让、许可、作价投资3种方式转化科技成果基本情况

科技成果转化平均合同金额比上一年有所下降。3450家高校院所以转让、许可、作价投资方式转化科技成果的平均合同金额为101.4万元，比上一年下降38.8%。1266项合同金额高于平均合同金额，占合同总项数的8.4%。

单项合同金额集中在1万～10万元。单项合同金额在1万（含）～10万元的合同为6534项，占合同总项数的44.0%，该区间的合同金额为2.2亿元，仅占合同总金额的1.5%；10万（含）～100万元的合同项数占比为31.6%，合同金额占比为8.9%；100万（含）～1000万元的合同项数占比为 8.4%，合同金额占比为 21.8%；1000 万（含）～5000 万元的合同项数占比为 1.3%，合同金额占比为 25.8%；5000 万元及以上的合同项数占比仅为 0.3%，合同金额占比达 2.0%。总体上，100 万元及以上的合同项数占比累计为 10.0%，合同金额占比达 89.6%，将近合同总金额的九成（表 1-2-1、图 1-2-3）。

表 1-2-1 科技成果转化合同金额区间分布分析情况

合同金额区间	合同项数[①]/项	合同数量占比	合同金额小计/万元	合同金额占比
5000 万元及以上	42	0.3%	640 260.8	42.0%
1000 万（含）～5000 万元	194	1.3%	393 093.1	25.8%
100 万（含）～1000 万元	1251	8.4%	333 002.6	21.8%
10 万（含）～100 万元	4687	31.6%	134 913.9	8.9%
1 万（含）～10 万元	6534	44.0%	22 155.9	1.5%
1 万元以下	2129	14.3%	779.4	0.1%
总计	14 837	100%	1 524 205.7	100%

①此处合同项数总计数据为 14 837 项，与 2019 年以转让、许可、作价投资方式转化科技成果共 15 035 项不一致，其原因为部分高校院所将多个成果纳入一个科技成果转化合同。

科技成果转化合同金额超过亿元的单位数量下降。2019 年签订的以转让、许可、作价投资方式转化科技成果合同金额超过 1 亿元的高校院所数量为 29 家，比上一年下降 9.4%；超过 1000 万元以上的单位有 207 家，这 207 家单位的合同金额占 3450 家单位合同总金额的 91.6%。

由于科技成果转化合同中对执行方式和执行周期的具体约定不同，部分转让、许可方式的转化合同金额会按执行周期进展分阶段拨付，

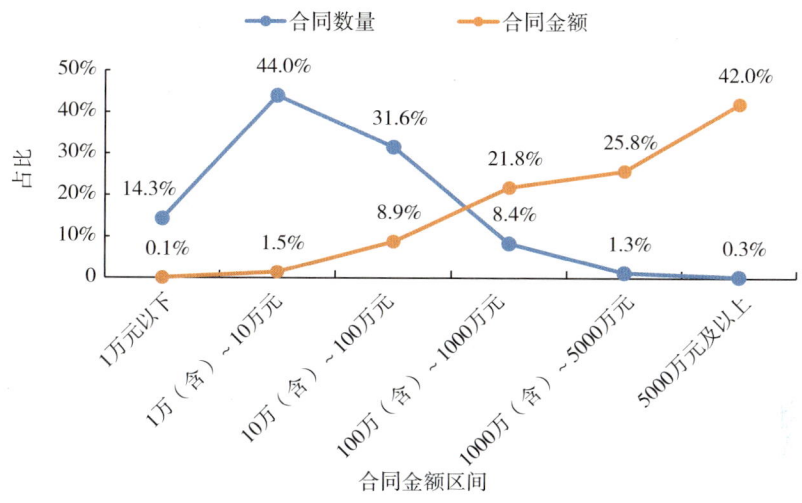

图 1-2-3　科技成果转化合同金额区间分布情况

通常情况下高校院所会基于当年实际到账金额实施奖励。因此，为了能够更加准确地反映科技成果转化产生的实时经济效益，采集了各单位的转让、许可转化合同的当年到账金额。统计显示，2019 年当年到账金额共计 44.3 亿元，比上一年增长 29.8%，占当年签订合同总金额的 29.1%。其中，中央所属高校院所当年到账金额为 22.7 亿元，比上一年增长 14.1%；地方所属高校院所当年到账金额为 21.6 亿元，比上一年增长 55.1%。

高价值成果转化效益凸显，24 项成果转化合同金额达超过 1 亿元。2019 年，以转让、许可、作价投资 3 种方式转化科技成果单项合同金额超过 1 亿元的合同有 24 项，超过 5000 万元的有 42 项，超过 1000 万元的有 236 项。将超过 1 亿元的科技成果按转化至单位所在地区来看，其中 21 项转移至东部地区（上海市 8 项、江苏省 3 项、浙江省 3 项、北京市 2 项、广东省 2 项、山东省 2 项、天津市 1 项），2 项转化至中部地区（湖南省），1 项转化至西部地区（四川省）；按转化至单位类型来看，其中 6 项转化至境内国有企业（5 项转化至大型国有企业，

1项转化至中小微国有企业），18项转化至其他企业（4项转化至大型其他企业，14项转化至中小微其他企业）。中国科学院上海药物研究所有5项科技成果转化的合同金额超过1亿元（表1-2-2）。

表1-2-2 转化合同金额超过1亿元的成果

序号	成果名称	合同金额/万元	转化方式	高校院所名称	转化去向	转化至单位所在地区
1	磁共振弹性成像三维可视化方法及系统等3个成果	43 666.7	其他[①]	中国科学院深圳先进技术研究院	境内（大型其他企业）	上海市
2	1类新药JND30134的合作开发/研究	42 750.0	转让	中国科学院上海药物研究所	境内（中小微企业）	上海市
3	1类新药JND30134的合作开发/研究	42 750.0	转让	暨南大学	境内（中小微企业）	上海市
4	核酸测序方法等28项成果	30 000.0	转让	深圳华大生命科学研究院	境内（中小微其他企业）	广东省
5	一类五元杂环并吡啶类化合物及其制备方法和用途	28 400.0	许可	中国科学院上海药物研究所	境内（大型其他企业）	上海市
6	一种柔性多参数传感器及其制造方法等200项专利	24 990.0	作价投资	中国科学院微电子研究所	境内（中小微国有企业）	四川省
7	M类细胞制备技术	22 000.0	许可	中国科学院动物研究所	境内（中小微其他企业）	北京市
8	增强激动型抗体活性的抗体重链恒定区序列专利及相关技术秘密	20 780.0	许可	上海交通大学	境内（中小微其他企业）	江苏省
9	FT-1500A技术秘密	20 000.0	作价投资	天津先进技术研究院	境内（大型国有企业）	天津市

第一篇 第二章 科技成果转化总体分析

续表

序号	成果名称	合同金额/万元	转化方式	高校院所名称	转化去向	转化至单位所在地区
10	低空检测技术等3个专利池	20 000.0	作价投资	中国科学院空天信息创新研究院	境内（大型国有企业）	山东省
11	"航天超大型铝合金材料与构件制造产业化"技术	20 000.0	作价投资	中南大学	境内（中小微其他企业）	湖南省
12	多中心协同生物医学信息基础平台	20 000.0	作价投资	之江实验室	境内（中小微其他企业）	浙江省
13	用于建设30个生产车间生产"大豆肽粉"等10种产品	19 840.0	许可	长春大学	境内（中小微其他企业）	山东省
14	一种新的肿瘤免疫治疗方法	15 400.0	许可	中国科学院分子细胞科学卓越创新中心	境内（中小微其他企业）	浙江省
15	抗白介素18受体的治疗型抗体专利	14 100.0	许可	上海科技大学	境内（中小微其他企业）	上海市
16	抗肿瘤化学1类新药SOMCL-15-290的合作开发/研究	13 000.0	转让	中国科学院上海药物研究所	境内（中小微其他企业）	上海市
17	化学1类新药DW10139的合作开发/研究	13 000.0	转让	中国科学院上海药物研究所	境内（中小微其他企业）	上海市
18	压电单晶新材料	12 500.0	作价投资	西安交通大学	境内（大型国有企业）	江苏省
19	"提高光束偏振度测量精度的方法"等73项专利（申请）权	12 000.5	作价投资	中国科学院上海光学精密机械研究所	境内（中小微其他企业）	北京市
20	紫杉醇-油酸小分子前药自组装纳米粒的构建	11 000.0	转让	沈阳药科大学	境内（大型国有企业）	浙江省

33

续表

序号	成果名称	合同金额/万元	转化方式	高校院所名称	转化去向	转化至单位所在地区
21	基于新型动力源的C4机动平台专有技术（包括3项专有技术）	10 500.0	作价投资	中南大学	境内（中小微其他企业）	湖南省
22	新的喹啉类化合物及其用途（QBH-196）项目	10 000.0	转让	沈阳药科大学	境内（大型国有企业）	广东省
23	抗肿瘤化学1类新药Hu315s的合作开发/研究	10 000.0	转让	中国科学院上海药物研究所	境内（中小微其他企业）	上海市
24	多黏菌素衍生物及其制备方法和应用	10 000.0	其他	中国医学科学院医药生物技术研究所	境内（大型其他企业）	江苏省
合计/万元					486 677.20	
占全国合同总金额的比重					31.93%	

① "其他"是指采用多种方式组合转化。

（一）转化方式对比情况

转让是科技成果转化的主要方式，转让合同项数占转让、许可、作价投资3种方式合同总项数比重超六成。2019年，以转让方式转化科技成果的合同项数为9872项，比上一年增长36.0%；以许可方式转化科技成果的合同项数为4661项，比上一年增长30.1%；以作价投资方式转化科技成果的合同项数为502项，比上一年下降4.6%。转让合同项数占3种方式合同总项数（15 035项）的65.7%（图1-2-4）。

第一篇 第二章 科技成果转化总体分析

图 1-2-4　以转让、许可、作价投资方式转化科技成果合同项数情况

以转让方式转化科技成果的合同金额有所增长，以许可、作价投资方式转化科技成果的合同金额均下降。以转让方式转化科技成果的合同金额为 53.4 亿元，比上一年增长 7.8%；以许可方式转化科技成果的合同金额为 48.0 亿元，比上一年下降 8.7%；以作价投资方式转化科技成果的合同金额为 51.0 亿元，比上一年下降 41.9%（图 1-2-5）。

图 1-2-5　以转让、许可、作价投资方式转化科技成果合同金额情况

转让、许可、作价投资方式转化科技成果的平均合同金额均有所回

35

落，作价投资平均合同金额最高。转让方式的平均合同金额为54.1万元，比上一年下降20.7%；许可方式的平均合同金额为103.0万元，比上一年下降29.9%；作价投资方式的平均合同金额为1016.6万元，比上一年下降39.1%（图1-2-6）。作价投资方式平均合同金额是转让方式的18.8倍，是许可方式的9.9倍。

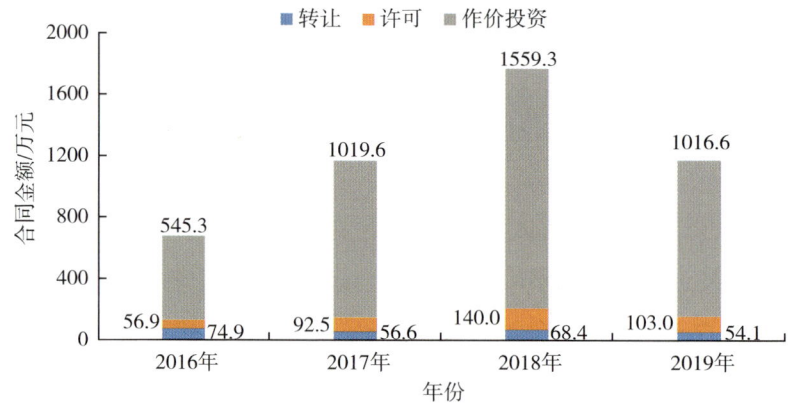

图1-2-6 以转让、许可、作价投资方式转化科技成果平均合同金额情况

（二）中央所属单位科技成果转化情况

中央所属高校院所科技成果转化合同项数略有增长，合同金额下降。2019年，中央所属高校院所以转让、许可、作价投资3种方式转化科技成果的合同项数为4045项，比上一年增长10.8%；合同金额为100.1亿元，比上一年下降30.1%；科技成果转化平均合同金额247.4万元，比上一年下降37.0%（图1-2-7）。

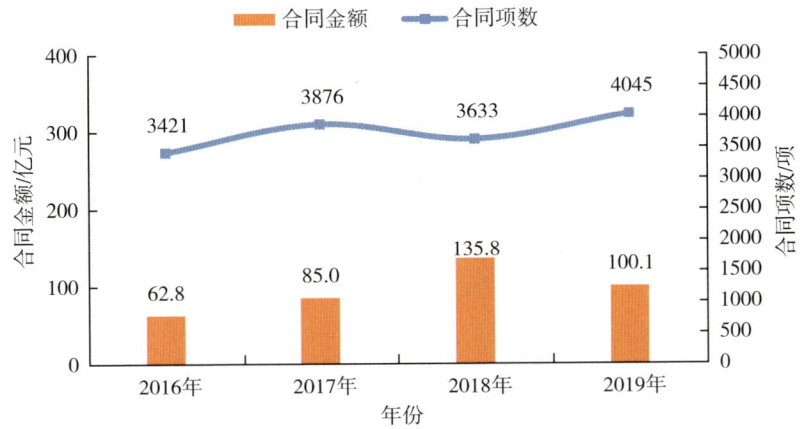

图 1-2-7 中央所属单位以转让、许可、作价投资方式转化科技成果情况

部分单位科技成果转化效益凸显。中国科学院上海药物研究所连续出现大额转化合同，2019年单项转化合同金额超过1亿元的成果达5项，2019年以转让、许可、作价投资方式转化科技成果的合同总金额达6.8亿元。暨南大学2019年签订科技成果转化合同13项，比上一年下降31.6%，合同金额4.4亿元，比上一年增长60.4倍，在中央所属高等院校中合同金额排名居首。

（三）各省、直辖市、自治区所属单位科技成果转化情况

1. 成果转化概况

各省、直辖市、自治区（以下简称"地方"）所属高校院所科技成果转化合同金额略有增长，合同项数大幅增长，平均合同金额略有降低。2019年，地方所属单位以转让、许可、作价投资3种方式转化科技成果的合同金额为52.4亿元，比上一年增长18.2%；合同项数为10 990项，比上一年增长42.7%；平均合同金额47.6万元，比上一年降低17.2%（图1-2-8）。

图 1-2-8　地方所属单位以转让、许可、作价投资方式转化科技成果情况

南方科技大学科技成果转化合同总金额达 3.3 亿元，在全国地方所属高等院校中居首。深圳华大生命科学研究院科技成果转化合同总金额达 3.0 亿元，在地方所属科研院所中排名居首。浙江理工大学科技成果转化合同 258 项，合同金额 1231.9 万元，转化合同项数在地方所属高校院所中位列第一。

2. 各地方成果转化情况

2019 年，地方所属单位以转让、许可、作价投资方式转化科技成果的合同金额排名前 3 位的省市分别是广东省（9.5 亿元）、浙江省（6.0 亿元）、上海市（5.5 亿元）（图 1-2-9）。

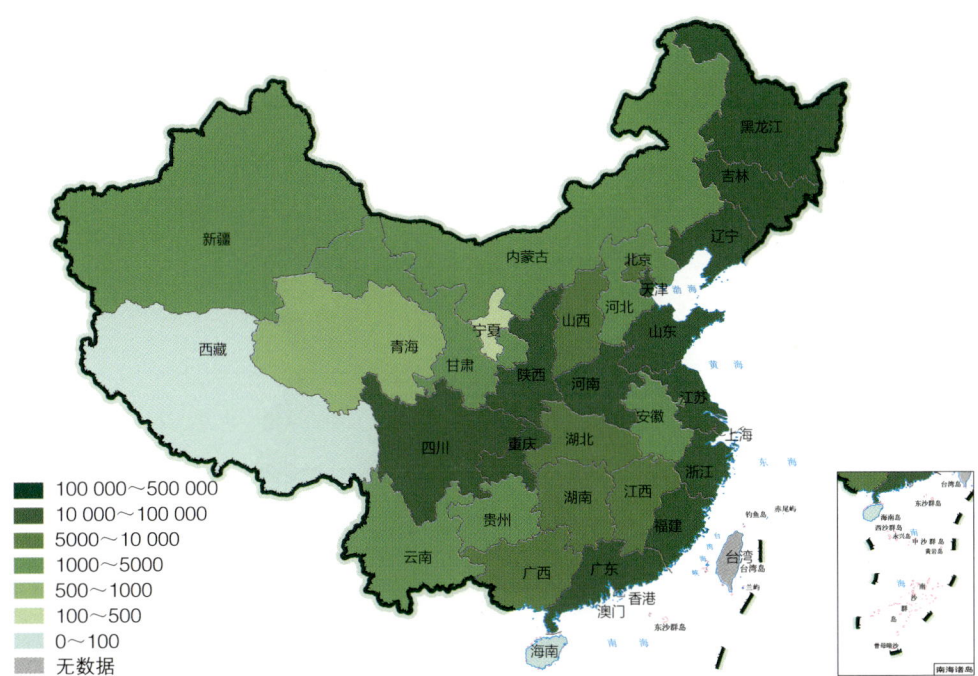

图 1-2-9 地方所属单位以转让、许可、作价投资方式转化科技成果合同金额情况（单位：万元）

（四）地区科技成果转化情况[①]

1. 单位所在辖区科技成果转化情况

按照单位所在地统计显示，2019年各地方辖区内的高校院所以转让、许可、作价投资方式转化科技成果的合同金额排名前3位的省市分别是上海市（36.0亿元）、北京市（26.2亿元）、广东省（20.5亿元）（图1-2-10）。

---

① 该部分各地方数据是指各地方所属单位及其辖区内中央所属单位相应数据的加和。

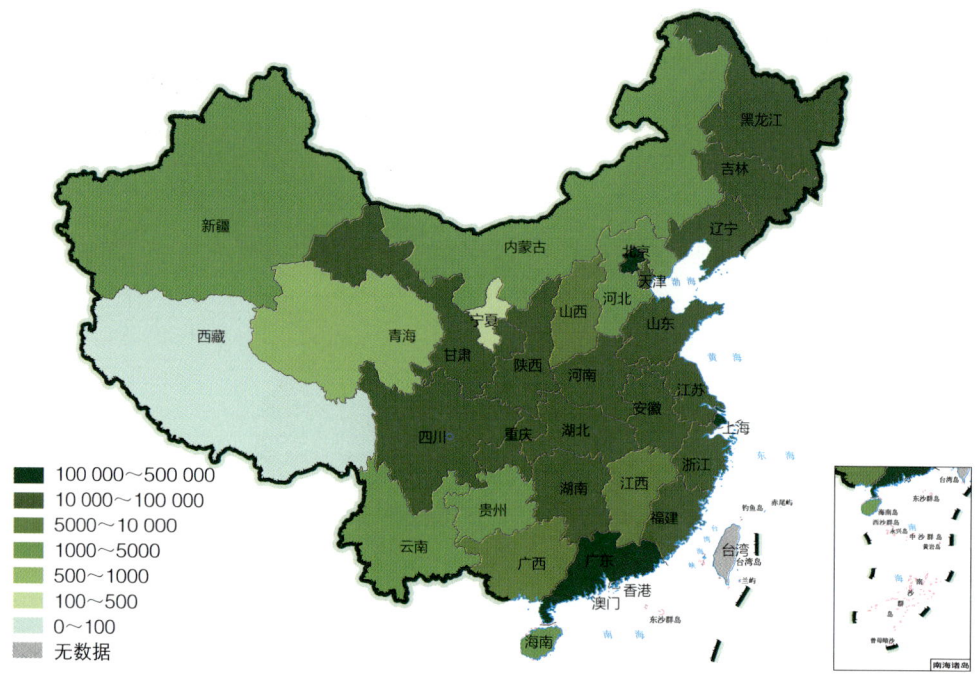

图 1-2-10 各地方辖区内单位科技成果转化合同金额情况（单位：万元）

2. 东部、中部、西部、东北地区科技成果转化情况

按照填报单位所在地区统计，东部、中部、西部及东北部地区的高校院所以转让、许可、作价投资方式转化科技成果的合同金额均有不同程度的下降。根据国家统计局 2011 年公布的我国东部、中部、西部、东北地区的划分方法[①]，2019 年，东部地区单位以转让、许可、作价投资方式转化科技成果合同金额最高，为 111.4 亿元，比上一年下

---

① 根据国家统计局公布的《东西中部和东北地区划分方法》，本报告中东部、中部、西部、东北地区分别指：东部地区包括北京、天津、河北、上海、江苏、浙江、福建、山东、广东和海南（10 省市）；中部地区包括山西、安徽、江西、河南、湖北和湖南（6 省）；西部地区包括内蒙古、广西、重庆、四川、贵州、云南、西藏、陕西、甘肃、青海、宁夏和新疆（12 省区市）；东北地区包括辽宁、吉林和黑龙江（3 省）。

降 16.9%。中部地区单位以转让、许可、作价投资方式转化科技成果合同金额为 14.6 亿元，比上一年下降 6.2%。西部地区单位以转让、许可、作价投资方式转化科技成果合同金额为 13.7 亿元，比上一年下降 16.5%。东北地区单位以转让、许可、作价投资方式转化科技成果合同金额为 12.7 亿元，比上一年下降 43.1%（图 1-2-11）。

图 1-2-11　各地区以转让、许可、作价投资方式转化科技成果合同金额情况

二、以转让方式转化科技成果

以转让方式转化科技成果的合同金额，合同项数均有所增长。2019年，以转让方式转化科技成果的合同金额达 53.4 亿元，比上一年增长 7.8%；合同项数为 9872 项，比上一年增长 36.0%；平均合同金额为 54.1 万元，比上一年下降 20.7%（图 1-2-12）。

图 1-2-12　以转让方式转化科技成果合同项数、合同金额情况

2019年，以转让方式转化科技成果合同金额超过1亿元的单位有5家，分别是中国科学院上海药物研究所（14.0亿元）、深圳华大生命科学研究院（3.0亿元）、沈阳药科大学（2.1亿元）、上海大学（1.0亿元）、中国医学科学院医药生物技术研究所（1.0亿元）。沈阳药科大学、中国医学科学院医药生物技术研究所以转让方式转化科技成果合同金额成倍增长。2019年，沈阳药科大学以转让方式转化了5项科技成果，合同金额共2.1亿元，比上一年增长300.0倍；中国医学科学院医药生物技术研究所以转让方式转化了1项科技成果，合同金额达1.0亿元，比上一年增长14.2倍。

三、以许可方式转化科技成果

以许可方式转化科技成果的合同项数显著增长，合同金额略有下降。2019年，以许可方式转化科技成果的合同项数为4661项，比上一年增长30.1%；合同金额为48.0亿元，比上一年下降8.7%；平均合同金额为103.0万元，比上一年下降29.9%（图1-2-13）。

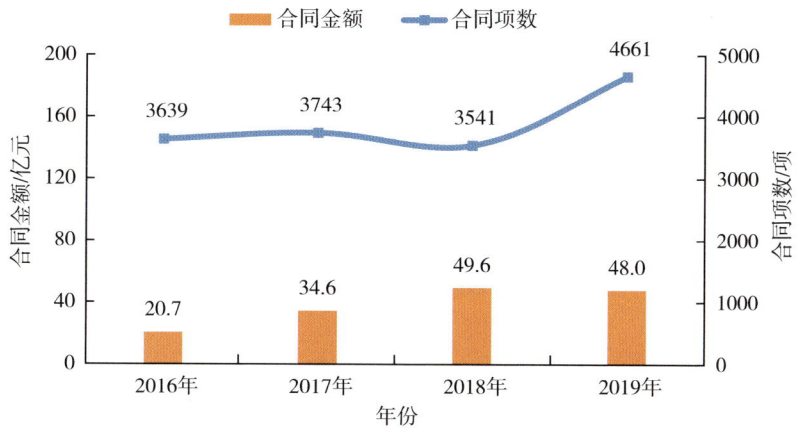

图 1-2-13　以许可方式转化科技成果的合同项数、合同金额情况

以许可方式转化科技成果合同金额超过 1 亿元的单位共 13 家，分别是暨南大学（4.3 亿元）、中国科学院上海药物研究所（3.1 亿元）、上海科技大学（3.0 亿元）、长春大学（2.9 亿元）、上海交通大学（2.4 亿元）、中国科学院动物研究所（2.2 亿元）、中国科学院分子细胞科学卓越创新中心（2.1 亿元）、中国农业科学院兰州兽医研究所（1.4 亿元）、中国民航科学技术研究院（中国民用航空局航空安全技术中心）（1.4 亿元）、中国科学院天津工业生物技术研究所（1.3 亿元）、中国药科大学（1.2 亿元）、清华大学（1.1 亿元）、中国科学院脑科学与智能技术卓越创新中心（1.0 亿元）。

四、以作价投资方式转化科技成果

以作价投资方式转化科技成果的合同金额，合同项数均有所下降。2019 年，以作价投资方式转化科技成果的合同金额为 51.0 亿元，比上一年下降 41.9%；合同项数为 502 项，比上一年下降 4.6%；平均合同金额为 1016.6 万元，比上一年下降 39.1%（图 1-2-14）。

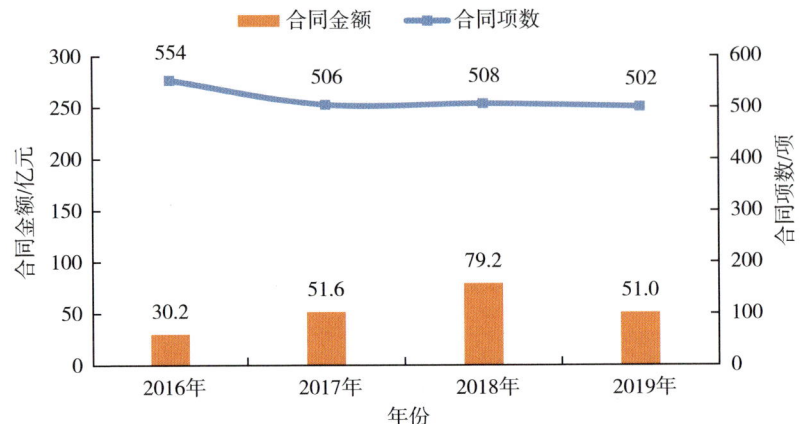

图 1-2-14　以作价投资方式转化科技成果合同项数、合同金额情况

作价投资成为部分单位大额科技成果转化的重要方式。2018年，中南大学作价投资合同项数7项，比上一年增长40.0%，合同金额2.0亿元，比上一年增长108.7%，平均合同金额2830.0万元，比上一年增长49.1%；2019年，作价投资合同项数8项，比上一年增长14.3%，合同金额3.8亿元，比上一年增长90.0%，平均合同金额4705.6万元，比上一年增长66.3%。2018年，中国科学院深圳先进技术研究院作价投资合同项数8项，比上一年增长33.3%，合同金额1.0亿元，比上一年增长13.9%，平均合同金额1239.6万元，比上一年下降14.6%；2019年，作价投资合同项数7项，比上一年下降12.5%，合同金额4.9亿元，比上一年增长394.5%，平均合同金额7005.5万元，比上一年增长465.1%。

五、科技成果转化定价方式

协议定价方式是科技成果转化主要定价方式，占比达到95%以上。根据《促进科技成果转化法》的规定，科技成果持有单位可以自主决定转让、许可或者作价投资,但应当通过协议定价、在技术交易市场挂牌交易、拍卖等方式确定价格。2019 年,3450 家单位以转让、许可、作价投资方式转化的 14 837[①] 项科技成果中,采用协议定价方式的有 14 392 项,占总数的 97.0%,合同总金额 143.5 亿元,平均合同金额 99.7 万元;采用拍卖方式的有 170 项,占总数的 1.1%,合同总金额 1.3 亿元,平均合同金额 76.0 万元;采用挂牌交易方式的有 275 项,占总数的 1.9%,合同总金额 7.6 亿元,平均合同金额 276.0 万元(图 1-2-15)。

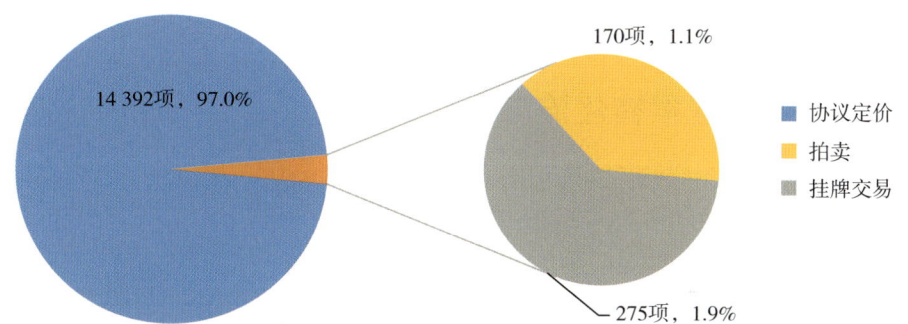

图 1-2-15 以转让、许可、作价投资方式转化科技成果的定价方式情况

科技成果转化定价过程中,经过评估的转化成果为 3370 项,占总数的 22.7%,合同总金额 87.3 亿元,平均合同金额 258.9 万元;未经过评估的转化成果为 11 467 项,占总数的 77.3%,合同总金额 65.2 亿元,平均合同金额 56.8 万元(图 1-2-16)。

---

① 此处合同项数统计数据为 14 837 项,与 2019 年以转让、许可、作价投资方式转化科技成果共 15 035 项不一致,其原因为部分高校院所将多个成果纳入一个科技成果转化合同。

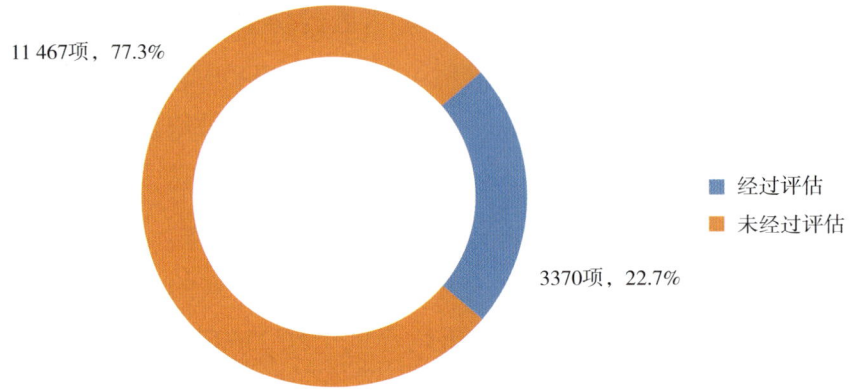

图 1-2-16　科技成果转化定价过程中的评估情况

六、科技成果转化流向

（一）转化至企业类型

科技成果主要在境内转化，转化至中小微企业[①]的成果数量最多、增速最快。2019 年，科技成果以转让、许可、作价投资方式转化到境内、境外的数量分别是 14 803 项、34 项，占比分别为 99.8%、0.2%。在境内转化的科技成果中，转化至中小微企业、非企业单位、大型企业的科技成果数量分别为 12 501 项、1276 项、1026 项，占科技成果转化合同总数的比重分别为 84.4%、8.6%、6.9%，分别比上一年增长 74.4%、增长 27.3%、下降 70.6%（图 1-2-17）。

---

① 见附录 18 名词解释 22。

第二章　科技成果转化总体分析

图 1-2-17　科技成果在境内转化去向情况

科技成果转化至国有企业（包括大型国有企业和中小微国有企业）和其他企业的数量分别是 1851 项、11 676 项，占总合同项数的比重分别为 12.5%、78.7%。转化至大型国有企业和中小微国有企业的合同项数分别为 357 项、1494 项，分别占转化至国有企业科技成果合同总项数的 19.3%、80.7%（图 1-2-18）。

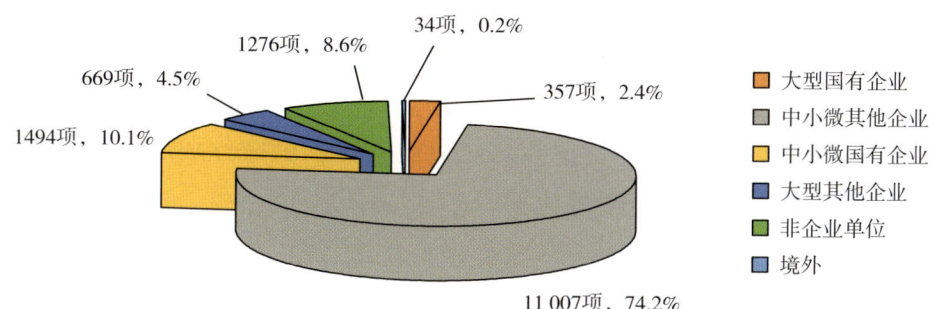

图 1-2-18　科技成果转化合同项数及占比情况

科技成果转化至中小微企业的合同金额最多，转化至大型企业的合同金额下降。2019年，科技成果以转让、许可、作价投资方式转化到境内、境外的合同金额分别是151.1亿元、1.3亿元，占比分别为99.2%、0.8%。在境内转化的科技成果中，转化至中小微企业、大型企业、非企业单位的科技成果合同金额分别为106.4亿元、41.0亿元、3.7亿元，占合同总金额的比重分别为70.4%、27.1%、2.4%，分别比上一年下降3.6%、下降43.2%、下降24.4%（图1-2-19）。

图1-2-19 科技成果在境内转化合同金额情况

科技成果转化至国有企业和其他企业的合同金额分别是28.1亿元、119.3亿元，占总合同金额的比重分别为18.4%、78.3%。转化至大型国有企业和中小微国有企业的合同金额分别为13.6亿元、14.5亿元，分别占转化至国有企业科技成果合同总金额的48.4%、51.6%（图1-2-20）。

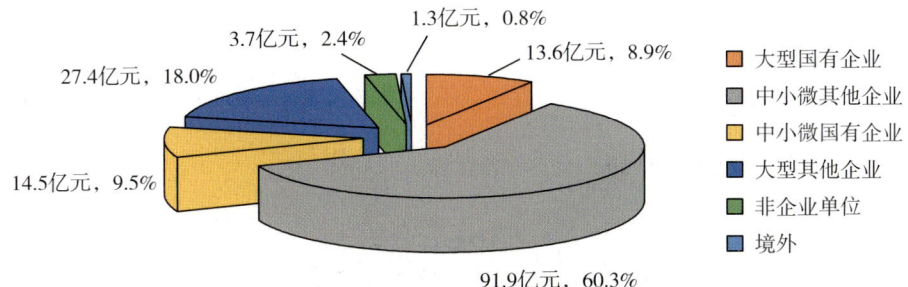

图 1-2-20 科技成果转化去向的合同金额及占比情况

（二）转化至单位所在地及所属行业领域特点

3450家高校院所的科技成果转化至上海市的合同金额最高，转化至江苏省的合同项数最多。按照科技成果转化至单位所在地统计显示，2019年高校院所以转让、许可、作价投资方式转化科技成果地方合同金额排名前3位的分别是上海市、广东省、江苏省，科技成果转化合同总金额分别为33.3亿元、16.6亿元、15.9亿元，占以转让、许可、作价投资的方式转化合同总金额的比重为21.9%、10.9%、10.4%（图1-2-21）。转化至地方成果合同项数排名前3位的分别是江苏省、广东省、浙江省，合同项数分别为2690项、1627项、1621项。

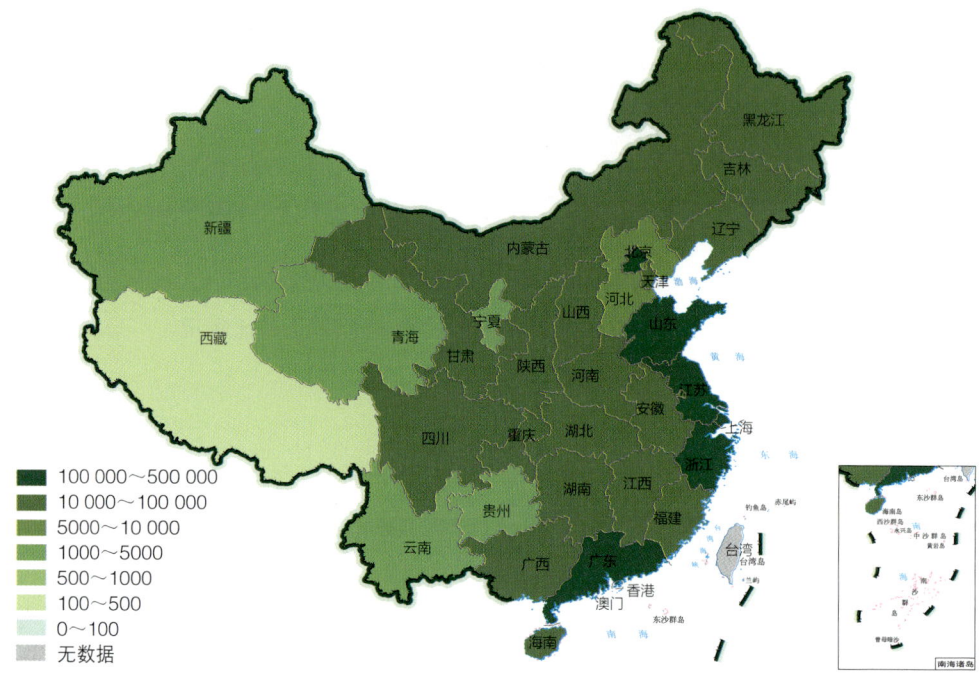

图 1-2-21 科技成果转化至单位所在地合同金额情况（单位：万元）

各地方承接科技成果所属行业领域数据显示，承接科技成果合同金额排名前 3 位的省市分别是上海市、广东省和江苏省，合同金额最高的行业领域均为制造业，这与《2019 中国先进制造业城市发展指数》报告显示的 5 强基本一致（前 5 名依次是上海市、深圳市、广州市、北京市和苏州市）。其中，各地方承接科技成果合同金额排名前 10 位的省市中有 7 个属于东部地区，2 个（湖南省和湖北省）属于中部地区，1 个（四川省）属于西部地区，东北地区未进入前 10 名。排名前 10 位的省市中合同金额最高的行业领域有 6 个是制造业，2 个是信息传输、软件和信息技术服务业，1 个是科学研究和技术服务业，1 个是其他行业。数据表明，2019 年成果转化较为活跃的两个行业领域是制造业和信息传输、软件和信息技术服务业（表 1-2-3）。

第二章 科技成果转化总体分析

表 1-2-3　各地方承接科技成果合同金额排名前 10 位的省市及主要行业领域

排名	省市	合同总金额/万元	合同金额最高的行业
1	上海市	333 226.5	制造业
2	广东省	166 166.6	制造业
3	江苏省	159 072.2	制造业
4	山东省	139 530.0	科学研究和技术服务业
5	北京市	119 128.1	其他
6	浙江省	114 596.2	制造业
7	湖南省	66 291.7	制造业
8	四川省	58 868.2	信息传输、软件和信息技术服务业
9	湖北省	35 547.3	制造业
10	天津市	34 392.1	信息传输、软件和信息技术服务业
合计/万元		1 226 818.9	
占全国合同总金额比重		80.5%	

（三）成果转化应用的行业领域

科技成果转化合同金额最高、合同项数最多的均为制造业领域。按照科技成果应用的行业领域①统计显示，以转让、许可、作价投资方

---

① 按照国民经济行业门类，选取与科技相关性强的 9 个门类作为选项之一，剩余门类均归为"其他"。因此，本年度报告中设定行业领域分别为：①农、林、牧、渔业；②制造业；③电力、热力、燃气及水生产和供应业；④交通运输、仓储和邮政业；⑤信息传输、软件和信息技术服务业；⑥科学研究和技术服务业；⑦水利、环境和公共设施管理业；⑧卫生和社会工作；⑨文化、体育和娱乐业；⑩其他。由于第一次增加此指标，指标说明与各填报人员的理解可能不同，行业领域的选择存在一定偏差，后续有待完善。

式转化合同金额排名前3位的依次是"制造业""科学研究和技术服务业""农、林、牧、渔业",其合同总金额分别为58.2亿元、20.1亿元、19.6亿元,占以转让、许可、作价投资方式转化合同总金额的比重分别为38.2%、13.2%、12.9%。合同项数排名前3位的依次是"制造业""农、林、牧、渔业""科学研究和技术服务业",其合同项数分别为4387项、2628项、2245项(图1-2-22)。

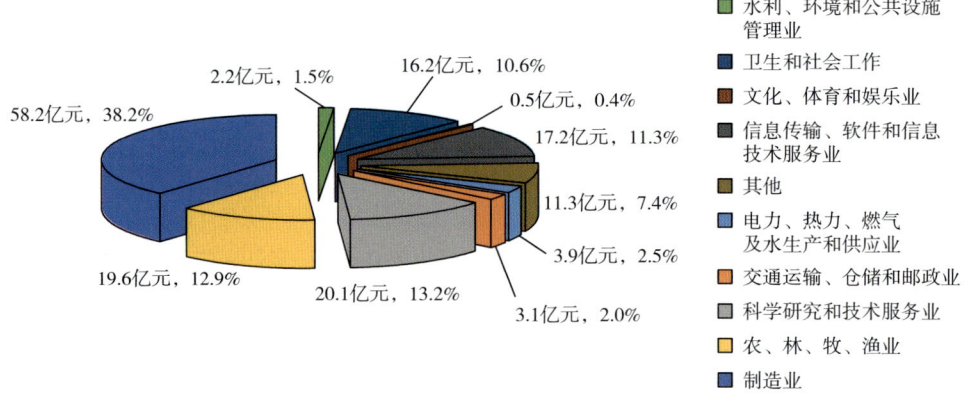

图1-2-22 科技成果在境内转化合同金额的行业领域分布

(四)科技成果在本地方转化的情况

25个省、直辖市、自治区产出的50%以上(按合同金额占比计)科技成果在本地实现转化。在本地方辖区内产出科技成果在本地方转化的合同项数排名前3位的省分别是江苏省(2108项)、浙江省(1225项)、广东省(902项),占本地方辖区内产出科技成果转化合同总项数比重排名前3位的省区分别是西藏自治区(100%)、内蒙古自治区(93.3%)、新疆维吾尔自治区(86.8%)。在本地方转化的合同金额排名前3位的省市分别是上海市(22.8亿元)、广东省(10.4亿元)、北京市(8.5亿元),

第二章 科技成果转化总体分析

在本地方转化的合同金额占本地方辖区内产出科技成果转化合同总金额比重排名前 3 位的省区分别是西藏自治区（100%）、青海省（98.1%）、内蒙古自治区（94.8%）（表 1-2-4）。统计显示，除北京市、辽宁省、吉林省、天津市、甘肃省、贵州省以外的 25 个地方产出的 50% 以上（按合同金额占比计）科技成果在本地实现转化，服务本地企业，促进本地经济发展。

表 1-2-4　各地方辖区内单位产出科技成果转化至本地方的合同金额排名前 10 位的省市相关情况

排名	省市	在本地方辖区内产出科技成果在本地方转化的合同项数/项	占本地方辖区内产出科技成果转化合同总项数的比重	在本地方辖区内产出科技成果在本地方转化的合同金额/亿元	占本地方辖区内产出科技成果转化合同金额的比重
1	上海市	225	47.3%	22.8	63.2%
2	广东省	902	82.4%	10.4	50.6%
3	北京市	485	44.6%	8.5	32.5%
4	江苏省	2108	68.4%	5.7	58.2%
5	浙江省	1225	78.1%	5.6	74.3%
6	湖南省	172	63.0%	5.4	87.5%
7	山东省	525	65.0%	3.2	80.8%
8	湖北省	518	68.9%	2.6	72.1%
9	天津市	86	39.4%	2.4	48.6%
10	四川省	545	74.1%	2.2	78.2%

（五）科技成果跨地方转化的情况

科技成果跨地方转化的合同项数达三成以上，合同金额达四成以上。

2019年，本地方辖区内的科技成果以转让、许可、作价投资方式转化到本地方以外的合同项数是4848项，占总合同项数的32.7%；合同金额达67.2亿元，占总合同金额的44.1%。承接其他地方科技成果合同项数排名前3位的省市分别是广东省（725项）、江苏省（582项）、北京市（486项），合同金额排名前3位的省市分别是山东省（10.7亿元）、上海市（10.6亿元）、江苏省（10.2亿元）。本地方产出科技成果输出至其他地方的科技成果合同项数排名前3位的省市分别是江苏省（972项）、北京市（599项）、浙江省（343项），合同金额排名前3位的省市分别是北京市（17.7亿元）、上海市（13.2亿元）、广东省（10.1亿元）（图1-2-23、图1-2-24）。

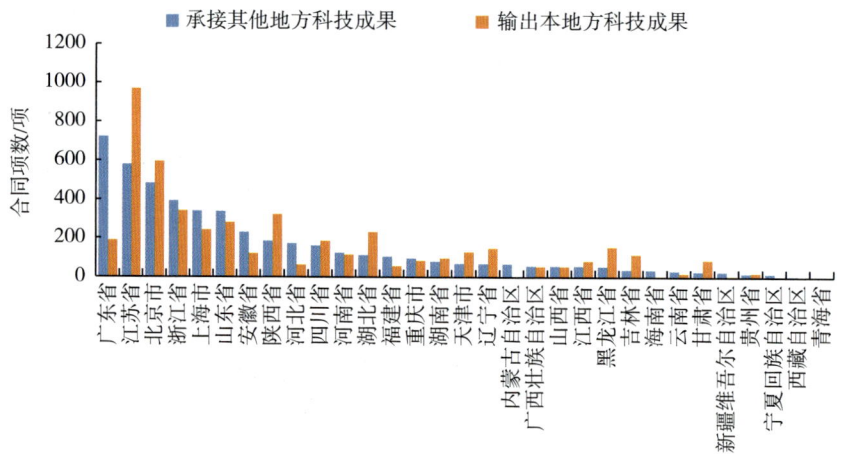

图1-2-23　各地方承接其他地方科技成果/输出本地方科技成果合同项数统计

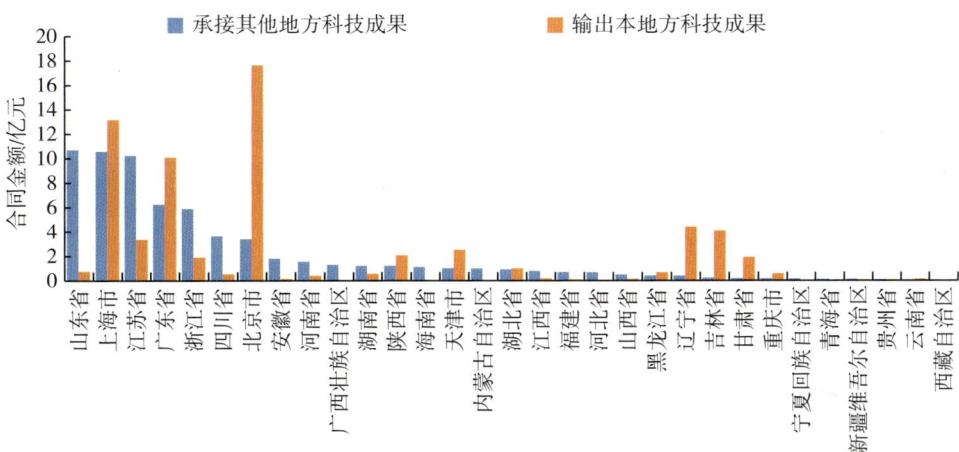

图 1-2-24　各地方承接其他地方科技成果/输出本地方科技成果合同金额统计

跨地方输出科技成果合同金额占本地方辖区内产出科技成果转化合同总金额比重排名前3位的省分别是吉林省（83.1%）、辽宁省（77.6%）、甘肃省（70.7%）（表1-2-5）。北京市排名第四（67.5%），2019年，北京市辖区内产出的科技成果跨地方转化的合同金额达17.7亿元，北京市承接其他地方科技成果实施转化的合同金额达3.4亿元，输出成果转化到其他地方合同金额远大于承接其他地方成果转化合同金额。

表 1-2-5　各地方辖区内产出科技成果输出至其他地方合同金额占合同总金额比重排名前10位的省市相关情况

排名	省市	单位数量/家	本地方辖区内产出科技成果合同总金额/万元	输出成果到其他地方合同金额/万元	跨地方输出科技成果合同金额占本地方辖区内产出科技成果转化合同总金额比重
1	吉林省	65	49 648.6	41 266.4	83.1%
2	辽宁省	100	57 254.9	44 405.4	77.6%
3	甘肃省	90	27 264.7	19 287.7	70.7%

续表

排名	省市	单位数量/家	本地方辖区内产出科技成果合同总金额/万元	输出成果到其他地方合同金额/万元	跨地方输出科技成果合同金额占本地方辖区内产出科技成果转化合同总金额比重
4	北京市	253	261 785.2	176 698.8	67.5%
5	贵州省	43	1476.8	867.5	58.7%
6	天津市	79	49 530.0	25 453.7	51.4%
7	广东省	244	204 807.2	101 150.2	49.4%
8	陕西省	79	42 948.8	20 919.1	48.7%
9	上海市	135	359 758.8	131 821.2	36.6%
10	云南省	104	4219.0	1512.7	35.9%

（六）科技成果跨地区转化情况

科技成果跨地区转化发生的比重将近两成。2019年，各地区科技成果以转让、许可、作价投资方式转化至其他地区的合同项数为2614项，占合同总项数的17.6%；合同金额达26.5亿元，占合同总金额的17.4%。东部地区产出的科技成果输出至其他地区的合同项数达955项，合同金额达11.0亿元；东部地区承接其他地区的科技成果合同项数达1333项，合同金额达12.4亿元，承接成果的合同项数和合同金额均领先于其他地区。中部地区产出的科技成果输出至其他地区的合同项数达627项，合同金额为2.1亿元；中部地区承接其他地区的科技成果合同项数为585项，合同金额为6.3亿元；西部地区产出的科技成果转化输出至其他地区的合同项数达652项，合同金额为4.3亿元；西部地区承接其他地区的科技成果共572项，合同金额为6.8亿元。东北地区产出的科技成果转化输出至其他地区的合同项数达 380 项，合同金额为 9.1 亿元；东北地区承接其他地区的科技成果共 124 项，合同金额 0.9 亿元（图 1-2-25、图 1-2-26）。

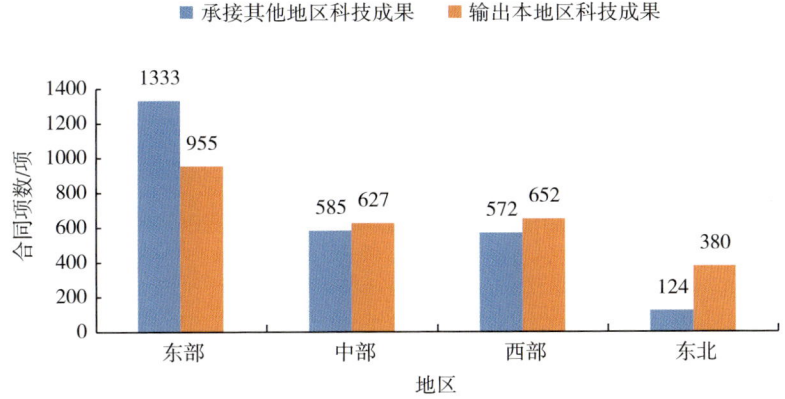

图 1-2-25　各地区承接其他地区科技成果 / 输出本地区科技成果合同项数统计

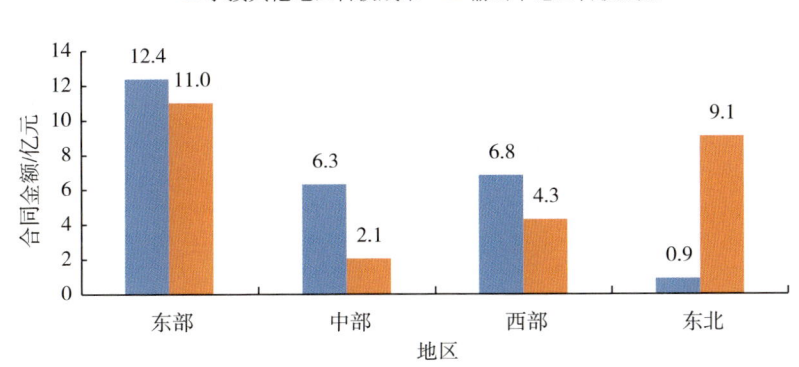

图 1-2-26　各地区承接其他地区科技成果 / 输出本地区科技成果合同金额统计

以上数据表明，各地方科技成果产出与承接有差别。上海市和广东省高校院所较多，科技成果产出能力和承接均较强。北京市高校院所多、科研能力强，输出成果到其他地方合同金额远大于承接其他地方成果转化合同金额，对其他地方的辐射能力强。江苏省高校院所的数量在全国排名第四，成果产出和成果承接较为匹配。浙江省和湖南省科技成果产出和承接均较强。山东省的科技成果承接强于其自身的成果产出。辽宁省、吉林省成果产出较强，但成果转化输出成果到其他地方合同金额大于承接其他地方成果转化合同金额，承接需提升。

第三章
财政资助项目科技成果转化

受财政资助产生的科技成果以转让、许可、作价投资方式转化的合同项数有所增长，合同金额有所下降。其中，中央财政资助项目产生的科技成果转化合同项数有所增长，合同金额有所下降。

一、基本情况

（一）全国财政资助项目成果转化情况

全国财政资助项目的科技成果转化合同项数有所增长，合同金额有所下降。2019年，全国财政资助项目成果以转让、许可、作价投资方式转化合同项数为2815项，比上一年增长10.9%，占转化合同总项数（15 035项）的18.7%；合同金额为47.0亿元，比上一年下降18.9%，占转化合同总金额（152.4亿元）的30.9%（图1-3-1）。

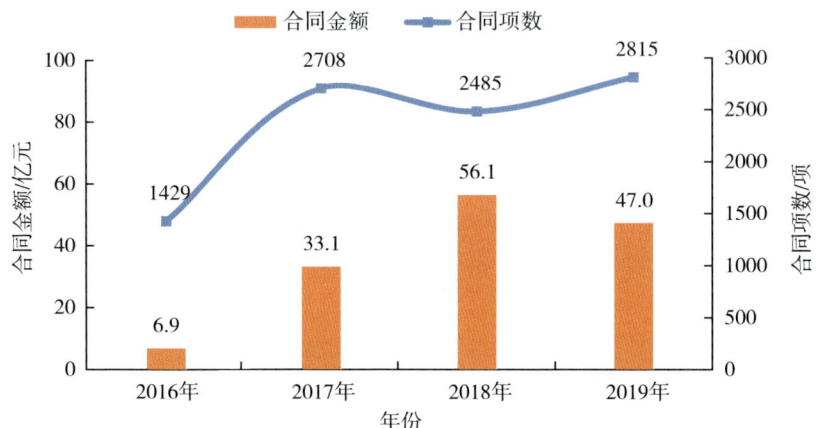

图 1-3-1　全国财政资助项目成果转化合同金额和合同项数情况

（二）中央财政资助项目成果转化情况

中央财政资助项目产生的科技成果以转让、许可、作价投资方式转化的合同项数有所增长，合同金额有所下降。2019 年，受中央财政资助项目产生的科技成果以转让、许可、作价投资方式转化的合同项数为 1533 项，比上一年增长 26.2%，占全国财政资助转化项目合同总项数（2815 项）的 54.5%；合同金额达 37.9 亿元，比上一年下降 26.4%，占全国财政资助转化项目（47.0 亿元）的 80.6%（图 1-3-2）。

图 1-3-2　中央财政资助项目成果转化合同金额和合同项数情况

二、中央所属单位科技成果转化

（一）全国财政资助项目成果转化情况

中央所属单位受全国财政资助项目产生的科技成果转化合同项数有所增长，合同金额有所下降。2019年，中央所属单位以转让、许可、作价投资方式转化的科技成果中受全国财政资助项目成果转化合同项数为1472项，比上一年增长25.8%，占中央所属单位转化合同总项数（4045项）的36.4%；合同金额为38.5亿元，比上一年下降24.2%，占中央所属单位转化合同总金额（100.1亿元）的38.4%（图1-3-3）。

图1-3-3　中央所属单位受全国财政资助项目成果转化合同金额和合同项数情况

（二）中央财政资助项目成果转化情况

中央所属单位受中央财政资助项目产生的科技成果以转让、许可、作价投资方式转化的合同项数有所增长，合同金额有所下降。2019年，受中央财政资助项目产生的科技成果中以转让、许可、作价投资方式转化合同项数为1117项，比上一年增长23.7%，占中央所属单位全国财政资助转化项目合同总项数（1472项）的75.9%；中央财政资助产生的科技成果合同金额达34.3亿元，比上一年下降28.9%，占中央所属单位全国财政资助转化项目合同总金额（38.5亿元）的89.1%（图1-3-4）。

图1-3-4 中央所属单位受中央财政资助项目成果转化合同金额和合同项数情况

三、各省、直辖市、自治区所属单位科技成果转化

（一）全国财政资助项目成果转化情况

各地方所属单位受全国财政资助项目产生的科技成果转化合同金额有所增长。2019年，各地方所属单位受全国财政资助项目成果转化合同金额为8.6亿元，比上一年增长22.4%，占地方所属单位转化合同总金额（52.4亿元）的16.4%；合同项数为1343项，比上一年下降2.8%，占地方所属单位转化合同总项数（10 990项）的12.2%（图1-3-5）。

2019年，各地方所属高校院所受到全国财政资助项目成果以转让、许可、作价投资方式转化的合同金额排名前3位的省分别是广东省（2.8亿元）、陕西省（0.8亿元）、福建省（0.7亿元）（图1-3-6）。

第一篇 第三章 财政资助项目科技成果转化

图 1-3-5 各地方所属单位受全国财政资助项目成果转化合同金额和合同项数情况

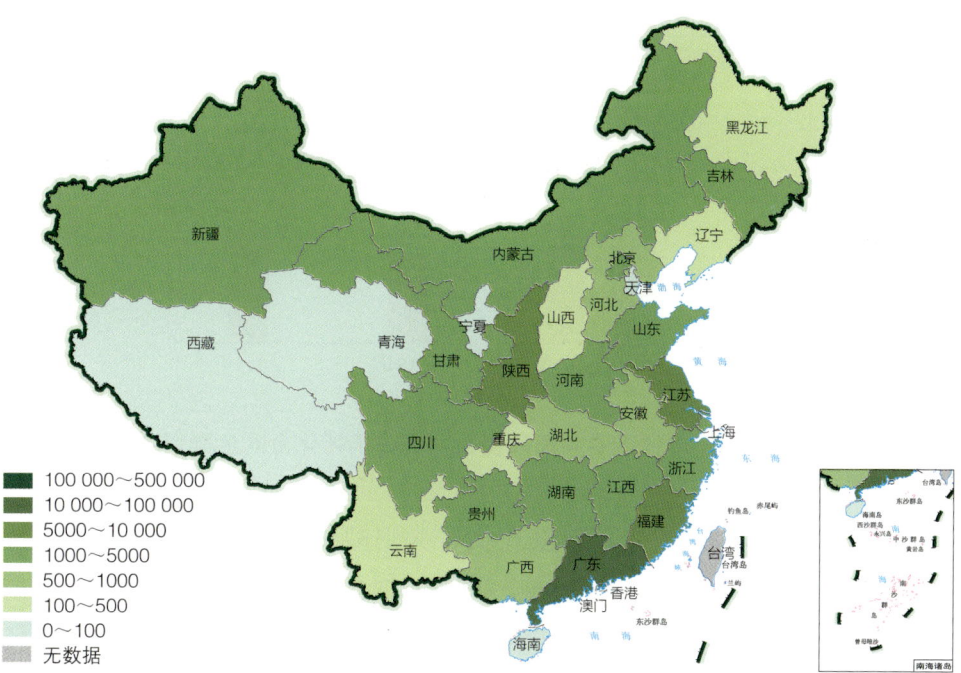

图 1-3-6 各地方所属单位转化受全国财政资助项目成果合同金额情况（单位：万元）

（二）中央财政资助项目成果转化情况

各地方所属单位受中央财政资助项目产生的科技成果以转让、许可、作价投资方式转化的合同金额、合同项数均有所增长。2019年，各地方所属单位受中央财政资助项目的成果以转让、许可、作价投资方式转化的合同金额达3.7亿元，比上一年增长17.6%，占地方所属单位全国财政资助转化项目合同总金额（8.6亿元）的42.8%；合同项数为416项，比上一年增长33.9%，占地方所属单位全国财政资助转化项目合同总项数（1343项）的31.0%（图1-3-7）。

图1-3-7　各地方所属单位受中央财政资助项目成果转化合同金额和合同项数情况

2019年，各地方所属高校院所受中央财政资助项目的成果以转让、许可、作价投资方式转化的合同金额排名前3位的省分别是广东省（0.7亿元）、陕西省（0.7亿元）、江苏省（0.5亿元）（图1-3-8）。

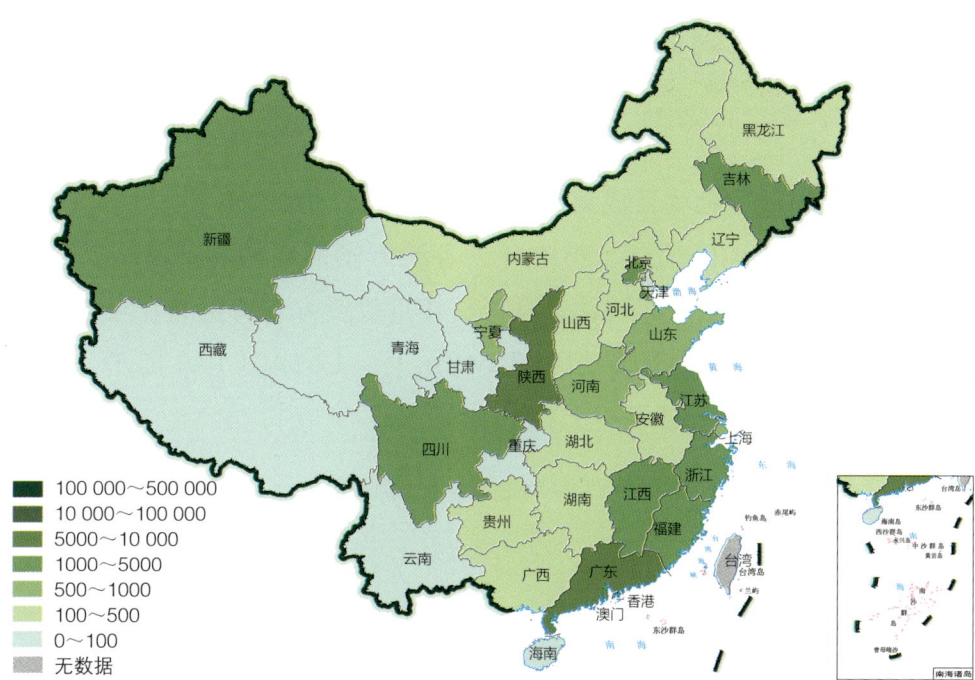

图 1-3-8　各地方所属单位转化受中央财政资助项目成果转化合同金额情况
（单位：万元）

2019 年，陕西科技大学以转让、许可、作价投资方式转化科技成果的合同项数为 174 项，比上一年增长 278.3%。其中，受到财政资助的转化成果为 38 项，比上一年增长 111.1%，受到中央财政资助的转化成果为 10 项，比上一年增长 25.0%。广东省林业科学研究院以转让、许可、作价投资方式转化科技成果的合同项数为 152 项，比上一年增长 126.9%。其中，受到财政资助的转化成果为 20 项，比上一年增长 1 倍，受到中央财政资助的转化成果为 10 项，比上一年增长 11.1%。

四、各地区财政资助科技成果转化

（一）单位所在辖区科技成果转化情况

1. 全国财政资助项目成果转化情况

按单位所在地区统计，2019 年，各地方辖区内的高校院所受到全国财政资助项目的成果以转让、许可、作价投资方式转化的合同金额排名前 3 位的省市分别是广东省（13.2 亿元）、上海市（10.2 亿元）、北京市（6.1 亿元）（图 1-3-9）。

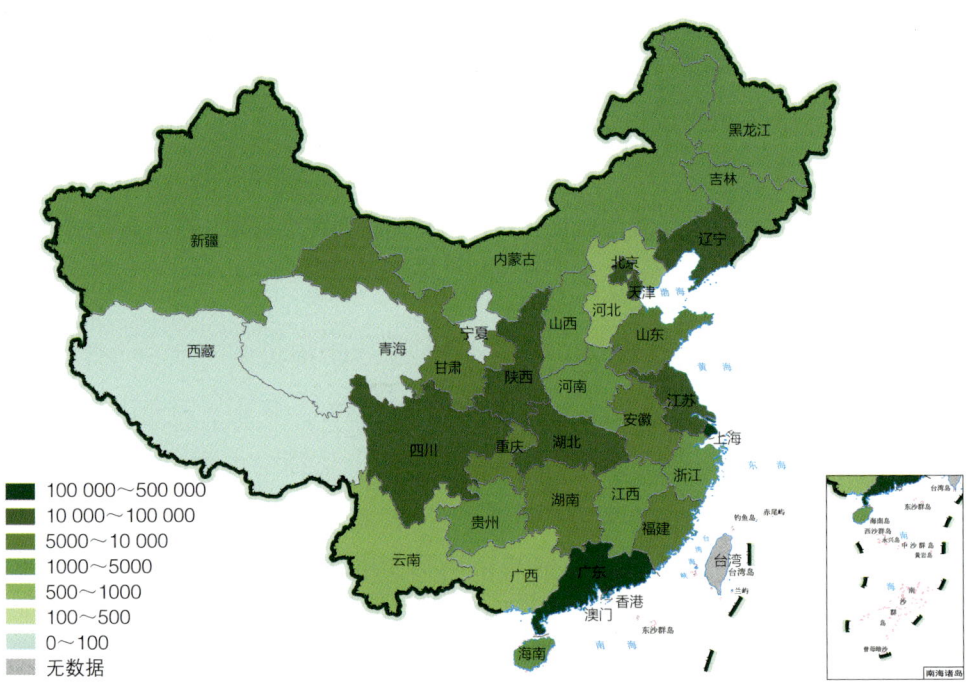

图 1-3-9　各地方辖区内高校院所受财政资助项目成果转化合同金额情况（单位：万元）

第一篇 第三章 财政资助项目科技成果转化

2. 中央财政资助项目成果转化情况

2019年,各地方辖区内高校院所受到中央财政资助项目产生的科技成果以转让、许可、作价投资方式转化的合同金额排名前3位的省市分别是广东省(10.9亿元)、上海市(10.2亿元)、北京市(5.6亿元)(图1-3-10)。

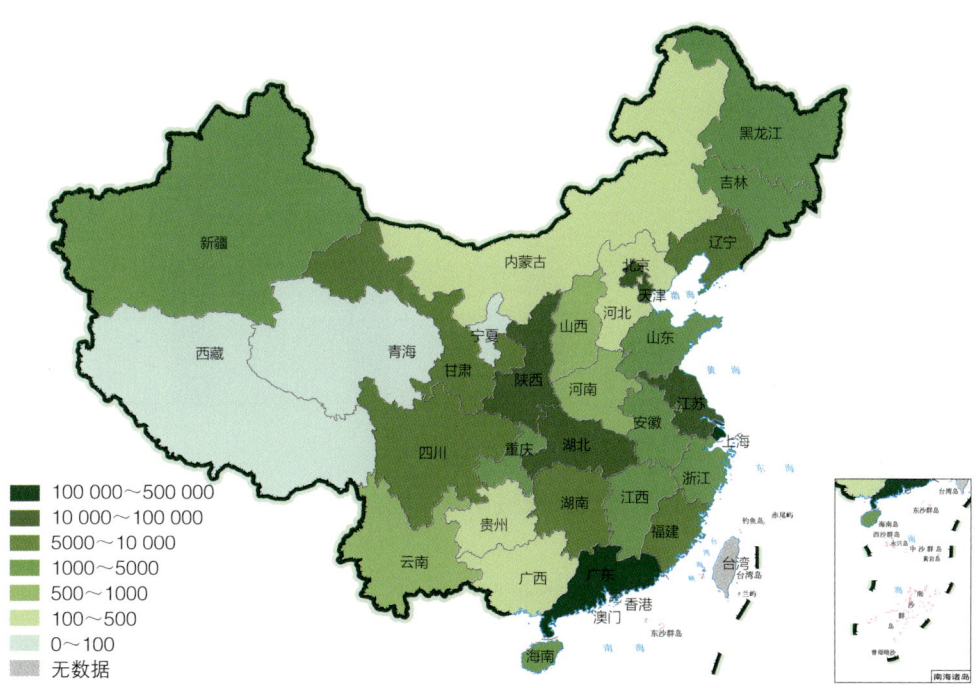

图1-3-10 各地方辖区内高校院所受中央财政资助项目成果转化合同金额情况(单位:万元)

(二)东部、中部、西部和东北地区财政资助项目成果转化情况

1. 全国财政资助项目成果转化情况

东部、西部地区高校院所受财政资助项目产生的科技成果以转让、

许可、作价投资方式转化的合同金额有所增长，中部及东北地区合同金额均有不同程度的下降。2019年，西部地区高校院所受财政资助项目产生的科技成果以转让、许可、作价投资方式转化的合同金额为6.0亿元，比上一年增长59.9%；东部、中部、东北地区转化合同金额分别为35.6亿元、3.6亿元、1.8亿元，比上一年分别下降1.9%、30.1%、85.7%（图1-3-11）。

图1-3-11 各地区全国财政资助项目成果转化合同金额情况[①]

2. 中央财政资助项目成果转化情况

2019年，东部地区受中央财政资助项目产生的科技成果以转让、许可、作价投资方式转化的合同金额为30.5亿元，比上一年下降6.1%；西部地区合同金额为3.4亿元，比上一年增长17.9%；中部地区合同金额为2.8亿元，比上一年下降30.0%；东北地区合同金额为1.2亿元，比上一年下降89.9%（图1-3-12）。

---

① 2016年合同金额为东部49 478.8万元，中部11 200.7万元，西部5712.2万元，东北2150.3万元。

第三章 财政资助项目科技成果转化

图1-3-12 各地区中央财政资助项目成果转化合同金额[①]

---

① 2016年合同金额为东部1.8亿元,中部9289.5万元,西部1317.5万元,东北838.8万元。

第四章
科技成果转化收入分配及奖励

《促进科技成果转化法》将科技成果的使用权、处置权和收益权下放到研究开发机构、高等院校，科技成果转化后由科技成果完成单位对完成、转化该项科技成果做出重要贡献的人员给予奖励和报酬，并规定现金奖励比例不低于成果转化净收入的 50%，股权奖励不低于股份或出资比例的 50%。《实施〈中华人民共和国促进科技成果转化法〉若干规定》（简称《若干规定》）要求，在研究开发和科技成果转化中做出主要贡献的人员，获得奖励的份额不低于奖励总额的 50%。统计数据显示，高校院所对科技人员奖励人次不断扩大，科研人员获得的奖励金额有所下降。

一、基本情况

（一）现金和股权收入分配及奖励情况

以转让、许可、作价投资方式转化科技成果获得的现金和股权收入有所下降，科研人员获得的现金和股权奖励有所下降。2019 年，现金和股权收入总金额为 107.6 亿元，比上一年下降 24.5%；个人获得的现金和股权奖励金额达53.1亿元,比上一年下降23.6%,其中,研发与转化主要贡献人员所获现金和股权奖励达47.6亿元,比上一年下降26.2%(图1-4-1)。现金和股权奖励金额超过1亿元的单位共9家,依次是中南大学(3.0亿元)、清华大学(2.8亿元)、南方科技大学(2.4亿元)、华东理工大学(1.6亿元)、生态环境部华南环境科学研究所(1.3亿元)、湖州师范学院(1.3亿元)、西安交通大学(1.1亿元)、湖南城市学院(1.1亿元)、中国农业科学院哈尔滨兽医研究所(1.0亿元)。

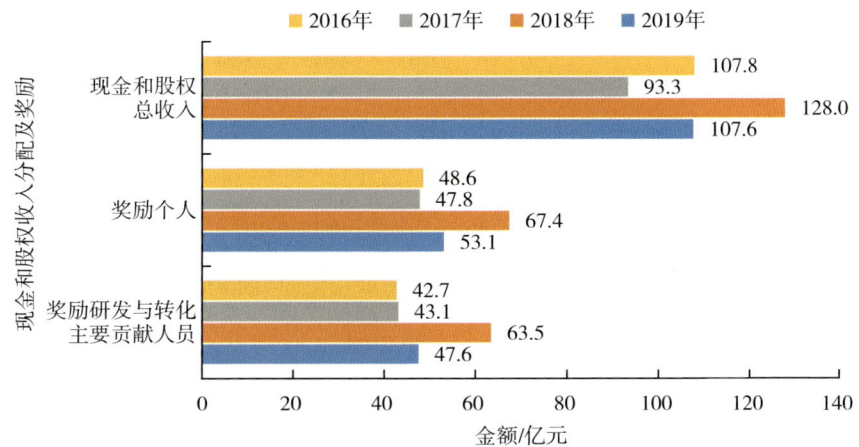

图1-4-1 现金和股权收入分配及奖励金额情况

奖励个人金额占现金和股权收入总额的比例接近50%,奖励研发与转化主要贡献人员金额占奖励个人金额的比例接近90%。奖励人次增长1.7%,人均奖励金额下降24.9%。2019年个人获得现金和股权奖励占现金和股权收入的比例为49.4%,较2018年(52.7%)有所下降;研发与转化主要贡献人员获得的奖励占奖励个人总金额的比例达到89.6%,较2018年的94.1%有所下降,基本符合《促进科技成果转化法》和《若干规定》的比例要求(图1-4-2、图1-4-3)。奖励人次为74 496人次,比上一年增长 1.7%；人均奖励金额为 7.1 万元，比上一年下降 24.9%。

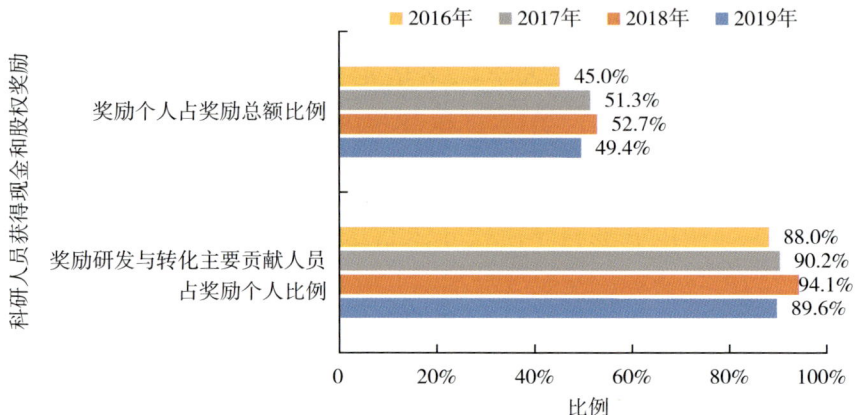

图 1-4-2　科研人员获得现金和股权奖励金额占比情况

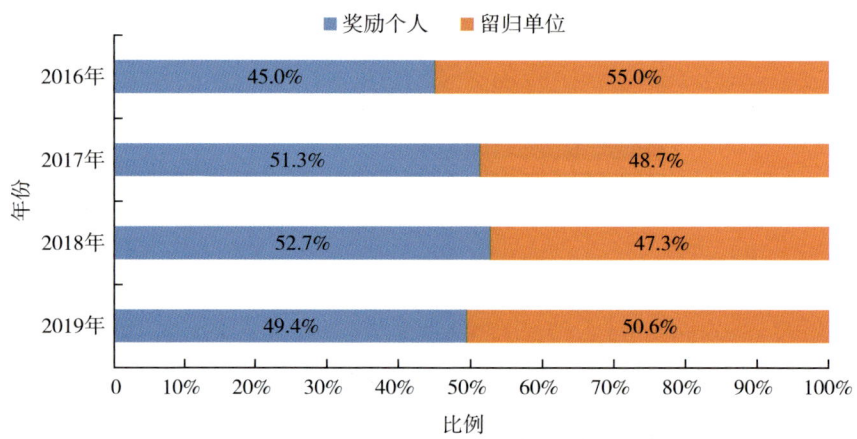

图 1-4-3　现金和股权收入分配情况

（二）现金收入分配及奖励情况

以转让、许可方式转化科技成果获得的现金收入、科研人员获得的现金奖励比上一年有所增长。2019 年现金收入金额为 69.0 亿元，比上一年增长 17.2%；个人获得的现金奖励金额为 30.9 亿元，比上一年增长 17.9%，其中研发与转化主要贡献人员所获现金奖励为 26.1 亿元，比上一年增长 18.8%（图 1-4-4）。

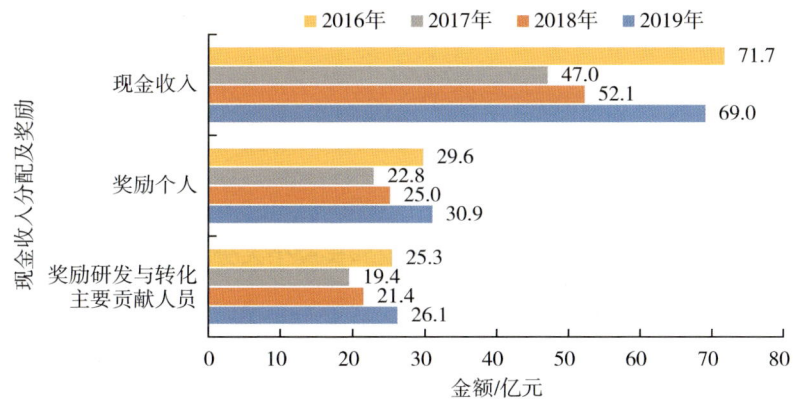

图 1-4-4　现金收入分配及奖励金额情况

现金收入奖励人次略有增长。2019 年，个人获得的现金奖励占现金收入的比例为 44.8%，比 2018 年的 48.0% 略有下降；研发与转化主要贡献人员获得的奖励占奖励科研人员总金额的比例为 84.3%，比 2018 年的 85.4% 略有下降（图 1-4-5、图 1-4-6）。奖励人次为 72 252 人次，比上一年增长 2.1%；人均奖励金额为 4.3 万元，比上一年增长 5.5%。现金奖励个人金额超过 1 亿元的单位共 4 家，依次是华东理工大学（1.6 亿元）、生态环境部华南环境科学研究所（1.3 亿元）、湖南城市学院（1.1 亿元）、中国农业科学院哈尔滨兽医研究所（1.0 亿元）。

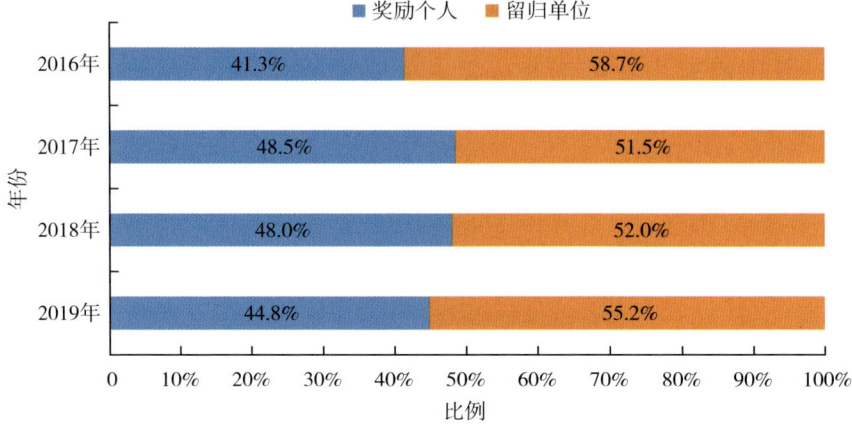

图 1-4-5　现金收入留归单位和奖励个人分配比例情况

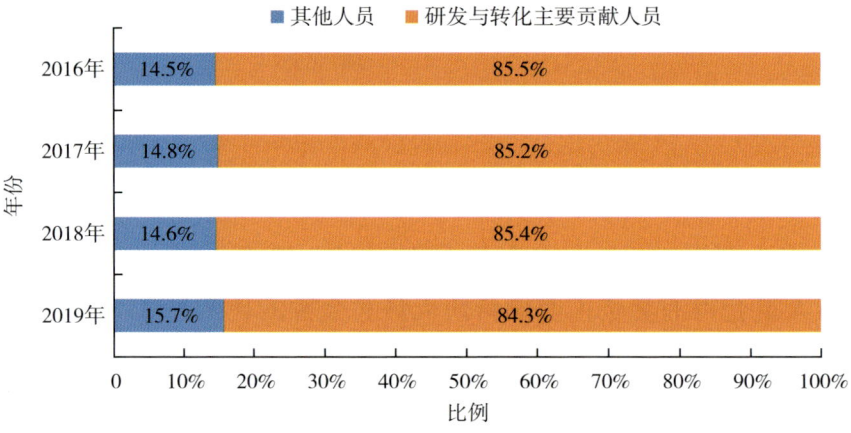

图 1-4-6　现金收入奖励个人分配情况

（三）股权收入分配及奖励情况

以作价投资方式转化科技成果获得的股权收入比上一年下降超过50%，科研人员获得的股权奖励比上一年下降接近50%。2019年，股权收入金额为38.7亿元，比上一年下降52.4%。其中，个人获得的股权奖励金额为22.2亿元，比上一年下降47.0%。个人奖励中，研发与转化主要贡献人员所获股权奖励为 21.5 亿元，比上一年下降 48.3%（图 1-4-7）。

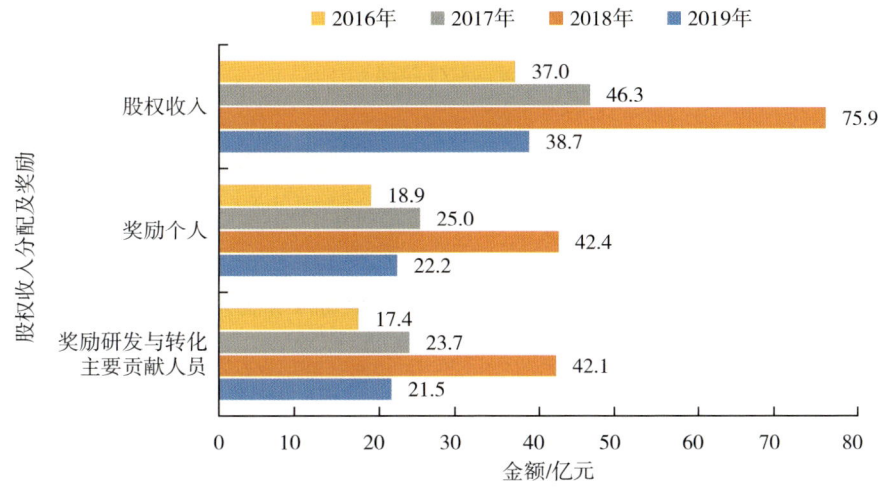

图 1-4-7　股权收入分配及奖励情况

股权奖励个人金额占股权收入总额的比例超过 50%，股权奖励研发与转化主要贡献人员金额占股权奖励个人金额的比例下降 2.5%，股权奖励人次略有降低，人均股权奖励金额有所下降。2019 年，个人获得的股权奖励占股权收入的比例为 57.4%，高于 2018 年的 55.9%；研发与转化主要贡献人员获得的股权奖励占奖励科研人员股权金额的比例由 2018 年的 99.3% 下降到 2019 年的 96.8%（图 1-4-8、图 1-4-9）。股权奖励人次为 2244 人次，比上一年下降 9.9%；人均股权奖励金额 99.0 万元，比上一年下降 41.2%，人均股权奖励金额是人均现金奖励金额的 23.1 倍。

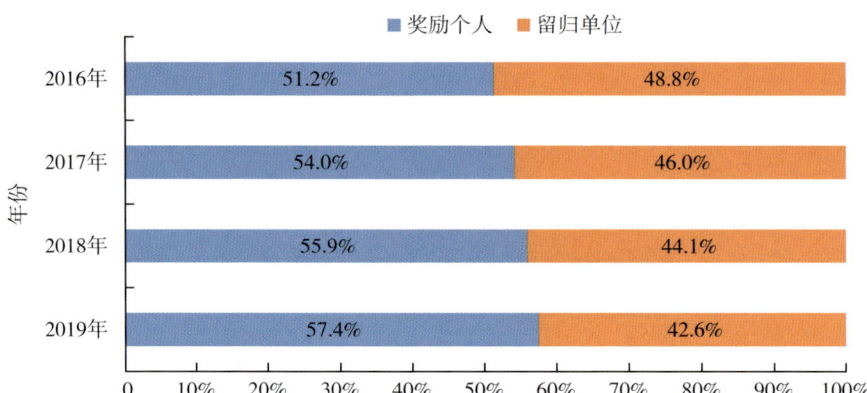

图 1-4-8　股权收入留归单位和奖励个人分配情况

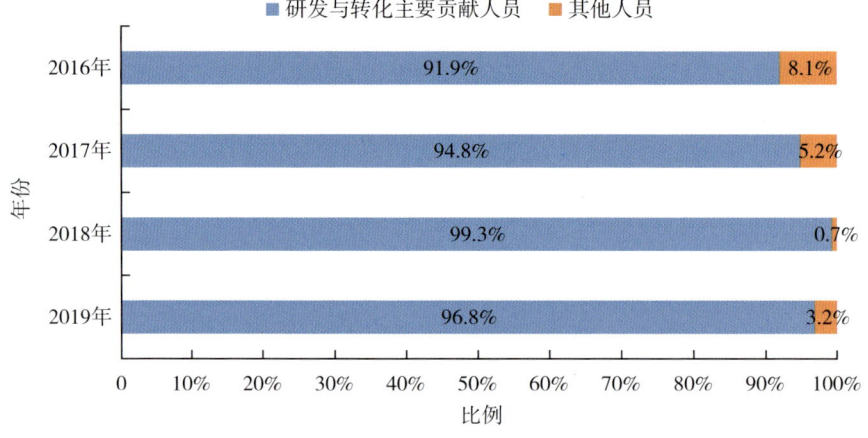

图 1-4-9　股权收入奖励个人分配情况

股权收入奖励科研人员金额超过 1 亿元的单位共 5 家，分别是中南大学（2.6 亿元）、南方科技大学（2.4 亿元）、清华大学（2.0 亿元）、湖州师范学院（1.3 亿元）、西安交通大学（1.0 亿元）。

二、中央所属单位收入分配及奖励

（一）现金和股权收入分配及奖励情况

中央所属高校院所以转让、许可、作价投资方式转化科技成果获得的现金和股权收入及科研人员获得的现金和股权奖励均下降近四成。2019年，535家中央所属高校院所以转让、许可、作价投资方式转化科技成果获得的现金和股权收入总金额为66.9亿元，比上一年下降40.7%。其中，个人获得的现金和股权奖励金额达32.8亿元，比上一年下降38.7%；研发与转化主要贡献人员所获现金和股权奖励达30.6亿元，比上一年下降40.2%（图1-4-10）。

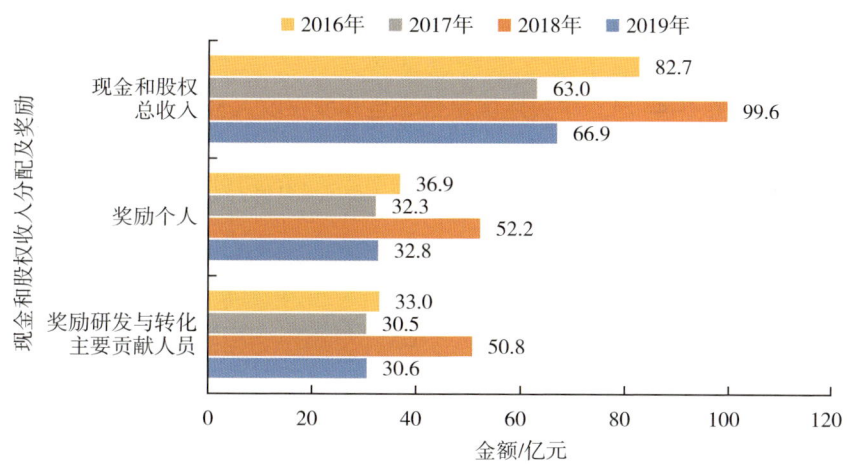

图1-4-10 中央所属单位现金和股权收入分配及奖励情况

奖励个人金额占现金和股权收入总额的比例接近50%，奖励研发与转化主要贡献人员金额占奖励个人金额的比例超过90%。奖励人次略有减少，奖励金额有所下降。2019年，个人获得的现金和股权奖励占现金和股权收入的比例为49.0%，研发与转化主要贡献人员获得的奖励占奖励个人总金额的比例由 2018 年的 97.2% 下降到 2019 年的 93.4%（图 1-4-11、图 1-4-12）。奖励人次为 24 135 人次，比上一年下降 9.2%；人均奖励金额 13.6 万元，比上一年下降 32.6%。

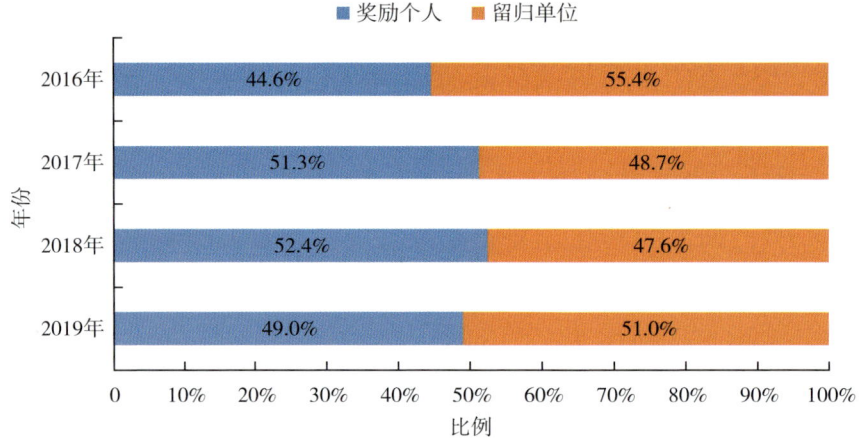

图 1-4-11　中央所属单位现金和股权收入分配情况

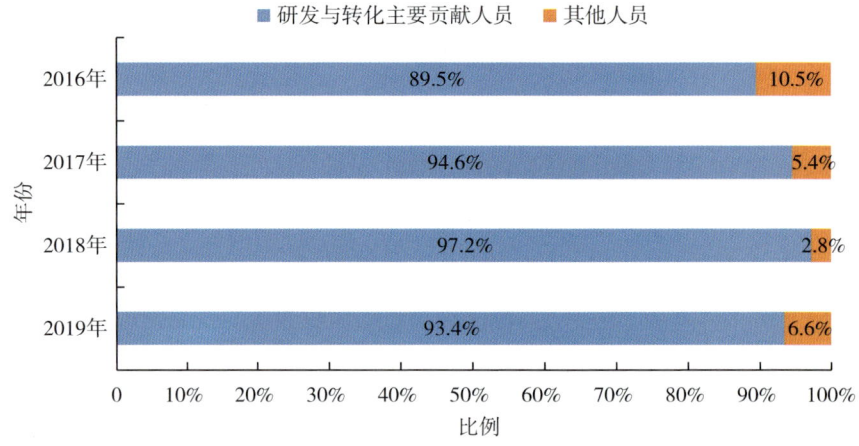

图 1-4-12　中央所属单位现金和股权奖励收入分配情况

2019 年，以现金和股权收入奖励个人总金额排名前 3 位的依次是中南大学、清华大学、华东理工大学。2019 年，中南大学科研人员获得的科技成果转化现金和股权奖励总额达 3.0 亿元，人均奖励金额为 634.2 万元。其中，获得的现金奖励总额为 3458.0 万元，人均奖励金额为 88.7 万元；获得股权奖励总额为 26 351.5 万元，人均奖励金额为 3293.9 万元。2019 年，清华大学科研人员获得的科技成果转化现金和股权奖励总额达 2.8 亿元，人均奖励金额为 101.3 万元。其中，获得的现金奖励总额为 7988.0 万元，人均奖励金额为 43.2 万元；获得股权奖励总额为 19 857.0 万元，人均奖励金额为 220.6 万元。2019 年，华东理工大学科研人员获得的科技成果转化现金和股权奖励总额达 1.6 亿元，人均奖励金额 12.5 万元。其中，获得的现金奖励总额为 15 657.0 万元，人均奖励金额为 12.5 万元；获得股权奖励总额为 137.2 万元，人均奖励金额为 19.6 万元。

（二）现金收入分配及奖励情况

中央所属高校院所以转让、许可方式转化科技成果获得的现金收入有所增长，科研人员获得的现金奖励、研发与转化主要贡献人员所获现金奖励均有所增长。2019 年，535 家中央所属高校院所以转让、许可方式转化科技成果获得的现金收入总金额为 38.8 亿元，比上一年增长 10.9%。其中，个人获得的现金奖励金额为 16.9 亿元，比上一年增长 10.3%；研发与转化主要贡献人员所获现金奖励为 15.3 亿元，比上一年增长 14.6%（图 1-4-13）。

奖励个人金额占现金收入总额的比例略有降低，奖励研发与转化主要贡献人员金额占奖励个人金额的比例变化不大。奖励人次略有减少、人均奖励金额有所上升。2019 年，个人获得的现金奖励占现金收入总额的比例为 43.5%，比 2018 年的 48.1% 略有降低，研发与转化主要贡献人员获得的奖励占奖励科研人员总金额的比例由 2018 年的 89.9% 到 2019 年的 90.6%，略有增长（图 1-4-14、图 1-4-15）。奖励人次为 22 428 人次，比上一年下降 9.8%；人均奖励金额为 7.5 万元，比上一年增长 22.3%。

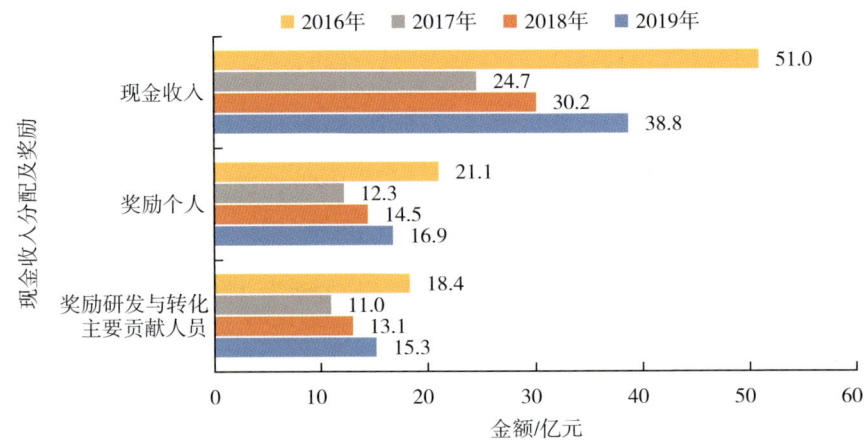

图 1-4-13　中央所属单位现金收入分配及奖励情况

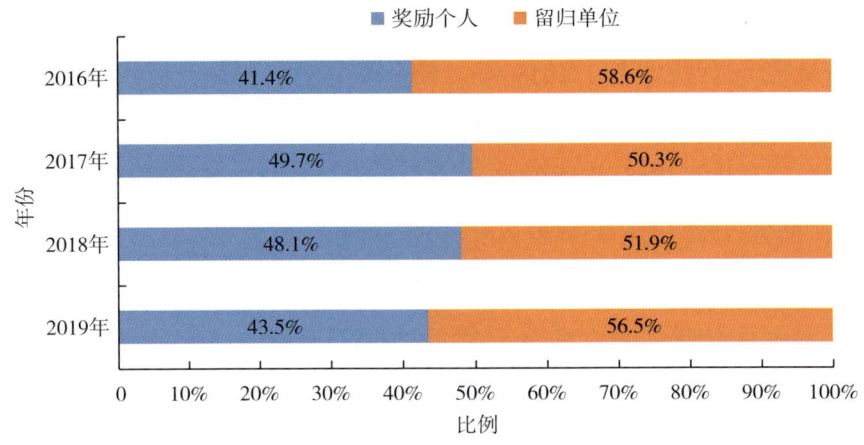

图 1-4-14　中央所属单位现金收入分配情况

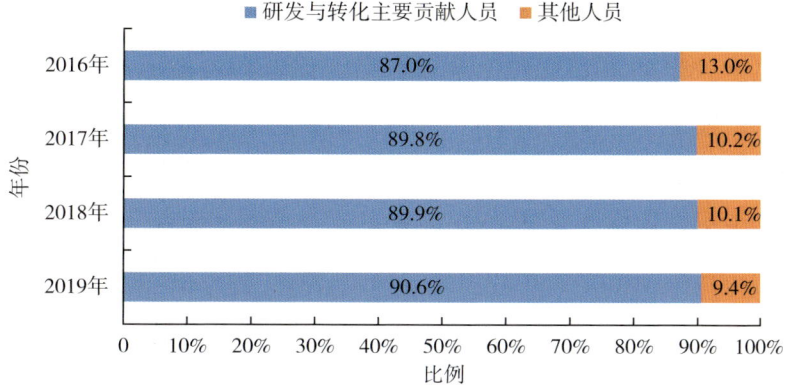

图 1-4-15　中央所属单位现金收入奖励个人分配情况

（三）股权收入分配及奖励情况

中央所属高校院所以作价投资方式转化科技成果获得的股权收入、科研人员获得的股权奖励均有所下降。2019年，535家中央所属高校院所以作价投资方式转化科技成果获得的股权收入金额为28.0亿元，比上一年下降63.0%。个人获得的股权奖励金额为15.9亿元，比上一年下降57.3%。其中，研发与转化主要贡献人员所获股权奖励为15.4亿元，比上一年下降58.8%（图1-4-16）。

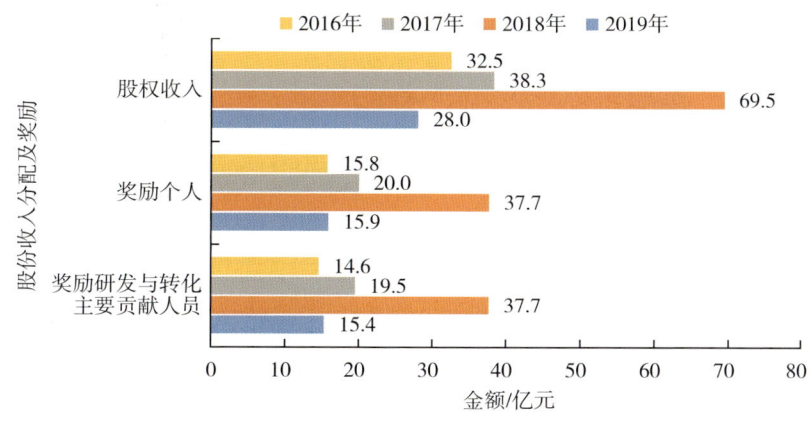

图 1-4-16　中央所属单位股权收入分配及奖励情况

股权奖励个人金额占股权收入总额的比例超过 50%，与 2018 年相比略有增长；奖励研发与转化主要贡献人员金额占奖励个人金额的比例略有下降；奖励人次略有增长，人均奖励金额有所下降。2019 年，个人获得的股权奖励占股权收入的比例为 56.8%，高于 2018 年的 54.3%；研发与转化主要贡献人员获得的股权奖励占奖励科研人员总金额的比例由 2018 年的 100.0% 下降到 2019 年的 96.5%（图 1-4-17、图 1-4-18）。股权奖励人次为 1707 人次，比上一年增长 0.4%；股权人均奖励金额为 93.3 万元，比上一年下降 57.5%，是现金奖励人均奖励金额的 12.4 倍。

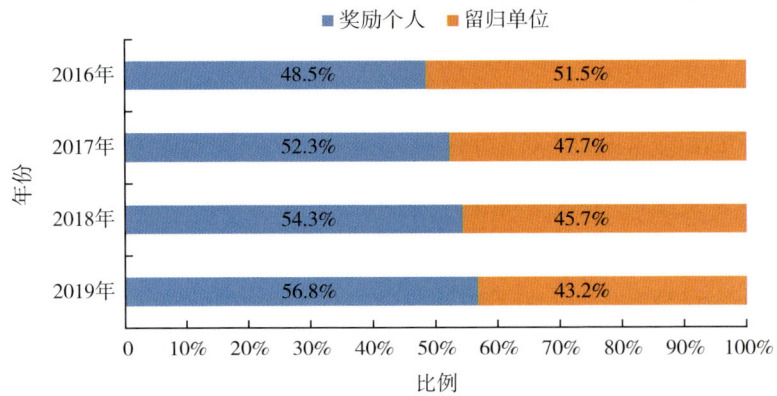

图 1-4-17　中央所属单位股权收入分配情况

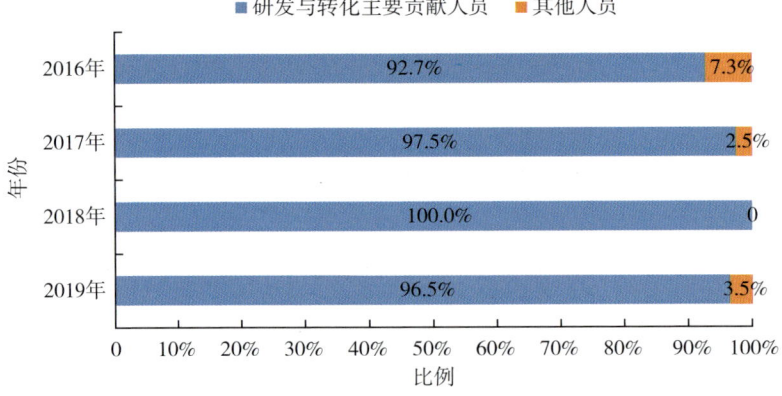

图 1-4-18　中央所属单位股权收入奖励个人分配情况

三、各省、直辖市、自治区所属单位收入分配及奖励

（一）现金和股权收入分配及奖励情况

1. 收入分配及奖励概况

地方所属高校院所以转让、许可、作价投资方式转化科技成果获得的现金和股权收入，科研人员获得的现金和股权奖励均快速增长。2019年，2915家地方所属高校院所以转让、许可、作价投资方式转化科技成果获得的现金和股权收入总金额为40.9亿元，比上一年增长35.7%。其中，个人获得的现金和股权奖励金额达20.3亿元，比上一年增长31.8%；研发与转化主要贡献人员所获现金和股权奖励为16.9亿元，比上一年增长32.2%（图1-4-19）。

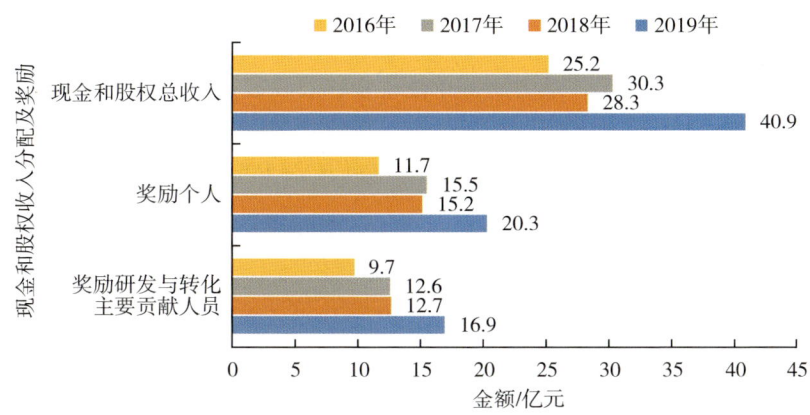

图1-4-19 地方所属单位现金和股权收入分配及奖励情况

奖励个人金额占现金和股权收入总额的比例接近50%，与2018年相比略有下降；奖励研发与转化主要贡献人员金额占奖励个人金额的比例略有下降。奖励人次有所上升，人均奖励金额有所增长。2019年，

个人获得的现金和股权奖励占现金和股权收入的比例为 49.7%，低于 2018 年的 53.5%；研发与转化主要贡献人员获得的奖励占奖励个人总金额的比例由 2018 年的 83.6% 下降到 2019 年的 83.3%（图 1-4-20、图 1-4-21）。奖励人次为 50 361 人次，比上一年增长 8.8%；人均奖励金额为 4.0 万元，比上一年增长 21.1%。

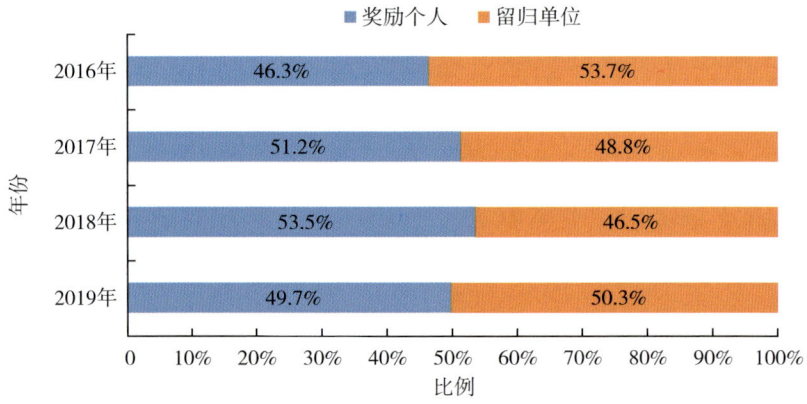

图 1-4-20　地方所属单位现金和股权收入分配情况

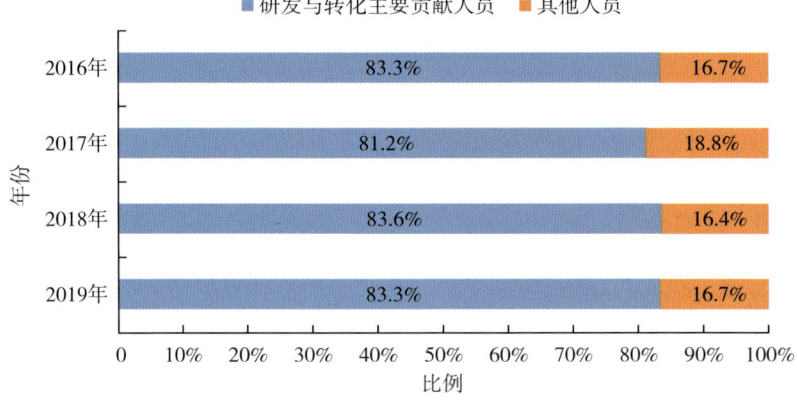

图 1-4-21　地方所属单位现金和股权收入奖励个人分配情况

2. 各地方单位收入分配及奖励情况

2019年，各地方所属高校院所以转让、许可、作价投资方式转化科技成果获得的现金和股权收入金额排名前3位的省分别是广东省（8.4亿元）、江苏省（4.8亿元）、浙江省（3.4亿元）（图1-4-22）。单位奖励个人金额排名前3位的省分别是广东省（3.7亿元）、浙江省（2.8亿元）、江苏省（2.0亿元）（图1-4-23）；单位奖励研发与转化主要贡献人员金额排名前3位的省分别是广东省（3.4亿元）、浙江省（2.4亿元）、江苏省（1.6亿元）；奖励人次排名前3位的省分别是湖南省（6167人次）、浙江省（6039人次）、广东省（6012人次）。

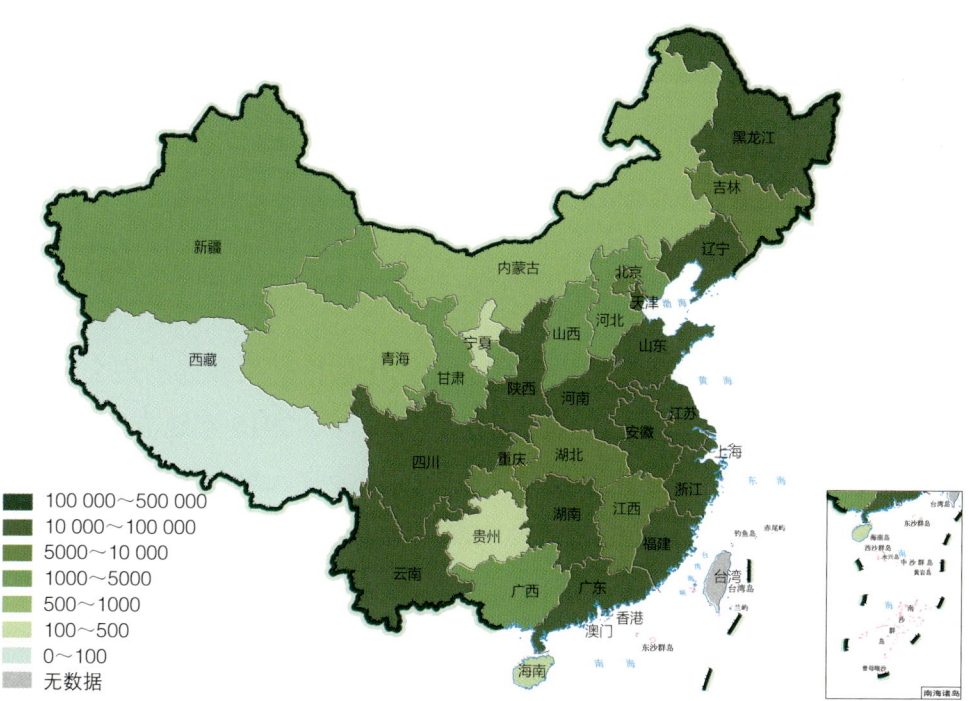

图1-4-22 地方所属单位现金和股权收入金额情况（单位：万元）

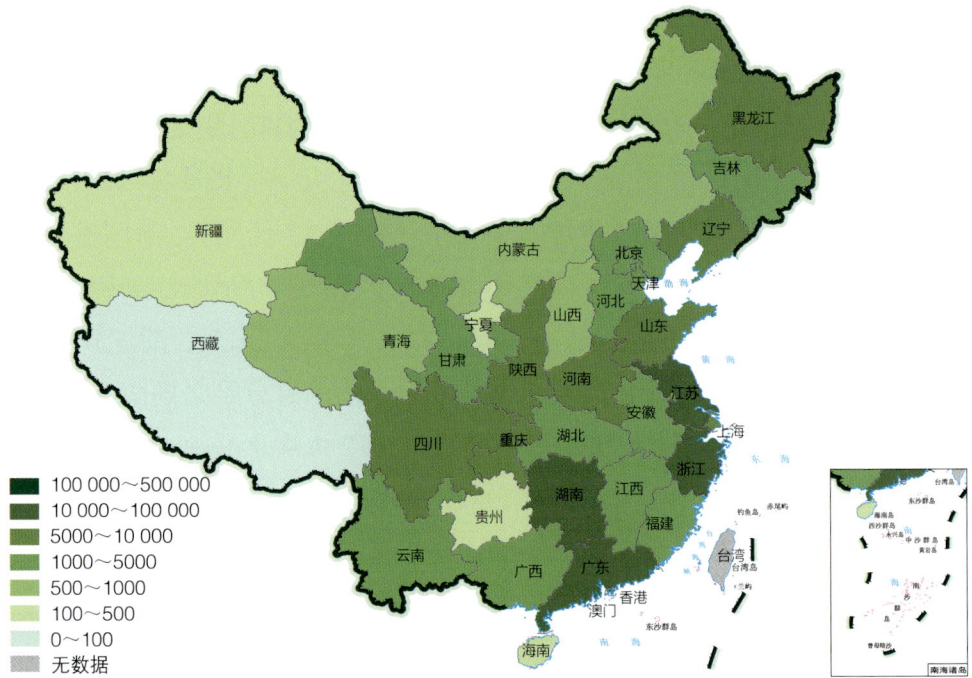

图 1-4-23　地方所属单位现金和股权奖励个人金额情况（单位：万元）

（二）现金收入分配及奖励情况

地方所属高校院所以转让、许可方式转化科技成果获得的现金收入、科研人员获得的现金奖励均有所增长。2019 年，2915 家地方所属高校院所以转让、许可方式转化科技成果获得的现金收入总金额为 30.3 亿元，比上一年增长 27.1%。其中，个人获得的现金奖励金额为 14.1 亿元，比上一年增长 29.3%；研发与转化主要贡献人员所获现金奖励为 10.8 亿元，比上一年增长 25.7%（图 1-4-24）。

现金奖励个人金额占现金收入总额的比例近五成，与 2018 年相比基本一致，奖励研发与转化主要贡献人员金额占奖励个人金额的比例变化不大。奖励人次、人均奖励金额均有所增长。2019 年，个人获得的现金奖励占现金收入的比例由 2018 年的 47.9% 下降到 2019 年的 46.6%；研发与转化主要贡献人员获得的奖励占奖励科研人员总金额的比例为 76.9%，较 2018 年的 79.2% 略有下降（图 1-4-25、图 1-4-26）。奖励人次为 49 824 人次，比上一年增长 9.5%，人均奖励金额 2.8 万元，比上一年增长 18.1%。

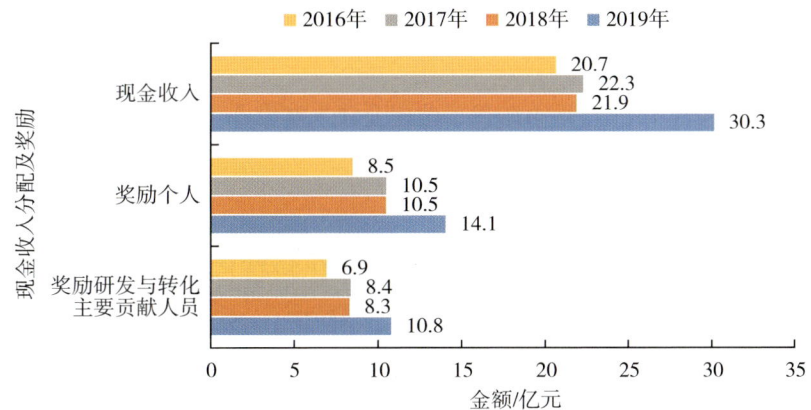

图 1-4-24　地方所属单位现金收入分配及奖励情况

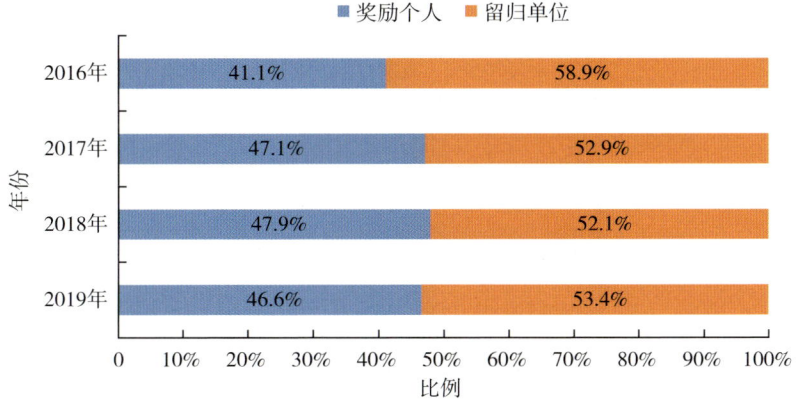

图 1-4-25　地方所属单位现金收入分配情况

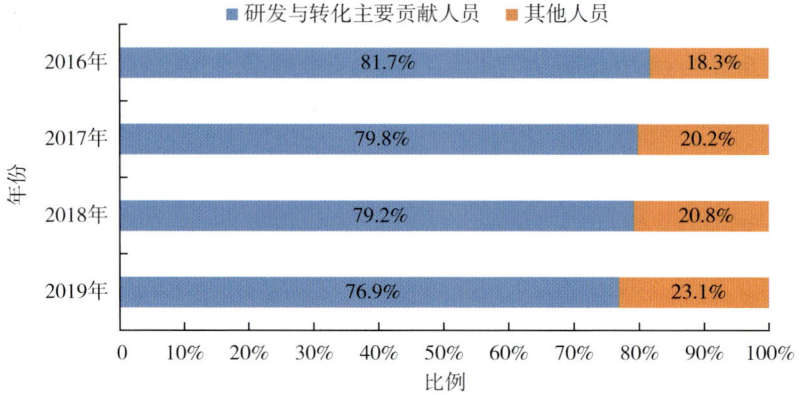

图 1-4-26　地方所属单位现金收入奖励个人分配情况

（三）股权收入分配及奖励情况

地方所属高校院所以作价投资方式转化科技成果获得的股权收入、科研人员获得股权奖励均大幅增长。2019 年，2915 家地方所属高校院所以作价投资方式转化科技成果获得的股权收入金额为 10.6 亿元，比上一年增长 63.3%；个人获得的股权奖励金额为 6.3 亿元，比上一年增长 36.9%，其中研发与转化主要贡献人员所获股权奖励为 6.1 亿元，比上一年增长 44.0%（图 1-4-27）。

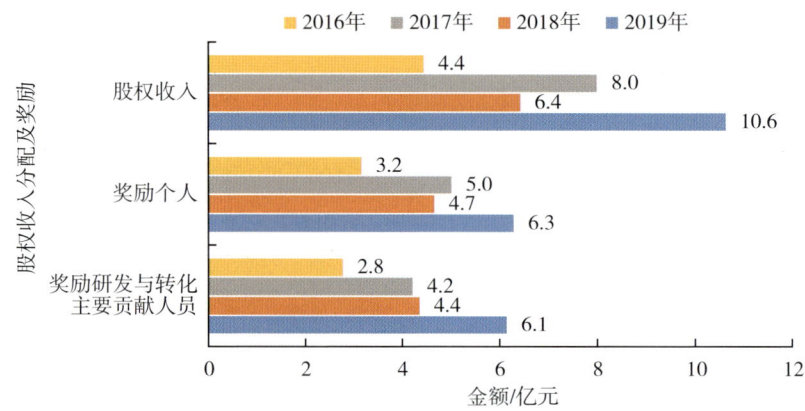

图 1-4-27　地方所属单位股权收入分配及奖励情况

第一篇　第四章　科技成果转化收入分配及奖励

股权奖励个人金额占股权收入总额的比例有所下降，奖励研发与转化主要贡献人员金额占奖励个人金额的比例有所增长。股权奖励人次减少，股权人均奖励金额快速增长，股权人均奖励金额是现金奖励人均奖励金额的41.5倍。2019年，个人获得的股权奖励占股权收入的比例由2018年的72.5%下降到2019年的59.2%；研发与转化主要贡献人员获得的股权奖励占股权奖励科研人员总金额的比例由2018年的93.4%增长到2019年的97.7%（图1-4-28、图1-4-29）。奖励人次为537人次，比上一年下降43.7%；股权人均奖励金额为117.1万元，比上一年增长143.4%。

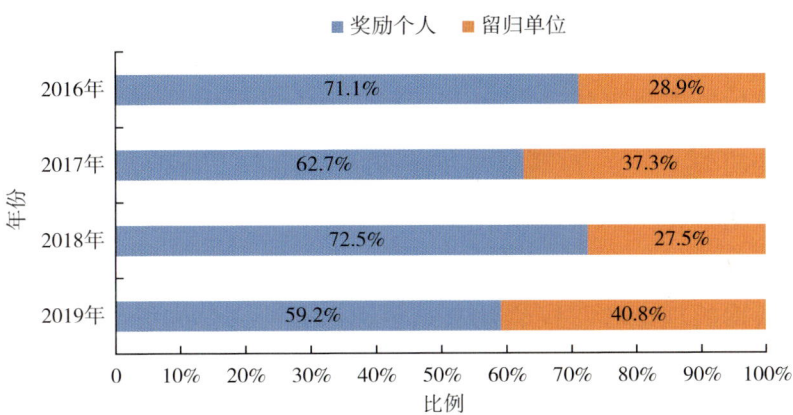

图1-4-28　地方所属单位股权收入分配情况

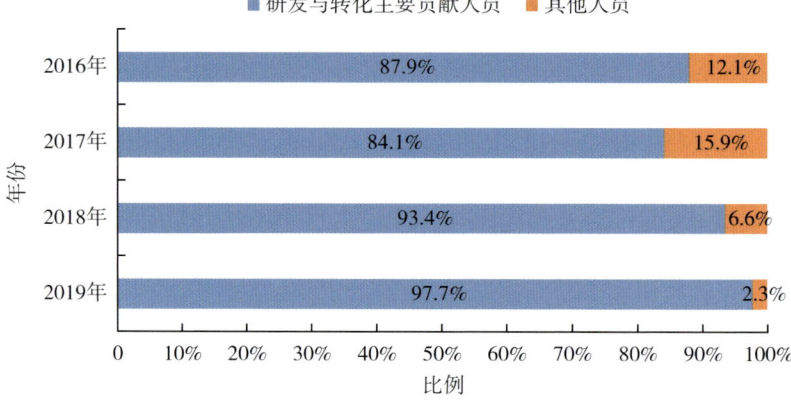

图 1-4-29　地方所属单位股权收入奖励个人分配情况

四、地区收入分配及奖励

按单位所在地区统计，2019 年，各地方辖区内的高校院所以转让、许可、作价投资方式转化科技成果获得的现金和股权收入金额排名前 3 位的省市分别是广东省（21.3 亿元）、北京市（20.2 亿元）、上海市（8.3 亿元）；辖区内的高校院所以转让、许可、作价投资方式转化科技成果获得的现金和股权奖励个人金额排名前 3 位的省市分别是北京市（8.4 亿元）、广东省（7.4 亿元）、上海市（5.1 亿元）；奖励研发与转化主要贡献人员金额排名前 3 位的省市分别是北京市（7.7 亿元）、广东省（6.4 亿元）、上海市（5.0 亿元）；奖励人次排名前 3 位的省市分别是江苏省（9072 人次）、北京市（8444 人次）、广东省（8377 人次）（图 1-4-30）。

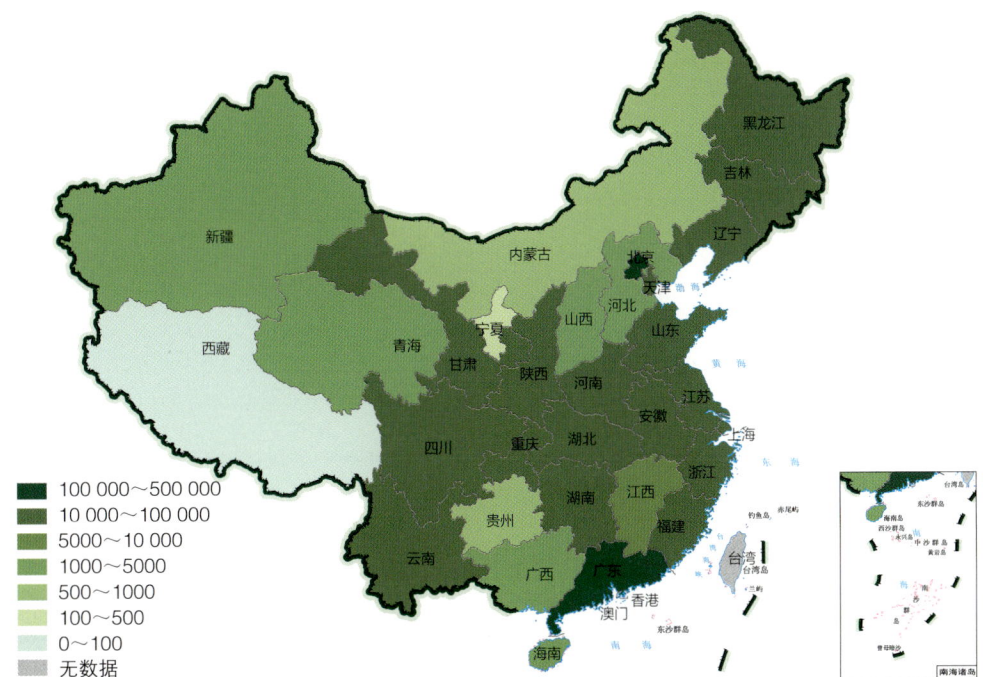

图 1-4-30　各地方辖区内高校院所现金和股权奖励个人金额情况（单位：万元）

第五章
产学研合作

《若干规定》指出，国家设立的研究开发机构、高等院校按照规定格式报送的科技成果转化年度报告中，应包括签订的技术开发合同、技术咨询合同、技术服务合同等产学研合作情况。《科技部办公厅 财政部办公厅关于研究开发机构和高等院校报送2019年度科技成果转化年度报告工作有关事项的通知》（国科办区〔2020〕52号）规定，产学研合作情况主要是指技术开发、咨询、服务3种方式（简称"三技"）的技术活动。统计发现，3450家高校院所输出技术、服务能力不断强化，技术开发、咨询、服务数量和质量稳步提升。

一、基本情况

技术开发、咨询、服务合同项数有所增长，合同项数占"四技"合同总项数的比例达95%以上。2019年，技术开发、咨询、服务合同项数417 872项，比上一年增长34.3%，占"四技"合同总数的比例为96.5%（2018年占比为96.4%）（图1-5-1）。

技术开发、咨询、服务合同金额持续增长，占"四技"合同总金额的比例达85%以上。2019年，技术开发、咨询、服务合同金额为933.5

亿元，比上一年增长 22.9%，占"四技"合同总金额的 86.0%（2018年占比为 80.8%）（图 1-5-2）。

图 1-5-1　不同转化方式合同项数情况

图 1-5-2　不同转化方式合同金额情况

"四技"合同金额有所增长。2019 年，3450 家高校院所签订的"四技"合同总金额达 1086.0 亿元，比上一年增长 14.7%，其中"四技"合同金额超过 1 亿元的单位有 249 家，比上一年增长 23.3%。"四技"合同总项数达 432 907 项，比上一年增长 34.2%。

技术开发、咨询、服务合同金额超过 10 亿元的单位共 8 家，分别是清华大学（25.5 亿元）、浙江大学（21.8 亿元）、同济大学（19.7 亿元）、上海交通大学（16.7 亿元）、北京航空航天大学（15.3 亿元）、东南大学（15.1 亿元）、中国水利水电科学研究院（11.7 亿元）、华南理工大学（10.9 亿元）。2019 年，清华大学签订的产学研合作（技术开发、咨询、服务）合同中，合同金额超过 1000 万元的有 23 项，其中《智慧车列交通系统 1.0 方案设计及关键技术开发及应用——智能车辆整车设计关键技术攻关与应用示范》合同金额达 12 500.0 万元。

二、中央所属单位产学研合作

中央所属单位技术开发、咨询、服务合同金额有所增长，合同项数略有增长。2019 年，535 家中央所属高校院所签订的技术开发、咨询、服务合同金额为 552.5 亿元，比上一年增长 19.8%；合同项数为 115 394 项，比上一年增长 0.1%（图 1-5-3）。

图 1-5-3　中央所属单位产学研合作情况

三、各省、直辖市、自治区所属单位产学研合作

（一）产学研合作概况

地方所属高校院所的技术开发、咨询、服务合同项数、合同金额均大幅增长。2019 年，2915 家各省、直辖市、自治区所属高校院所签订的技术开发、咨询、服务合同共 302 478 项，比上一年增长 55.9%；合同金额共 381.0 亿元，比上一年增长 27.9%（图 1-5-4）。

图 1-5-4　地方所属单位产学研合作情况

（二）各地方产学研合作情况

2019 年，各地方所属高校院所签订的技术开发、咨询、服务合同总项数排名前 3 位的省分别是广东省（120 891 项）、浙江省（27 925 项）、江苏省（18 124 项），合同总金额排名前 3 位的省分别是江苏省（50.8 亿元）、广东省（39.8 亿元）、浙江省（31.5 亿元）（图 1-5-5、图 1-5-6）。江苏大学产学研合作（技术开发、咨询、服务）合同金额达 8.2 亿元，在所有地方所属单位中排名第一。

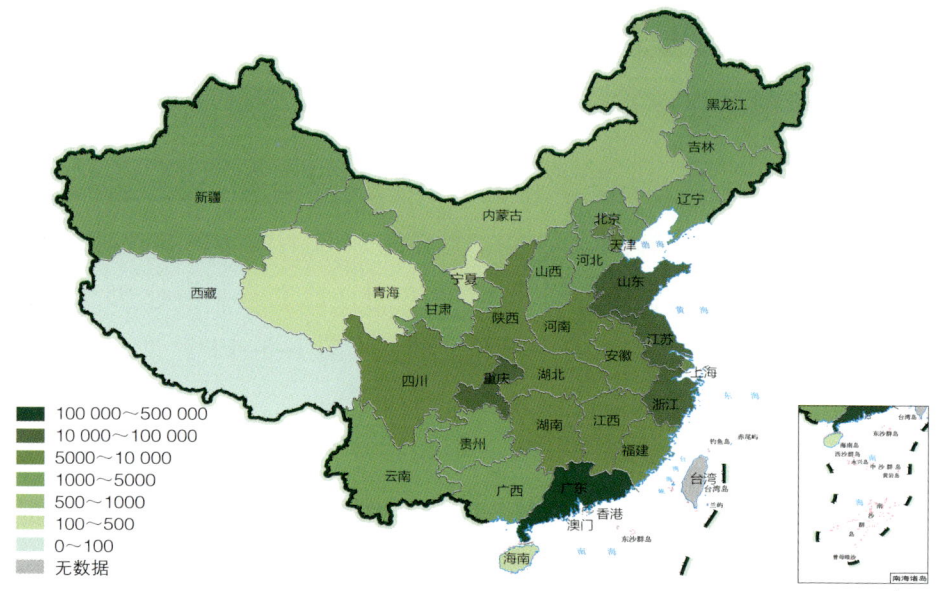

图 1-5-5 地方所属单位产学研合作合同项数情况（单位：项）

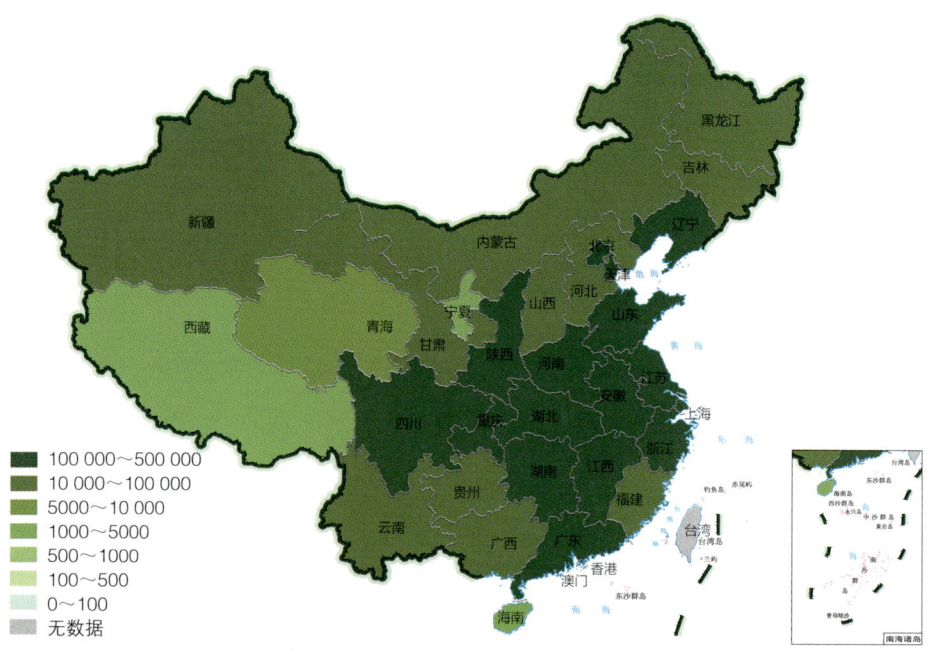

图 1-5-6 地方所属单位产学研合作合同金额情况（单位：万元）

四、地区产学研合作

按照单位所在辖区统计，2019 年全国 31 个省、直辖市、自治区辖区内的高校院所签订的产学研合作（技术开发、咨询、服务）合同项数排名前 3 位的省市分别是广东省（126 837 项）、北京市（42 232 项）、浙江省（32 054 项），合同金额排名前 3 位的省市分别是北京市（186.6 亿元）、江苏省（116.1 亿元）、广东省（74.7 亿元）（图 1-5-7、图 1-5-8）。

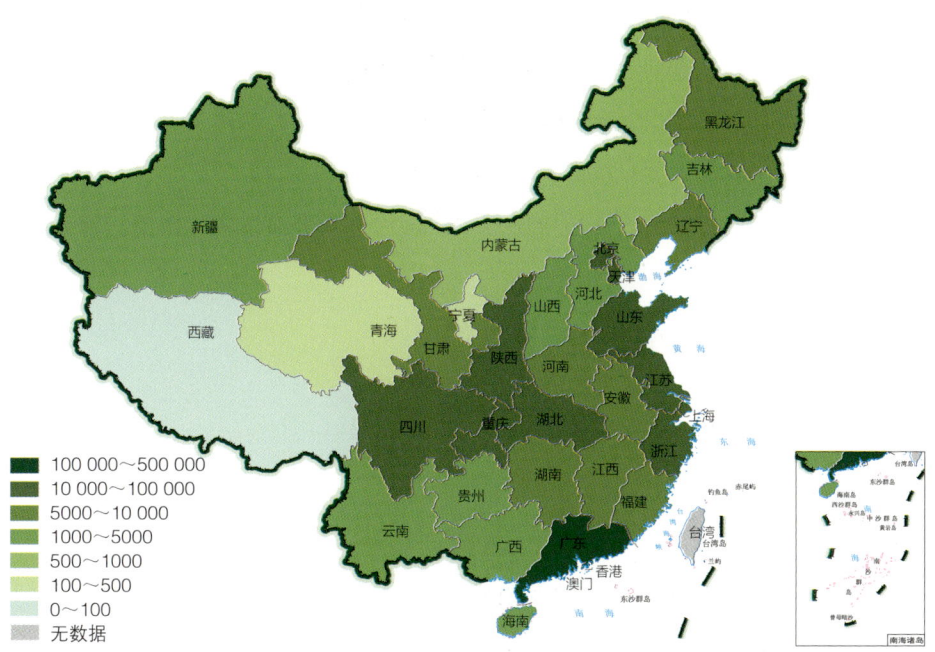

图 1-5-7　各地方辖区内高校院所产学研合作合同项数情况（单位：项）

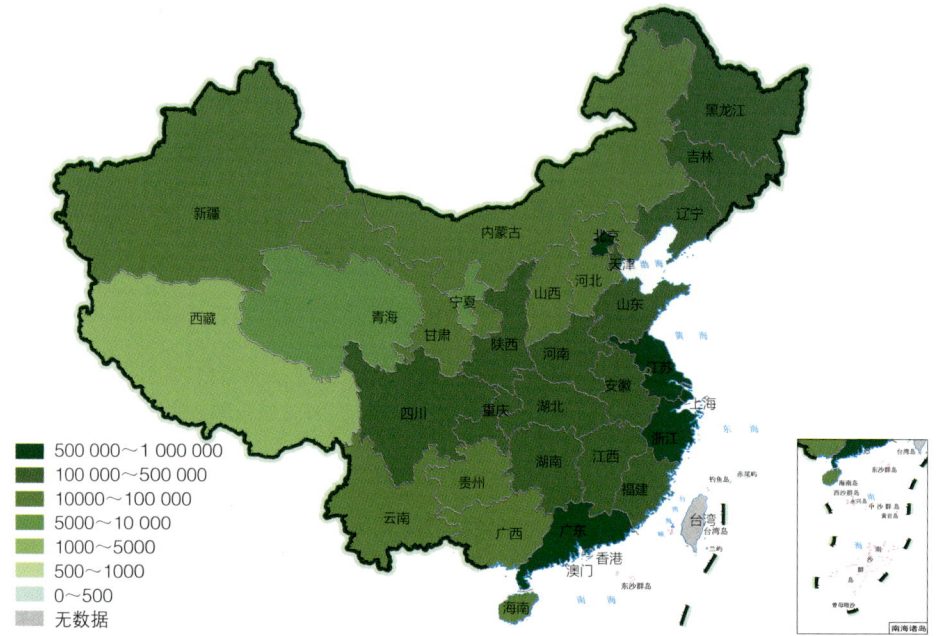

图 1-5-8　各地方辖区内高校院所产学研合作合同金额情况（单位：万元）

第六章
兼职创业和创设参股新公司

统计数据显示，高校院所兼职从事科技成果转化和离岗创业人员数量不断增加，创设和参股新公司的数量超 2000 家，为促进科技成果的转移转化发挥了重要作用。

一、兼职及离岗创业人员

国家鼓励科研人员兼职或离岗创业促进科技成果转化。《促进科技成果转化法》规定，国家鼓励研究开发机构、高等院校与企业及其他组织开展科技人员交流，根据专业特点、行业领域技术发展需要，聘请企业及其他组织科技人员兼职从事教学和科研工作，支持本单位科技人员到企业及其他组织从事科技成果转化活动。《若干规定》要求，研究开发机构、高等院校应当建立制度规定或者与科技人员约定兼职、离岗从事科技成果转化活动期间和期满后的权利和义务。上述规定为研究开发机构、高等院校的科研人员兼职从事科技成果转化和离岗创业提供了重要政策保障。

兼职从事成果转化和离岗创业人员的数量有所增长。2019 年，3450 家高校院所兼职从事成果转化和离岗创业人员的数量为 14 210 人，比上一年增长 23.4%。其中，535 家中央所属高校院所兼职人员从事成果转化和离岗创业人员的数量为 3754 人，比上一年增长 55.3%。2915 家地方所属高校院所兼职从事成果转化和离岗创业人员的数量为 10 456 人，比上一年增长 14.0%（图 1-6-1）。平均每家单位兼职从事成果转化和离岗创业人员的数量为 4.1 人，其中，中央所属高校院所平均每家单位兼职人员数量为 7.0 人，地方所属高校院所平均每家单位兼职人员数量为 3.6 人。

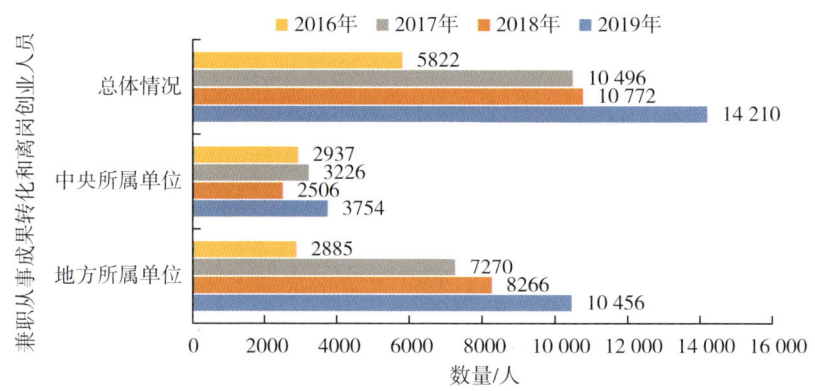

图 1-6-1　兼职从事成果转化和离岗创业人员情况

二、创设和参股新公司

科技成果转移转化相关协议签订后，科技成果的技术支持和顺利产业化是科技成果转移转化成功与否的关键。很多高校院所在转化科技成果后，通过创设和参股新公司的方式，进一步支持、服务科技成果产业化的后续工作，尤其是以作价投资方式转化科技成果的单位，往往成为新成立公司的股东。因此，对创设和参股新公司的统计分析，有助于更加全面地了解科技成果的转化成效。

第六章 兼职创业和创设参股新公司

创设和参股新公司的数量有所下降。其中，中央所属单位创设和参股新公司的数量下降，地方所属单位创设和参股新公司的数量增长。2019年，3450家高校院所创设和参股新公司数量为2073家，比上一年下降5.0%。中央所属高校院所创设和参股新公司的数量为676家，比上一年下降31.8%；地方所属高校院所创设和参股新公司的数量为1397家，比上一年增长19.1%（图1-6-2）。3450家高校院所平均创设和参股新公司0.6家，中央所属单位平均创建1.3家，地方所属单位平均创建0.5家。

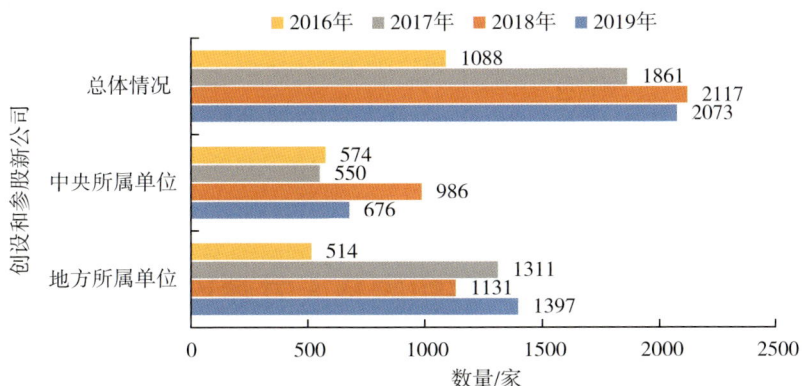

图1-6-2 创设和参股新公司情况

第七章
技术转移机构建设

统计发现,部分高校院所专门成立了适合自身特点的技术转移机构,科技成果转移转化不断趋向专业化。高校院所与企业共建的研发机构、转移机构和服务平台的数量快速增加,不断吸纳聚合各方资源助力科技成果转移转化。

一、高校院所技术转移机构及人才建设

(一)技术转移机构

自建从事科技成果转移转化机构的高校院所数量占全部单位数量的比例有所增长。666家高校院所自建了技术转移机构,占单位总数(3450家)的19.3%(图1-7-1),比上一年增长22.0%。该666家高校院所共自建了1648家技术转移机构,比上一年增长22.0%。

高校院所与市场化技术转移机构合作开展科技成果转化的情况日益活跃。与市场化转移机构合作开展科技成果转化的高校院所数量为725家,占单位总数的21.0%(图1-7-2),比上一年增长了23.3%。该725家高校院所与3453家市场化技术转移机构合作开展了科技成果转化活动,比上一年增长了57.7%。

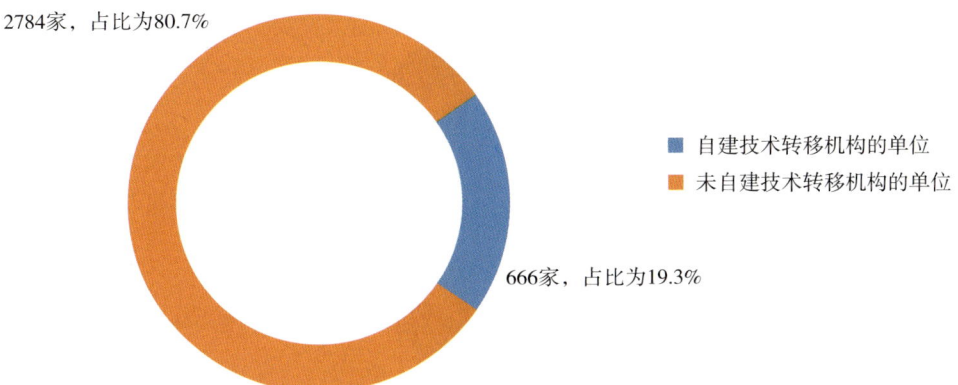

图 1-7-1　自建技术转移机构的单位数量情况

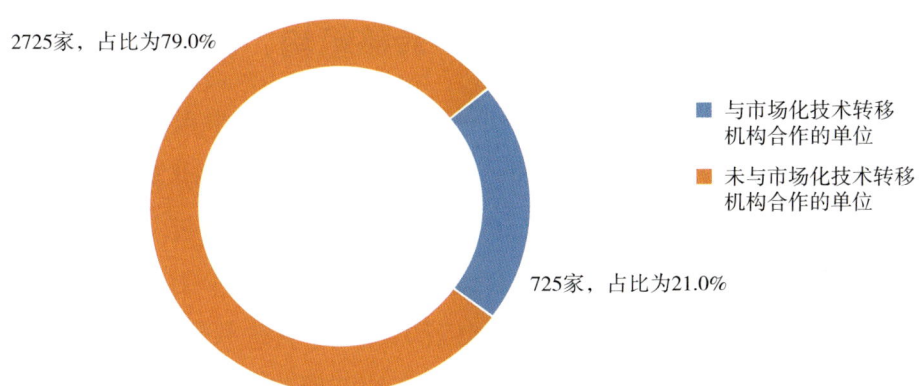

图 1-7-2　与市场化技术转移机构合作的单位数量情况

（二）技术转移人员

3450 家高校院所的科技成果转化年度报告的填报信息显示，填报从事科技成果转移转化工作人员数量的单位共 1609 家，仅占填报单位数的 46.6%，反映出各高校院所普遍缺乏技术转移人才。这 1609 家高校院所中，从事科技成果转移转化工作的人员共 26 336 人，其中，专职工作人员 12 126 人、兼职工作人员 14 210 人；平均每家单位拥有专职工作人员 7.5 人，兼职工作人员 8.8 人（图 1-7-3）。

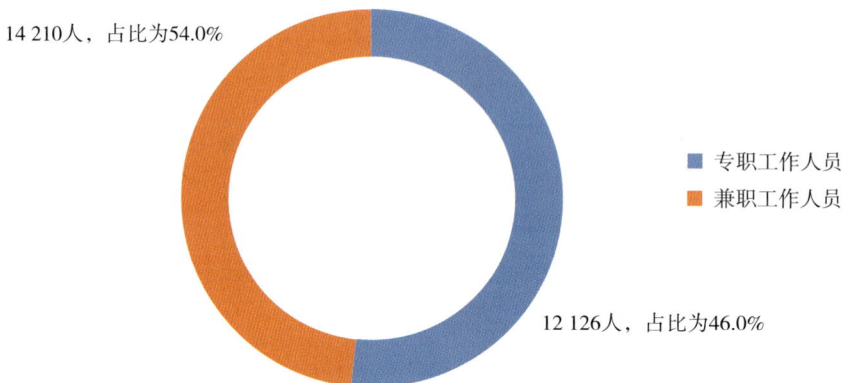

图 1-7-3　高校院所技术转移人才数量情况

二、与企业共建研发机构、转移机构、转化服务平台

高校院所与企业共建研发机构、转移机构和服务平台的数量有所增长。2019年，3450家高校院所中的1050家与企业共建研发机构、转移机构、转化服务平台的总数为10 770家，比上一年增长了27.2%，对促进科技成果和科技研发供需的有效对接发挥了重要作用。中央所属高校院所与企业共建研发机构、转移机构、转化服务平台的总数为3131家，比上一年增长了17.3%。地方所属高校院所与企业共建研发机构、转移机构、转化服务平台的总数为7639家，比上一年增长了32.1%（图1-7-4）。3450家高校院所平均创建机构和平台3.1家，中央所属单位平均创建5.9家，地方所属单位平均创建2.6家。

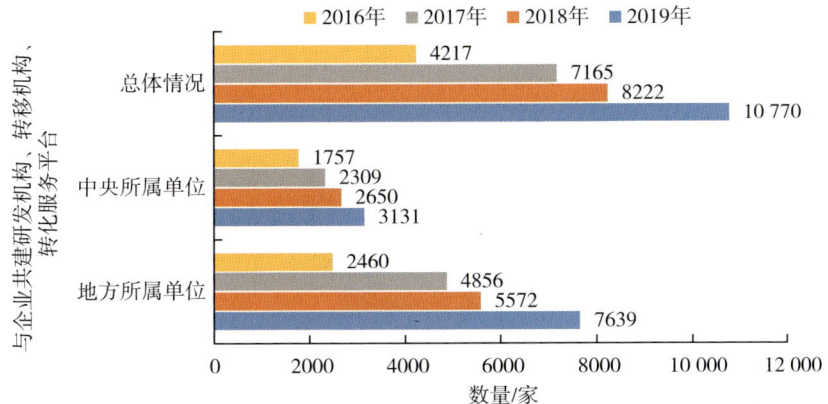

图 1-7-4　与企业共建研发机构、转移机构、转化服务平台情况

三、技术转移机构发挥作用

统计发现，四成以上高校院所认为技术转移机构在科技成果转化过程中发挥了重要作用。3450 家高校院所中 41.2%（共 1423 家）认为技术转移机构在科技成果转移转化过程中发挥了重要作用，17.0%（共 588 家）认为技术转移机构在科技成果转移转化过程中发挥的作用一般，7.9%（共 271 家）认为技术转移机构在科技成果转移转化过程中发挥的作用很小，33.9%（共 1168 家）认为技术转移机构在科技成果转移转化过程中基本未发挥作用（图 1-7-5）。

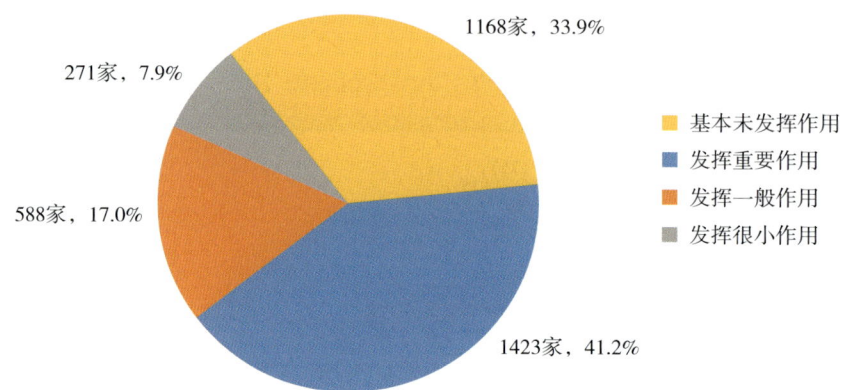

图 1-7-5 技术转移机构在科技成果转移转化过程中发挥作用情况

高校院所自建技术转移机构在科技成果转移转化过程中发挥的作用相比2018年有所增加。666家自建有技术转移机构的高校院所中，认为自建的技术转移机构在科技成果转移转化过程中发挥了重要作用的占77.3%（515家）、发挥了一般作用的占16.4%（109家）、发挥了很小作用的占3.9%（26家）、未发挥作用的占2.4%（16家），这反映出各高校院所中从事科技成果转移转化的机构服务能力有待提高（图1-7-6）。

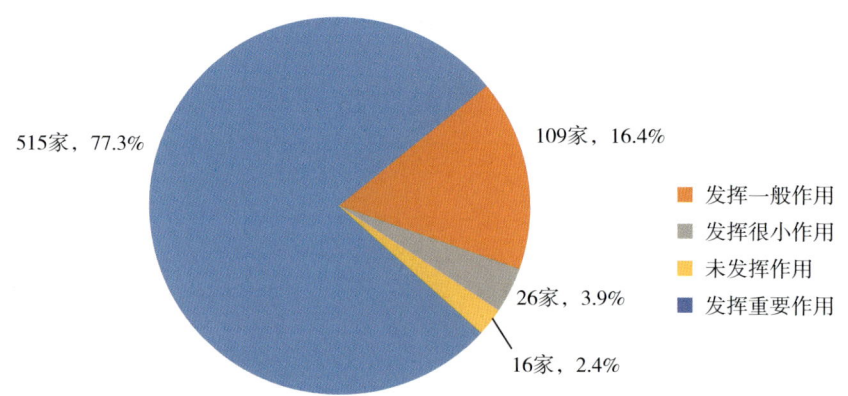

图 1-7-6 自建技术转移机构在本单位科技成果转移转化过程中发挥作用情况

第八章
工作案例

本篇基于3450家高校院所2019年科技成果转化年度报告填报内容，通过对年度科技成果转化合同总金额、合同总数量排名、科研院所和高等院校占比、地域分布、成果转化集中行业领域等多个维度进行综合分析，并结合历次科技成果转移转化调研和培训实际，遴选出往年未介绍过的15家高校院所，采用电话调研、专家咨询、对比分析及实地调查等方法，总结工作经验和做法。持续跟踪往年报告中介绍过工作案例的高校院所信息显示，清华大学、中南大学、中国科学院上海药物研究所、中国科学院深圳先进技术研究院等单位，深入推进各自科技成果转化体制机制和模式的探索与创新，在2019年科技成果转化工作中成效依然突出。

一、优化成果转化制度体系，成果转化政策日益完善

（一）暨南大学：完善科技成果转化政策措施，探索科技成果转化新路径

学校先后制定了一系列加快科技成果转化、推动经营性领域技术入

股改革试点等方面的政策措施，明确了校内科技成果转化实施流程，完善了科技成果转化收益分配和奖励机制，与省内多个地市建立合作关系，科技成果转化成效显著提升。

1. 构建"1+2+3+X"管理架构，形成"五位一体"服务体系

学校先后出台了《暨南大学促进科技成果转化管理办法（试行）》《暨南大学经营性领域技术入股改革试点实施方案（试行）》《暨南大学专业技术资格评审办法（试行）》等一系列科技成果转化相关制度，从管理、实施、激励等方面完善校内科技成果转移转化工作机制。以市场为导向，构建"1+2+3+X"的管理架构，即在学校科技成果转化工作领导小组的领导下，以暨南大学科技成果转化咨询委员会和暨南大学地方研究院管理委员会为核心，以技术转移中心、地方研究总院和大学科技园为重点，统筹全校和地方研究院等相关运营和服务支撑机构，形成集知识产权管理、成果培育、运营孵化、技术转移、投融资等综合服务"五位一体"的科技成果转化管理体系。通过打造专业化队伍和对外合作机制，建立起一套符合科技创新规律、遵循市场经济规律、具有该校特色的科技成果转移转化体系。

2. 建立"三大类六小类"学术评价体系，鼓励人员投身科技成果转化

学校明确离岗创业及参与校外兼职人员主体，对离岗、兼职期间人事关系及审批程序、权益分配等做出规定。建立以创新质量和社会贡献为导向的学术评价体系，将教学科研人员按教学型、教学科研型和科研型等"三大类六小类"分别制定不同的职称晋升条件和岗位评价标准。加强科技成果转化人员在成果的技术突破性和行业贡献度方面的评价，以专利、标准、横向项目和成果转让情况等作为主要评价和考核指标。同时，学校完善了科技成果转化收益分配和相关经费使用政策，以技术转让或者许可方式转化的职务科技成果，净收入的85%奖励成果完成人（团队），5%奖励所在院级单位，10%留归学校。以作价投资方式转化的职务科技成果，股份或者出资比例中的85%奖励给成果完成人（团队），不超过10%的转化收益作为提供转移转化服务的奖励或中介费用。

3. 创建科技成果转化平台体系，以服务地方科技创新推动科技成果转化

学校创建了以地方研究院等新型研发机构为核心的科技成果转化平台体系。一是与广州、深圳、珠海等多个地市建立校市合作关系，与佛山、珠海、韶关等地共建暨南大学研究院。已组建协同创新中心、工程中心、产学研基地和校企联合实验室等近100个产学研平台。二是与广东中科科创创业投资管理有限责任公司合作成立科技成果产业化基金，基金投资额为2亿元。其中，"WE创港澳台侨青年众创空间"是全国首个专为港澳台侨青年设立的众创空间，在孵创新创业团队77个，已投资孵化公司50余家。2019年，学校以转让、许可、作价投资方式转化科技成果合同的总项数为13项，合同总金额达4.3亿元。

4. 案例：运用"专利转让"方式，创新抗肿瘤药物JND30134成果实现转化

学校药学院药物化学与生物学研究所研发团队围绕肿瘤和代谢性疾病等重大临床需求，研究出Flt3和Axl是有效治疗急性髓细胞性白血病（AML）的新靶点，明确了作用机制，并结合结构的药物设计策略，开发出Flt3与Axl双重抑制剂JND30134。经过体外药效学研究、激酶谱选择性研究、药物代谢动力学研究、体内药效学研究、急性毒性研究等一系列成药性研究，最终确认JND30134为候选化合物。2019年，经学校二级学院、技术转移中心（科技处）、法务部和财务处审核，再通过学校科技成果转化咨询委员会论证，最后经学校校长办公会审议通过，学校联合中国科学院上海药物研究所，以转让的方式转移转化至上海海和药业进行临床前及临床研究，合同金额为 85 500 万元和后续 4%~5% 的销售提成，其中暨南大学和中国科学院上海药物研究所的收益分配比例为 1∶1。

（二）上海大学：共建科技成果转化政策研究中心，探索突破成果转化困境

学校通过制度、管理、服务体系的不断建设与完善，聚焦科技成果转化难点痛点共建政策研究中心，通过理论创新与实践创新的良性互动，探索突破转化困境，加快推进学校科技成果转化进程。

1. 完善学校科技成果转化制度、管理、服务体系建设

学校围绕成果管理、职能分工、职称聘任、风险防控、工作流程等制定并出台了一系列清晰明了、可操作性强的管理办法。例如，《上海大学科技成果转化管理办法》（上大内〔2019〕185号）在收益分配方面充分把握奖励激励、团队发展和服务体系建设3个方面之间的平衡。《上海大学科技成果转化人员高级专业技术职务聘任实施办法》明确了科研人员在科技成果转化中的绩效，可作为其职称（职务）评聘、岗位聘用的重要依据。

学校成立科技成果转移转化领导小组，统筹推进学校科技成果转化与知识产权管理相关工作。成立前沿技术判断委员会，分析研判世界高技术前沿的发展方向，引导学校科学研究方向与转化应用方向。成立技术转移中心，牵头各部门构建互为补充的转移转化平台服务体系，为学校科技成果转移转化活动提供包括概念验证、科技成果评价、知识产权保护、技术营销、谈判、收入分配管理等方面的综合性服务。学校通过制度、管理、服务体系建设，进一步优化横向科研项目、科技成果转化

项目的分配方案与管理流程，最大限度地激发科研人员服务企业技术创新，协同服务推动科技成果转化。

2. 聚焦转化难点痛点，共建科技成果转化政策研究中心

学校与上海科学技术交流中心合作，组建科技成果转化政策研究中心，依托学校技术转移中心汇聚科技成果转化各链条一线实践专家，聚焦转化难点痛点，通过理论创新与实践创新的良性互动，探索突破转化困境。一是针对科技成果与可市场化成果之间的"死亡之谷"问题，探索欧美高校概念验证计划在上海高校推行的可行方案，推进成立"沪温科技成果概念验证中心"。二是针对专利转化运用周期过长的问题，研究借鉴斯坦福 OTL 模式，加强研发与专利布局/运营并行，探索做大"专利申请权转让"方式，2019 年以该方式实施转化的项目累计金额近 1 亿元。三是针对"现金奖励个税税率过高影响激励效果"这一热点问题，结合财政部、税务总局、科技部三部门联合发布了《关于科技人员取得职务科技成果转化现金奖励有关个人所得税政策的通知》，落实上海地区高校成果转化现金奖励个税"减半计征"政策的实施路径，近两年学校的成果转化现金奖励事项全部享受了个税优惠。

3. 案例：运用"专利申请权转让"方式，实现中药创新药物成果转化

学校医学院以综合性大学多学科交叉人才为基础，组建多学科背景融合的中青年中药创新药物研制团队从事中药活性成分的研究，特别是中药创新药物的发明及药物作用机制的研究。2019 年 10 月，学校科研团队在实验室取得阶段性创新成果，研制开发用于治疗心血管的口服药物——一种丹参素衍生物及其制备方法，并向学校技术转移中心披露。同时技术转移中心委托专业知识产权服务机构围绕该创新成果进行专利撰写布局，会同团队与意向合作企业进行洽谈。同年 11 月，在取得成果专利申请受理通知书后，学校技术转移中心成立专业服务团队，协助科研团队正式完成合同条款的谈判和确定，并依法依规完成相关流程事宜，最终与企业签订专利申请权转让合同。转化收益以首付款、里程碑付款和销售额提成方式累计 9850 万元。

二、探索现代科研院所交叉融合，提升科技成果转化整体效能

（一）中国科学院空天信息创新研究院：顺应科研院所改革总体要求，深化提升空天信息领域科技研究与成果转化效能

2014 年 8 月，习近平总书记在中央财经领导小组第七次会议上强调，要按照遵循规律、强化激励、合理分工、分类改革要求，继续深化科研院所改革。2017 年 7 月，在中国科学院电子学研究所、遥感与数字地球研究所、光电研究院的基础上整合组建，成立中国科学院空天信息创新研究院。依托原有科研机构核心竞争力，聚焦国家战略需求，开展空天信息领域科技研究与成果转化工作。

1. 聚焦国家战略需求，形成空天信息领域高起点、大格局、全链条布局的研究与转化方向

研究院聚焦国家空天信息领域基础性、战略性和系统性重大任务，以重大产出和支撑国家实验室建设为目标，形成空天信息领域高起点、大格局、全链条布局的研究与转化方向。一是高起点。通过整合 3 个研究所在各自领域的核心力量使研究院在成立之初就具备了高起点。例如，电子学研究所是我国第一个在综合型电子与信息科学方面的研究所，遥感与数字地球研究所为我国遥感科学与综合应用技术研究机构，光电研究院专攻光电工程、航天航空和应用科技等 3 个领域，掌握 20 多个国家级 / 院级重点实验室、中心、非法人单位，拥有空天信息领域核心竞

争力。二是大格局。研究院主要聚焦空天信息获取处理、空间电子学器件等九大空天领域，承担国家基础性、战略性和系统性重大任务，提出并组织国家空天领域重大科技计划，解决国家重大科技问题，获得有国际影响力的研发成果。三是全链条布局。研究院布局建设临近空间/航空平台、光学/微波载荷、关键核心器件、全球化卫星接收站网等，实现从平台到载荷、器件，再到数据接收、处理、应用的全链条创新体系。

2. 完善成果转化制度，加强研究院内控管理

研究院自成立后深化科技成果转化工作，不断完善制度体系，积极加强内控管理。一是成立院务会，作为科技成果转化事项的最高决策机构，负责审定和批准科技成果转化方案和奖励方案等相关事宜。二是成立经营性资产管理与院地合作委员会，作为研究院经营性国有资产的管理和监督机构，负责审议科技成果转化方案和奖励方案等相关事宜。三是设立科技促进发展处，作为研究院科技成果转移转化和知识产权主管部门，负责审核科技成果转化方案和奖励方案等相关事宜，以及对科技成果转化项目的调研、评估、组织和实施等全过程进行服务、指导、协调、管理、监督和检查。四是发布科技成果转移转化管理办法、对外投资管理办法和知识产权管理办法等规章制度，就科技成果日常管理、转化方式和收益分配及经营性国有资产管理等工作进行了制度规定，保障研究院科技成果转化工作有序开展。

2019年，研究院研制的"嫦娥四号"两载荷成功开机，使我国成为国际上首次实现在月球背面开展低频射电天文观测的国家，填补了100 kHz ~ 10 MHz 低频射电天文方面的科学空白。研究院以42项发明专利、46项软件著作权整体打包，作价2亿元入股济钢防务技术有限公司，同时，于辽宁营口建设总投资约1.3亿元的航空遥感系统机库项目。

3. 案例：知识产权作价 2 亿元入股济钢防务技术有限公司，为地方新旧动能转换赋能

为解决空天一体化发展所需的替代性存量市场需求，研究院积极研发相应技术并进行产业化布局。2019 年 8 月，研究院携手济南市政府及济钢集团共同出资成立济钢防务技术有限公司。其中，研究院将空天信息技术范围内的 42 项发明专利和 46 项软件著作权整体打包，作价 2 亿元注资济钢防务技术有限公司，占股 10%。技术涵盖数据获取专有技术，空天数据预处理、管理专有技术，空天信息智能分析处理专有技术，空天信息综合应用专有技术，阵列雷达技术，微型芯片化雷达技术，雷达低可观测目标探测技术和微波光子雷达技术等八大方向，在济钢防务技术有限公司的卫星系统、低空监测等多个业务板块中将发挥重要的技术支撑作用，为产品在国际市场上的竞争提供强有力的技术支持，亦为地方传统产业转型发展提供新助力。目前，济钢防务项目作为中国（山东）自贸区济南片区签订的首批项目已开工建设，一期投资为 100 亿元。

该技术成果的转化实施，有助于实现地方国企的优势资源与研究院技术成果的有效融合，形成科技成果转移转化平台，成为加快地方政府和企业转型发展的源动力。

（二）中国科学院脑科学与智能技术卓越创新中心：开展脑科学与智能技术交叉融合，促进科研成果转化为现实生产力

2015 年 6 月，中国科学院依据"率先行动"计划，依托上海生命科学研究院神经科学研究所和自动化研究所，在脑科学和类脑智能技术领域设立了卓越创新中心。中心通过地市、大学、企业团队合作和学科交叉融合，推进脑科学和类脑智能技术前沿领域的科研成果转化为现实生产力。

1. 脑科学与智能技术交叉融合，合力共促智能产业发展

中心聚焦脑科学与类脑智能技术若干重要前沿方向，跨学科、跨院校交叉融合推动中心科技成果转化。

一是充分发挥建制化集群优势。中心按照"多方投入、共建共享、统筹协调"的原则，依托上海生命科学研究院神经科学研究所和自动化研究所，由昆明动物研究所、中国科学技术大学、生物物理研究所等20多家科研单位联合共建，在脑认知功能的环路基础、脑疾病机理与诊断干预、脑研究新技术、类脑模型与智能信息处理、类脑器件与系统5个前沿领域，以国家级脑科学计划及承担的中科院、基金委、科技部等重大科研项目为牵引，通过团队合作和学科交叉融合，研发新技术，推动脑科学与智能技术转化为现实生产力。

二是与校、地、院、企合作，合力共促智能产业发展。研究所以克隆猴技术为先导，在上海松江建立"G60脑智科创基地""国际灵长类脑研究中心""上海脑科学与类脑研究中心（松江基地）""中国科学院脑科学与智能技术卓越创新中心（上海松江）"等研究单元，承接国家创新2030重大科技项目"脑科学与类脑研究（中国脑计划）"。与类脑智能技术性及应用国家工程实验室、科大讯飞、埃夫特、中国电科38所、中国电科41所、合工大等高校院所和骨干企业共同创立脑科学与类脑智能、认知与认知能力智能、智能机器人、智能集成IC和智能传感技术等五大协同科学研究中心，积聚各类优势学科力量交叉融合，合力推进脑科学和类脑智能技术转化为现实生产力。

2. "基金+奖励"鼓励科研人员与社会要素优化组合共促转化

中心制定"基金+奖励"的科技成果转化分配办法，鼓励科研人员将科技成果与社会资本、管理、设备、人力资源等多种社会要素进行优化组合，有组织、规范化地开展科技成果转化活动。其中，以转让、

许可方式转化科技成果取得的现金收益，30% 用作中心公共发展基金，70% 用于奖励对完成、转化职务科技成果做出重要贡献的人员；以技术入股组建企业的方式进行转化的，40% 股份用作中心公共发展基金，60% 股份用于奖励对完成、转化职务科技成果做出重要贡献的人员。2019 年，实现专利转让 1 项，合同金额为 1665 万元；专利许可 2 项，合同金额共计约 1 亿元。

3. 案例：一种基于 RNA 定点编辑的抑制脉络膜新生血管形成的方法及试剂的成果转化

中心研究组在实验中发现了一种用于高效递送 CasRx 及针对血管内皮生长因子 A（Vegfa）的 gRNA 的腺相关病毒。本科技成果通过玻璃体内注射通过腺相关病毒递送 CasRx 可以有效地敲低 Vegfa 转录物，并显著减少在年龄相关性黄斑变性的小鼠模型中激光诱导的脉络膜新生血管形成的面积，从而实现对年龄相关性黄斑变性疾病的预防与治疗。2019 年，中心以许可的方式与辉大（上海）生物科技有限公司签订合作协议，采取固定许可费加商业转化提成相结合的方式来确定协议对价，其中首付款 50 万元、里程碑付款 5010 万元。里程碑收费节点包括：①标的专利或其同族专利药品被申请国家药品监督管理机构接受，支付 60 万元；②Ⅰ期临床试验通过，支付 150 万元；③Ⅱ期临床试验通过，支付 300 万元；④Ⅲ期临床试验通过，支付 1500 万元；⑤获得申请国家药品监督管理机构的上市许可和生产批件，支付 3000 万元。

根据《中国科学院脑科学与智慧技术卓越创新中心神经科学研究所横向项目管理办法（试行）》规定，该项目首付款 70% 的现金收入 35 万元分配给发明人。通过专利许可，推动了该技术在相关临床药物的研发进程，促进了我国基因编辑领域的技术发展。

三、聚焦关键核心技术，助推高价值科技成果产业化

（一）中国科学院微电子研究所：探索形成集成电路三链融合模式，助力集成电路关键技术产业发展

研究所围绕集成电路产业链，积极开展院地企合作，以平台为载体，加快核心技术科研布局，探索形成"产业链、创新链、金融链"三链融合模式，推动我国集成电路关键技术产业化落地与发展。

1. 探索形成"产业链、创新链、金融链"三链融合模式

研究所"围绕产业链部署创新链，围绕创新链完善资金链"的三链融合理念促进科学技术创新与成果转移转化。一是通过鼓励研究所内部的研发团队创办高科技公司、承接企业委托开发项目、与企业联合承担国家科研项目、与企业共建联合研发中心等方式推动研究所科研布局优化和研发内容调整，有效促进创新链不断优化升级。二是在发展研究所创新力量的同时，与集成电路基础较好和重点发展的地方政府共建应用技术研发中心和技术转移转化平台，围绕南京、广州等地集成电路产业链需求，推动创新链上各环节发展。三是通过参与投资基金咨询与管理、自主发起风险投资基金、与投资机构建立合作关系、与银行建立互信互动关系等方式，吸引社会资金支持研究所的创业创新活动。

研究所已与安徽省合肥市共同发起设立总规模 100 亿元的安徽省集成电路产业投资基金，与 TCL 集团发起设立总规模 1 亿元的中科 TCL 爱思开集成电路基金，与中科院成果转化基金发起设立总规模 1 亿元的知识产权与成果转化基金。2019 年，研究所累计通过科技成果转移转化、现金认缴、股权再出资等形式新增持股 29 家企业。截至 2019 年年底，已累计参与设立企业 116 家，研发生产了包括薄膜刻蚀机、导航芯片、智能安防等在内的数十套集成电路制造、封装、检测设备和芯片、物联

网终端/系统。2019年企业实现营业收入超90亿元。

2. 积极开展院地合作，加快核心技术科研布局

研究所紧密围绕集成电路产业链的关键环节和重大需求，依托在微电子领域具有的综合学科优势、科研积累、人才优势，深入开展院地合作，进行系统性的科研布局。已建设2个从事前沿基础研究的重点实验室，10个新型研发机构，13个从事核心产品研发、行业应用和行业服务的研发中心，涵盖微电子学研究各个主要领域，并与中外众多高校、科研机构和企业开展交流合作。2019年，研究所与无锡市政府合作，发起设立注册资金21亿元的无锡锡产微芯半导体有限公司。与地方政府、上市公司合作，在南京、合肥、成都、广州等地参与建设10多个新型研发机构。其中，2019年，研究院发起设立广东省大湾区集成电路与系统应用研究院、荣成微电子与智能技术产业研究院等8家新型研发机构，总投资经费20多亿元。实现了对意大利LFoundry、以色列ADT公司的国际并购，有效吸引国际人才和技术参与中国集成电路产业发展。

3. 案例

案例1：作价投资成立中科芯未来微电子科技成都有限公司，聚焦集成电路关键技术产业化

研究所与成都双流区政府于2017年共同发起成立中科芯未来微电子科技成都有限公司，注册资本5亿元。研究所一次性将200项专利作价2.49亿元注入公司，作为公司开展柔性多参数传感器制造的技术源头。公司作为研究所在西南片区开展科技成果转移转化的牵头组织机构，围绕四川成都、重庆地区的集成电路产业发展目标，以市场为导向，积极引进、孵化相关产业化项目，同时积极开展技术创新、公共技术服务、人才交流与培养、科技战略咨询等工作。截至2020年年底，公司累计引进孵化企业及团队11个，包括中科灵动航空科技成都有限公司、成

都中科四点零科技有限公司、成都邦融微电子有限公司、中科微光子科技（成都）有限公司等，涵盖工业级无人机研发设计、硅基光电子器件及集成芯片的制备测试、物联网技术及医疗物联网信息集成等领域，促进形成成都、重庆地区的集成电路产业化集群。

案例2：聚焦高价值成果转化，实现半导体关键部件国产化

为推动我国半导体设备研发与产业化进程，突破国际市场采购受限的局面，研究所研制出一项重要的核心零部件——高精度薄膜规，以知识产权作价1000万元的方式与九川科技有限公司、四川圣英科技有限公司联合发起设立中科九微科技有限公司，同时在北京设立全资子公司——北京中科九微科技有限公司，把微电子所相关的科技成果进行产业化。中科九微科技有限公司将高精度薄膜规应用于半导体关键设备中，如PVD、ALD、PLD、PECVD、磁控溅射和分子束外延设备等，推动了半导体工艺设备的国产化进程，预计2021年完成薄膜规的量产。

（二）中国科学院动物研究所：聚焦干细胞高价值成果转化，助力抗击新冠疫情

研究所立足国家重大需求，面向人民生命健康，聚焦再生医学领域核心技术突破与高价值专利培育，积极研发干细胞定向诱导分化，推进高价值科技成果转移转化。

1."资源库+科研平台"推动干细胞与再生医学研究、应用与转化

围绕国家创新驱动发展战略和健康中国战略，研究所面向人民生命健康，聚焦干细胞与再生医学领域，推进技术研发与高价值专利培育，先后支持成立了北京干细胞资源库（2019年获批国家干细胞资源库）和中国科学院干细胞与再生医学创新研究院，搭建了干细胞资源平台和完善的科研平台。其中，干细胞资源库是我国首家作为试点单位通过

CNAS《生物样本库质量和能力认可准则》、现场评审并获得中国人类遗传资源行政许可的细胞库。研究所建立了中国首株临床级人胚干细胞系，与多家医院合作开展了 9 项干细胞备案临床研究项目。推进我国首个干细胞标准和人胚干细胞产品标准——《干细胞通用要求》和首个针对人胚干细胞的产品标准——《人胚干细胞》的颁布实施，为我国干细胞研究领域的健康发展积累了从基础向临床研究转化的宝贵经验。

2. 内外联动，协同推进医产研融合发展

研究所所内承担了中国科学院"干细胞与再生医学研究"战略性先导科技专项和中国科学院"器官重建与制造"战略性先导科技专项，以及多项国家重点研发计划，取得了一系列具有重大国际影响力的原创成果，形成多项具有自主知识产权的关键核心技术，培育一批具备核心竞争力的高价值专利。所外联合优势单位和企业，探索国有研究机构高效服务创新驱动发展的新模式，共建新型联合研究所、技术研发中心等，共同开展临床前及临床转化研究，推动科研、医疗和产业结合，形成了辐射全国的干细胞研究与医学转化网络。其中，研究所与河南省济源白云实业有限公司共建的"科云生物农药技术研发中心"，公司向研发中心提供稳定的科研经费支持，用于支持中心研发团队开展生物农药基础性研究。研发中心在生物农药新产品研发、生产及管理标准制定、知识产权保护和专业人才培养等方面为公司提供技术支持。

3. 案例：干细胞药物转化，助力抗击新冠疫情

研究所研发团队自主创新建立了我国首株通过中国食品药品检定研究院质量复核的临床级人胚胎干细胞系（hESCs），并突破"干细胞药物"质控、制剂等核心技术，成功制备了可用于治疗半月板损伤的干细胞注射液。

2019 年，研究所联合中科院干细胞与再生医学创新研究院，北京

泽辉辰星生物科技有限公司达成战略合作，将 M 类细胞制备及两项适应证药物开发技术许可给该公司，共同推进干细胞治疗半月板损伤和特发性肺纤维化两个适应证药物的开发。技术许可实施费总额为 2.2 亿元及超额销售额的 5% 提成（单适应证产品累计销售额超过 5 亿元后按 5% 销售额提成）。其中，M 类细胞制备技术平台许可费为 1 亿元；单个适应证许可费包括 1000 万元首付款和 5000 万元里程碑付款，里程碑付款节点为单个适应证药物获得上市批准后支付。

2019 年研究所已收到该公司支付的首期许可实施使用费 4000 万元。根据《动物研究所成果转移转化管理办法》，按照科技成果完成人、研发团队、所在部室、研究所 5：3：1：1 的奖励分配原则，已奖励个人近 2400 万元，激发了团队创新动力，提高了创新效率。

为抗击新冠疫情，围绕提高新冠肺炎治愈率、降低病亡率，项目团队基于本项科技成果开发出全球首个用于治疗新冠肺炎的干细胞药物 CAStem 细胞注射液（科舒达），先后在武汉市金银潭医院和武汉协和医院完成几十例患者的 CAStem 细胞输注，临床观察安全、有效，获批国家药监局Ⅰ/Ⅱ期注册临床试验，并入选国务院联防联控机制科技攻关组重点推荐的治疗新冠肺炎"三药三方案"。

（三）中国民航科学技术研究院：发挥行业成果转化纽带，助力民航高质量发展

研究院聚焦民航行业发展，不断建立完善科技成果转化体制机制，通过开展院企合作、组建产业联盟、形成创新集群等，探索科研成果转化多种模式，发挥行业成果转化纽带作用。

1. 建立三级开发和转化流程，加强科技成果转化全链条管理

研究院为加强科技成果转化全链条管理，建立"技术研发—统筹管

理—操作实施"的三级开发和转化流程。主要包括设立研发中心，负责组织对具有推广应用前景的重点项目进行技术开发。设立经营管理处，统筹科研成果转化和推广，制定经营计划和实施方案。成立航科院（北京）科技发展有限公司、航科院中宇（北京）新技术发展有限公司，负责科研成果转化的具体实施，确保科研成果转化的各个阶段分工明确，同时加强协调合作，强化成果转化的专业性和快捷性。三级开发和转化流程的建立，有效强化了院内业务部门与院属企业间的成果流动机制，加强了研究院科技成果转化全过程的管控和整合力度。

2. 形成内部转化、集成转化、合作研发等多种科技成果转化模式

研究院聚焦民航行业发展，依托自身民航研究的枢纽优势，形成科研成果转化的多种模式，有效实现了研究院内外、行业内外的科研成果转化。一是内部转化。研究院内部研发部门瞄准行业需求，开发的技术产品直接由研究院下属公司进行推广应用与转化。已重点开展民航高分数据应用、机场飞行态势显示分析系统、特性材料拦阻系统 EMAS 等产品的产业化。二是集成转化。研究院立足行业地位优势，明确和遴选民航行业发展存在的技术需求，实施重大项目攻关，由研究院将分散在不同单位的相关技术，进行集成创新，推动科技成果快速转化，如机场跑道外来物探测系统（FOD）、消防救援实训模拟应用系统等重大项目实施。三是合作研发转化。对于上述需求中不适合自主研发与整合的，且院外部有相关的雏形产品，由研究院或其下属企业与外部单位开展合作，实现产品的升级转化，应用于民航行业，如已转化的快速获取座舱音频记录器（eCVR）等。四是代理推广应用。民航业内已有成熟产品的，由研究院下属企业向行业外推广应用，跨行业开展科技成果转化工作，已转化产品包括高效便携式水雾灭火器、"芭蕉扇"公共汽车客舱固定灭火系统等。研究院通过科技成果转化模式的不断探索，2019 年以转让、许可、作价投资方式转化科技成果合同总金额为 1.39 亿元，成果转化能力比上一年显著提升。

3. **案例：聚焦民用航空安全领域，特性材料拦阻系统（EMAS）实现转化应用，打破国外公司对该项产品的技术和价格垄断**

为进一步保障航空安全，研究院研制了特性材料拦阻系统（EMAS）。其可安装在跑道端外，利用特性泡沫材料的溃缩吸能性能，在保证机上人员和飞机结构安全的前提下，有效拦停冲出跑道的飞机。2010年，研究院成立专门的 EMAS 研发团队对一架 B737 飞机进行了 6 次真机验证及数十次台架试验，将该产品再次升级，实现内部成果转化。2012年，研究院获取了民航局正式颁发的国产特性材料拦阻系统（EMAS）审定合格证书，可开展"EMAS 工程化应用设计、生产和施工"，正式成为全球第二家 EMAS 建设服务商。2019 年，该成果采用许可方式以合同金额 1.28 亿元转让给相关企业，成功打破了国外公司对该项产品的技术和价格垄断，有效解决了我国许多高原和复杂地形地区机场预防飞机冲出跑道的重大课题，增加了安全裕度，大幅降低了国内的安装成本。目前该成果已在腾冲、攀枝花、林芝和临沧机场铺装应用，累计合同总金额为 2.3 亿元。

四、推进科技成果本地转化，助力区域经济高质量发展

（一）中国药科大学：多种模式融合构筑完整生物医药科技成果转化链，助力长三角生物医药产业发展

学校发挥医药行业特色，主动服务长三角生物医药产业发展，依托优势学科和科研平台，完善体制机制建设，构筑了从知识创新、技术突破、工程放大到产业化的具有中国药科大学特色的完整生物医药领域技

术转移链，助力推进长三角一体化发展。

1. 通过校企共建基地、研究院、"企业驻校"等模式，形成生物医药特色品牌

一是聚焦重大创新药物创制，深入开展校企科研合作。学校为推动开展新靶标、新结构、新机理原创药物研发，出台《中国药科大学新药研发激励政策》，设立"新药资助基金"，在校内遴选具有一定研究基础的创新药物项目，每个项目给予300万～500万元经费支持，助推课题组完成部分药品注册所需要的实验。通过共建研究生培养基地、共建创新药物研究院、"企业驻校"等模式更好地与企业展开紧密合作。其中，学校专门改造8000平方米的科研大楼，与恒瑞医药等医药行业龙头企业在校内共建以企业投资运营为主体的协同创新联合实验室，引导和激励科研人员与研究生进入企业研发中心开展合作研究。

二是聚焦重大科技成果转化，推动形成学校生物医药特色品牌。学校出台《中国药科大学促进科技成果转化实施办法》等一系列政策措施，全面规范评估定价、转化公示、合同审批、收益分配、评估备案等流程，搭建以技术转移中心为主导，地方研究院、知识产权运营中心、产业化应用工程技术平台、高端智库等有机融合的科技成果转化体系。2019年学校产学研合作项数达488项，合同总金额为1.79亿元。Ⅰ型抗肿瘤药物成为我国第一个获准在美国市场销售的注射剂。

2. 瞄准长三角生物医药热点需求，打造科技成果转化协同创新"共同体"

一是学校主动对接区域产业热点需求，针对国家药监局开启仿制药进行一致性评价的要求，筹建"药用辅料及仿创药物研发评价中心"，促进提高我国仿制药品质量，增强药品可及性。近3年来，学校与长三角医药企业共签订仿制药一致性评价合同总额约1.2亿元，先后共帮助

30多家企业完成50多个品种的药品上市后再评价工作。

二是推进长三角生物医药产业聚集，打造科技成果转化协同创新"共同体"。学校积极与长三角生物医药创新企业开展合作，在学科建设、人才培养、科学研究等方面开展合作交流。2019年，学校启动4个科技成果转化平台基地的运营和建设，已在杭州成立中国药科大学创新药物研究院，联手南京江宁高新区打造"中国创新药谷"，共建53个校企联合实验室，在南京成立"生物医药产业知识产权运营中心"，与石药集团、上海医药等著名医药集团合作建立"产学研联盟"等。

3. 案例：Ⅰ类抗COPD新药噻格溴铵专利及技术转化，校企联合申请新药证书和批件

针对已上市M3受体拮抗剂的临床缺陷，学校课题组研发设计出一款新型支气管扩张剂，即抗慢性阻塞性肺疾病（COPD）Ⅰ类创新药物噻格溴铵。其对M3受体的亲和力、拮抗功能与已上市M3受体拮抗剂药物相比效果相当或更好，但血浆稳定性更为适中，有望成为一款系统暴露量小、药效强且作用时间长的抗慢性阻塞性肺疾病新药。该成果获得多项授权专利，其中2项是化合物和晶型核心专利。2019年8月，该成果2项核心专利以总价2380万元转让给江苏联环药业股份有限公司。联环药业受让学校关于治疗慢性阻塞性肺疾病（COPD）化药新药噻格溴铵项目的相关专利及阶段性成果，并承担后续研发费用。学校则配合企业进行合同品种的临床前及临床实验的开展，直至获得新药证书（署名为双方）和生产批件（署名为公司）。学校按照《中国药科大学促进科技成果转化实施办法》规定，从转让或许可净收益中最高可提取80%的比例用于奖励团队，剩余部分学校和院部分别按15%和5%的比例分配。

（二）华南理工大学：搭建"五院一园"科技成果转化示范区，加速粤港澳地区高新技术成果的落地转化

学校深入开展体制机制改革、路径探索和模式创新。通过打造"五院一园"科技成果转化示范区，建设"校企联合实验室"等，使学校对区域经济社会发展的参与度和贡献率显著提高，积极推进粤港澳地区科技成果转化落地。

1. 打造"五院一园"科技成果转化示范区，加速高科技成果的落地与产业化

学校聚焦广州、佛山、珠海等粤港澳核心地区及沿珠江两岸轴线，搭建"五院一园"科技成果转化示范区（中新国际联合研究院、广州现代产业技术研究院、东莞华南协同创新研究院、珠海现代产业创新研究院、中山市华南理工大学现代产业技术研究院、国家大学科技园），深化创新项目与企业需求、创新成果与现实生产力、科技与产业和资本的对接，加速高新技术成果的落地与产业化。

其中，"五院"强化中试放大、产业化验证、中小企业孵化等方面的创新能力，建设成为湾区重要的创新节点和成果转移转化示范基地，发挥研究院的地缘和人才优势，为区域经济产业发展提供精准支撑服务。"一园"充分发挥孵化转化功能，侧重于引入成熟的技术成果入股创办企业，引入社会资本设立股权投资基金，用于学校科技成果转化实施股权投资，加快中小企业的成长。近两年学校以科技成果作价出资创办企业15家，相关成果估值1.67亿元。近5年累计孵化企业超160家，获得各类经费支持超10亿元。

2. 培育优势学科高价值专利群，推动科技成果与企业、产业对接

学校设置专项资金着力推进知识产权管理和运营工作，重点培育材料科学、轻工技术等优势学科高价值专利群，服务粤港澳大湾区战略性

新兴产业布局。

一是建设"校企联合实验室"。学校以该种形式与行业龙头企业建立稳定的产学研合作模式，学校为企业提供人才和技术支持，企业为学校提供产业化条件，让科技成果向生产力直接转化。"十三五"以来学校已与华为、美的、联想、金山等国内外企业共建超过60个校企联合实验室，建设经费累计近2亿元。

二是学校每年投入超千万元设立知识产权专项资金，支持专利质量提升和专利运营。在专利资助办法、奖励政策方面，重视发明专利占比、发明授权率和专利转让指标，有效激发师生提高专利质量和推动专利转化的内生动力。"十三五"以来学校累计荣获中国专利奖16项，近1000件知识产权以实施许可、转让交易、作价入股等方式转化，直接转化收益近5亿元。

3. 案例：年产5万吨纸浆工艺技术入股创办佛山市新纸道环保科技有限公司

针对国家、地方制浆清洁生产的需求，学校研发团队采用无污染的漂白助剂如氧气、过氧化氢等，通过氧脱木素前预处理段、氧脱木素段、过氧化氢漂前预处理段及压力过氧化氢漂白段处理过程，实现真正意义上的清洁漂白，形成一系列关键技术和核心知识产权。该成果依托学校纸浆造纸工程国家重点实验室作为本次成果转化的主要平台，以国家大学科技园顺德创新园区为载体，以3项专利技术出资304.2万元，同时引入社会资本700万元，在顺德创新园区共同设立合资公司——佛山市新纸道环保科技有限公司。其中，科研团队持有合资公司22.3%的股权，合计223.86万元（占学校所得股份的73.6%）；学校平台持有合资公司8%的股权，合计80.34万元（占学校所得股份的26.4%）。该技术的成功转让，有效减少了港珠澳地区企业在生产漂白纸浆过程中产生的有机卤化物的污染，使区域内传统造纸行业摆脱"污染大户"的帽子，推动行业实现技术升级和深度减排。

五、深化技术转移机构建设，积极发挥服务支撑作用

（一）浙江大学：技术转移机构着力促进学科与产业互动，不断探索服务机制和模式创新

学校技术转移服务机构瞄准国家发展战略和区域科技发展需求，按照学校科技服务战略，完善体制机制建设，构建一体化、全链条、网格化的成果转化体系，通过筛选、推广、走访、调研等方式，以社会化、网络化、专业化和国际化服务为抓手，不断探索服务机制和模式创新。

1. 健全体制机制和管理体系，协同服务科技成果转化

学校从明确科技成果转化内容、知识产权和无形资产的管理，到奖励的实施和审批，再到教师创新创业的人事管理等，构建了完善的推动学校科技成果转化的体制机制和管理体系。一方面，通过成立由校党委书记、校长任主任、全体校党政领导班子成员组成的科研成果转化促进委员会，统筹指导学校科技成果转化方向和目标，整合科学技术研究院、工业技术转化研究院、国家大学科技园等学校科技成果转化平台服务资源，完善学校"原始创新、技术研发、成果转化、孵化产业化"的成果转化体系架构，协同推进学校转化工作。另一方面，明确学校技术转移机构分工，学校技术转移管理服务机构包括科学技术研究院和工业技术转化研究院。其中，科学技术研究院负责协调和推进学校科研成果转化促进委员会各项工作；工业技术转化研究院下设技术转移中心，协同为学校成果转化工作提供全方位服务保障。

2. 探索服务机制和模式创新，深度服务科技成果转化

学校技术转移中心依托学校促进科技成果转化的若干意见和措施办法，瞄准国家发展战略和区域科技发展需求，按照学校科技服务战略，以"四服"（服务教师、服务学校、服务企业、服务社会）和"四化"（社会化、网络化、专业化和国际化）服务为抓手，不断探索服务机制和模式创新。

一是着力促进学科与产业互动，强化服务科技成果转化。2019年，学校技术转移中心通过筛选并推广学校高价值专利400余项，策划重点项目路演55项；累计在校内和全国各地组织各类产学研专场对接活动逾300场次，推动学科成果与产业交流互动。其中，重点打造的"智诚求是桥"科技成果对接会品牌系列活动已累计开展102期，成功促成各类产学研合作项目金额逾1.6亿元。

二是推进学校在地方的重大科技创新平台建设。学校技术转移中心为学校在校企技术合作、共建创新平台、联合申报科技项目、服务创新创业等方面牵线搭桥、主动参与谋划、切实组织前期调研和对接服务，已重点调研走访全国300余家企业，挖掘企业合作需求，推动和服务校企联合研发中心及校企高端对话，为学校在地方的重大科技创新平台建设提供服务支撑。其中，2019年，成功推动学校和阳煤集团签订5年2.5亿元的战略合作协议，推动学校与中南重工、南方电网、中广核等知名企业建立了广泛的合作关系。

3. 案例：持续保护高价值专利，危废无害处理的高价值专利转让

学校研发团队针对焚烧过程中痕量有机污染物生成及控制的核心技术和共性技术难题，开展了焚烧过程二噁英生成机制、迁移转化及减排控制的研究工作。于2005年，在国内外首次提出了"可调谐激光光谱结合飞行时间质谱在线监测二噁英的方法"的专利申请并获得授权。

2015年，在一次由学校技术转移中心组织的校内学术交流会中，某参会企业对该技术产生兴趣，后续经学校技术转移中心多次对接，双方达成合作意向。2019年，该成果通过在公开技术交易市场挂牌交易的方式，以近千万元的价格转让给一家环保上市公司，成为学校科技成果转让历史中单价最高的专利。该成果由学校维持15年，是浙江大学发明专利中维持年限最高的37项专利之一。经学校技术转移中心多年管理和跟踪，为该成果提供持续的知识产权保护，在转化过程中提供沟通协调、转化方案制定及评估定价等全方位的服务，同时该成果的转化也为学校高价值专利的保护、筛选及转化起到了很好的带动和示范效应。

（二）沈阳药科大学：夯实技术转移中心服务职能，搭建成果库和合作平台，共促科技成果产出

学校技术转移中心通过搭建待转化成果库与产学研合作平台，深化完善科技成果转化服务体系建设，服务生物医药产业转型发展，为科技成果转化工作提供全方位服务。

1. 搭建待转化成果库和合作平台，促进科技成果产出

学校技术转移中心作为学校科技服务社会体系的重要组成部分，通过建设待转化成果库和合作平台，实现科研成果、科研人才的有效供给，促进生物医药科技成果产出。

一是优化科技成果转化服务，为本校科技成果转化提质增效。学校技术转移中心通过不定时收集学校教师的科研成果，形成学校待转化成果库，于每年的10月编辑印刷成册，通过信息平台发布、医药企业调研、科技成果对接会等方式，为学校待转化科研成果寻找需求方。同时，学校技术转移中心根据企业研发需求，匹配待转化成果研发团队，2019年已分批次选派12名专家派驻辽宁省内7家制药企业，通过开展联合

研发、难题攻关、人才培养等方式，为企业解决技术难题，服务生物医药产业转型发展。

二是以联盟为依托，共建合作平台，全方位服务科技成果转化。学校技术转移中心以学校牵头成立的辽宁省生物医药产业共性技术创新平台、创新药物产学研战略联盟、辽宁省现代制药产业校企联盟等为依托，吸纳省内成员单位近100家，构建技术研发、成果孵化、成果推广三大科技创新体系，联合学校兴科中小企业服务中心等服务平台，已推动省内企业签订技术合同639项，提供技术服务560项。与德国拜耳、东药集团、石药集团等企业建立了合作实验室，共同开展技术联合攻关和成果转化。2019年，通过学校技术转移中心共签订"四技"合同157项，合同金额共计3.74亿元。

2. 案例：抗胃癌新药 QBH-196 项目转让

学校课题组以卡博替尼为先导化合物，自行设计了一系列4-苯氧基喹啉类化合物，依据其构效关系研究设计并合成了多个系列的化合物，并进行大量的筛选和比较，从中挑选出化合物QBH-196作为候选药物，QBH-196对多种人肿瘤细胞具有显著抑制活性，已获得国内外专利授权和国家药监局临床批件，为临床上胃癌患者提供新的选择。

自2015年起，该成果已连续4年入选学校技术转移中心编辑的《沈阳药科大学技术转让项目》介绍册，作为重点品种向医药企业进行推介，并积极为该品种寻找共同开发伙伴，通过各级、各类成果推介会向企业重点推介13次，对接医药企业7家。2019年3月，学校与华润三九医药股份有限公司就该品种签订了保密协议，通过半年多的谈判、无形资产评估等前期准备工作，于2019年11月双方就该品种的转让达成一致意见，经学校科研处网站公示后，与该公司签订技术转让（专利权）合同，合同成交额达1亿元，首期已到款1500万元。学校技术转移中心在成果筛选、推介、对接意向企业、商务谈判、无形资产评估、合同签订等环节，为该科技成果的转化提供了全方位的服务支撑。

六、建立成果转化人才培养体系，提升技术转移专业服务能力

（一）中国科学院上海光学精密机械研究所：加强知识产权人才队伍建设，提高成果转化专业能力

上海光机所围绕打造先进激光产业链的目标，推进科技成果转化平台建设，培养了一批专业从事相关知识产权与科技成果转化的运营和管理人才团队，为研究所技术转移转化工作发挥了重要支撑和保障作用。

1. 加强知识产权队伍建设，提高成果转化专业服务能力

研究所采取内外培训相结合的方式，通过所内培训普及知识产权，同时有计划、有针对性地从各个研究室中遴选优秀年轻科研人员参加由中国科学院和上海市每年主办的各类相关培训，着力培养同时具备专业技术知识和成果转化能力的复合型人才。逐步构建起由"中科院知识产权专员＋上海光机所知识产权专员＋研究室知识产权管理员"3个层级的知识产权人才队伍，为研究所加快知识产权布局和科技成果转化工作提供专业人才储备。

2. 推动"人才＋制度＋平台"三位一体建设，倍增科技成果转化成效

研究所聚焦地方产业需求，在科技成果转化方面，积极推动"人才＋制度＋平台"的三位一体建设，科技成果转化成效显著提升。

一是在人才培养方面，研究所成立非营利性学术团体——中国科学院青年创新促进会，培养具有较高思想品德、善于把握科技前沿、能够

带领团队进行自主创新的新一代学术技术带头人。同时，为造就一支数量适中、发展潜力大的青年科研骨干队伍，设立"青年特聘研究员岗位"，出台《中科院上海光机所青年特聘研究员的岗位设置和聘任办法》，从应用基础研究与工程技术两类培养骨干人才。

二是在制度建设方面，研究所 2019 年新制定《上海光机所专利管理工作实施细则（试行）》，原知识产权管理办法主要适用于专利的管理，2019 年新制定的管理办法适用于专利、著作权、商标等。同时，鉴于专利是研究所知识产权的最主要部分，有针对性地制定了专利管理工作实施细则，与修订后的科技成果转移转化管理办法结合，实现了知识产权全部类别的全过程管理，为成果转化工作人员开展工作提供了制度保障。近两年，研究所通过技术助推企业发展，专利作价入股及专利转让（许可）直接收益近 1.4 亿元。

三是在平台建设方面，研究所与地方共建南京先进激光技术研究院、杭州光学精密机械研究所、上海先进激光产业创新技术研发与转化功能型平台等成果转化平台，形成以研究所为科技创新源头，以 3 个成果转化平台作为成果中试孵化基地的科技创新与转化格局。近 5 年已累计培育孵化 50 余家激光相关中小型高科技企业，培育年度销售额超亿元的企业 5 家，产业集聚效应日益凸显。

3. 案例：高端装备照明系统相关技术作价入股，推动高端装备核心部件国产化

研究所长期围绕国家重大专项高端装备用照明系统开展科研攻关，形成了一系列科技成果。北京某光学科技有限公司定位于打造高端装备核心部件生产商，并通过产权交易所以增资方式寻找技术实力一流的战略投资方。研究所成果转化人员积极与该公司对接，通过第三方资产评估机构对研究所相关专利等无形资产进行评估并履行核准备案手续。

2019年8月，研究所以73项发明专利（含申请）所有权作价入股的方式，对该公司进行战略投资，评估值为1.2亿元。此次增资通过无形资产作价入股形成股权的50%奖励给研发团队，实现了对核心技术团队的股权激励，推动了国产高端装备核心部件生产和制造技术的新突破。

（二）山东大学：不断优化技术转移机构建设，构建多层次技术转移人才队伍

学校科研、财务、资产、产业、法务等职能部门协同合作，形成人员统一调配、协调联动的工作体系，有效增强了科技成果转移转化的工作力量。

1. 构建"专职+兼职+挂职"多层次科技成果转化人才队伍，专兼结合促转化

学校技术转移中心现有专职工作人员10人，通过整合技术转移中心、大学科技园、山东工业技术研究院的科技资源，形成人员统一调配、协调联动的工作体系。同时，学校通过设立技术转移分中心或共建产业技术研究院等多种形式搭建覆盖全省的科技成果转移转化网络，建立校内外专兼职科技成果转移转化工作队伍，特别是依托利用山东省委组织部派出科技挂职和江苏省科技镇长团等形式，开展科技挂职工作。近3年累计派出200余名人员到地方政府和企业进行科技挂职，对接学校科技资源优势与地方产业需求。不断加强机构人员的培训，提高工作人员的专业素养和业务能力。这些措施使得山东大学技术转移人才队伍得到有力扩充，打造了一支专兼结合的专业转化队伍。

2. 改革成果转化人员相关的考核、晋升、聘任等制度，提升转化积极性

学校不断强化成果转化工作在绩效考核、职称晋升、岗位聘任、人

才评价等政策中的导向作用，在学校、学院（系、所）、科研人员等多个层面加大科技成果转化的绩效考核与评价，逐步弱化专利数量的考核，强化重点成果、专利质量的权重。同时，学校积极推进人才评聘体系建设改革，于2019年修订《山东大学教师职务及岗位聘用申报条件》，首次明确了应用技术开发型教师高级职务申报条件，将科技成果转化作为首要考核指标纳入人才体系建设中。2018年出台的《山东大学关于加强和改进教职工多元考核评价工作的指导意见》，明确应用技术开发型教师侧重横向科研合作和科技成果转化能力及取得的经济社会效益情况。2019年，再次修订《山东大学教师职务及岗位聘用申报条件（修订）》，进一步细化和规范了应用技术开发型教师高级职务申报条件中成果转化的具体考核指标，突出创新成果转化运用的结果导向和实绩导向。通过建立一系列成果转化与职称评定、岗位聘任、人才评价、绩效考核等相挂钩的评价指标体系，有效激发了科研人员创造高价值专利和科技成果转化的积极性，也为技术转移人才梯队建设保驾护航。

3. 构建多主体协调联动的成果转化体系，紧密结合地方需求促转化

一是形成"1+2+X"的科技成果转化机制。"1"是指发挥技术转移中心的总牵引作用；"2"是指发挥国家大学科技园与山东省工业技术研究院的平台作用；"X"是指通过设立技术转移分中心或共建行业技术研究院等多种形式搭建覆盖全省的科技成果转化网络。二是发挥一校三地办学优势，形成三地服务三核的格局。山东大学发挥济南、青岛、威海一校三地办学优势，精准对接山东新旧动能转换济青烟三核布局，通过实施"山东大学科技成果直通车计划"开展对接活动，加强与第三方服务机构合作。并与济南高新区、兖矿集团等企事业单位推进重大项目落地实施，参加高交会、工博会等近20场重大展示活动，加强科技交流，推介学校科技成果。三是按照山东省重点行业布局，共建新型研发机构,精准服务地方。学校已与济南(山东省工业技术研究院)、青岛(中美大学创新园)、日照(山东大学日照智能制造研究院)、淄博(山东大学淄博生物医药研究院)、威海(山东大学威海工业技术研究院)等地市签约共建平台 40 余个,合同经费突破 2.5 亿元。

4. 案例:"氧化铝特种陶瓷材料及相关应用"专利群项目转化

学校国家胶体材料工程技术研究中心研发团队研发的"氧化铝特种陶瓷材料及相关应用"项目,主要涉及氧化铝微晶陶瓷磨料(S-G 磨料)和氧化铝基陶瓷纤维的"溶胶-凝胶"法制备及相关应用,不仅提高了金属的去除率,磨削效率高、精度高,而且还解决了镍铬钛合金的技术难题。在学校技术转移中心的对接与沟通下,研发团队与受让企业山东东珩胶体材料有限公司达成合作意向,技术转移中心协调双方确定转化方案,委托评估公司对上述专利进行价值评估、公示和审批。2019 年,学校与企业签订专利转让合同,合同金额为 6000 万元。该技术的成功转化,探索打破了发达国家对我国的相关技术封锁,实现了氧化铝陶瓷材料在军事、航空、航天、人民生活用品等方面的广泛应用。在转化过程中,学校技术转移中心专业服务人员积极地进行宣传和沟通,帮助团队了解政策并配合开展转化工作,降低转化过程中的风险,为科技成果转化的顺利进行提供了有力保障。

七、创新科技成果评估评价方法,破解成果转化难题

(一)南京理工大学:提出高校专利成果标引评价指标体系,探索形成成果转化"南理工"模式

学校建立了完善的科技成果转化工作体系,通过多年成果转化经验,运用大数据技术,研究提出高校专利成果标引评价指标体系,多维度客

观评价科技成果，构建学校"专利超市"，推动成果线上转化，成果转化效率大幅提高。

1. 完善科技成果转化工作体系

学校构建"一中心一平台九院"的科技成果转化工作体系。"一中心"是指学校国家级技术转移中心，开展技术遴选和主动运营，提供一站式成果转化服务。"一平台"是指2017年成立的面向高校科技成果转化的知识产权运营平台，旨在促进技术与资本、研发与需求、科技与产业的结合，畅通科技成果转化路径。"九院"是指学校与地方共建的9个校外研究院，深化"政产学研"合作，深入地方构建产学研服务窗口，加强校企对接工作。

2. 构建科技成果的标引评价系统，实现专利分类别、分层次管理和运营

学校结合多年成果转化运营经验，率先构建高校"专利超市"，探索形成包括成果评价、孵化熟化、高价值专利培育、一站式服务在内的技术转移"南理工"模式。通过组织团队研究建立了高校成果的标引加工体系，解决了专利成果的评价指标、评价方法等问题，构建了涵盖技术、经济、法律的专利标引指标，开发了标引评价系统PMES。PMES系统建立多维度的高校知识产权标引加工体系，包括专利基础标引、专利深度标引、专利价值评估和专利价格评估。标引体系通过100余个专利标签，使专利蕴含的技术、法律、经济信息可视化、商品化，通过对专利定性分析和定量评定，实现了学校专利分类别、分层次管理和运营。

系统平台自2018年上线运营以来，已与清华大学、北京大学在内的中国200多所高校，美国、英国、德国等20余所高校开展了形式多样的合作；促成校企横向合同签约额5000余万元，服务企业60余家；收储并孵化高校成果10余项，其中"工业4.0自动焊接生产线""高速路面检测系统"两项成果分别在宝鸡、绍兴实现转化；促进专利转让518项，服务企业400余家。

3. 案例：借助标引评价系统，推动新型合金材料受控非平衡凝固技术转化应用

学校研发团队从凝固与结晶学的基本原理出发，提出了基于非平衡效应调控凝固过程的新思路，建立了从熔体结构到凝固组织、从近平衡到极端非平衡的全面全程受控凝固新方法，通过具体工艺技术的原始创新，发明了受控非平衡凝固新技术。该项目成果采用技术合作、技术开发、技术转移等方式先后在国内百余家单位和科研院所得到应用，服务受控凝固新技术装置、新型合金材料等的研制和生产，与合作企业、科研院所签订技术开发、技术服务合同收入2000余万元。项目成果在合作单位，近3年内累计新增销售额3.2亿元。学校技术转移中心通过专利成果标引评价指标体系，实现成果的专利分类别、分层次管理和运营，为该成果转化提供了专利评估、培育、增值、推介、洽谈等专业服务，推动了成果的有效转化。

（二）武汉理工大学：探索科技成果转化评估培育项目，激励科技人员瞄准市场开展科技创新

学校充分发挥评估评价作用，探索推动科技成果转化方式方法，增设自主创新研究基金支持"成果转化培育类"项目，引导科技人员围绕新技术、新产品、新装备等开展科技创新，精准对接市场需求，致力于产生高价值科技成果。

1. 构建完善的科技成果转化制度、管理与服务体系

学校先后出台、修订、完善发布《武汉理工大学专利管理办法》等25项科技成果转化相关管理办法，构建完善的推动学校科技成果转化

的制度体系。优化学校科技成果转化顶层设计，形成由学校科技与产业工作领导小组、经营性资产管理委员会、知识产权管理委员会分类指导，科技合作与成果转化中心统筹协调，科发院、国资处、财务处、人事处等部门各司其职，学院（中心、所）协调落实，纵向贯通"学校—学院（中心、所）—项目团队"，横向涵盖相关部门的科技成果转化组织管理体系。学校设立专职科技合作与成果转化机构——科技合作与成果转化中心，在学校科技成果实施转化过程中，统筹协调开展分析评议、商务谈判、尽职调查、项目策划等工作，构建科学研究、专利管理、成果转化、孵化、产业化与投融资的全链条服务体系。

2. 设立科技成果评价指标体系，推动科研人员面向市场开展针对性创新

为鼓励和支持科技成果快速熟化和转化，从 2019 年起，学校自主创新研究基金针对建材建工、汽车机电、交通船舶及新能源新材料行业的高新技术产品开发需求，每年增设 500 万元资助"成果转化培育类"项目，通过构建评价指标体系，遴选第三方机构评估评价，支持科研人员围绕新技术、新产品、新装备开展科技创新。主要做法和特点包括：一是学校制定《武汉理工大学自主创新研究基金成果转化培育类项目实施细则（试行）》，面向 40 岁以下的青年科研人员，组织发动各学院（中心、所）自下而上推荐和申报"成果转化培育类"项目；二是起草《项目评审表及评分说明》，统一评价规则和标准，从项目的研发内容、成员、专利、预期成果、转化目标等方面，构建以承担横向科研项目和专利申请能力为导向的 10 级评价指标和 20 个评价角度，设置以产生高价值专利包为成果的考核指标；三是采取竞标方式，确定并委托第三方机构，通过全面深入查阅比对同类项目的研究进展、专利布局、产业化情况等，并以附件形式提供评价依据，得出评分结果，按照得分高低，确定资助项目。

2019 年,"成果转化培育类"项目已推荐和申报 130 项,经评价后资助 94 项,形成了氢能和燃料电池、5G、智能网联和无人驾驶,以及绿色港航和岸电技术等一批贴近市场、具有转化前景的项目群,申请专利 100 余项,实现科技合作项目签约 10 余项,其中一项成果中标某重要项目,合同金额达 1000 万元。

3. 案例:面向新能源汽车行业的燃料电池膜电极专利实现转化,助推氢燃料电池汽车产业发展

为加强燃料电池膜电极新材料技术相关知识产权创造、保护和运用,学校重点推进相关科研团队产出成果的知识产权布局、培育、分析评议,形成了面向新能源汽车行业的燃料电池膜电极的核心专利技术。2006 年科研团队以两项发明专利评估作价 2000 万元成立武汉理工新能源公司,率先成功开发出 CCM 技术型膜电极,成为国内外燃料电池膜电极供应商之一,连续多年批量出口美国、德国、韩国等国际市场。2017 年,深圳雄韬电源科技股份有限公司提出以现金形式全额收购学校持有的武汉理工新能源公司股份,科技合作与成果转化中心代表学校与该公司进行多轮商务洽谈,2018 年 1 月校企达成股权转让协议,于 2019 年挂牌转让给深圳雄韬电源科技有限公司,转让金额为 3600 万元,学校将该现金收入的 50%(1800 万元)奖励给科研团队。目前,该成果产品应用于"楚天 1 号""楚天 2 号"燃料电池汽车、美国 ReliOn 固定电站等,2019 年膜电极产值突破 1 亿元,同比增长 130% 以上,出口业务占总业务比例的 50%,助推武汉氢燃料电池汽车产业发展。

第二篇

高等院校[①]

[①] 本篇涉及各维度总数（包括图表中所示数据）分别指 2019 年 1378 家、2018 年 1236 家、2017 年 1234 家、2016 年 924 家相对应总数，报告中涉及"比上一年增长率"的统计口径是同时填报了 2019 年和 2018 年年度报告的 1155 家单位相应数据。

第一章
概　况

本篇对 2019 年 1378 家高等院校（包括中央所属高等院校 99 家和地方所属高等院校 1279 家）的科技成果转化进展和成效进行研究分析。2019 年，高等院校科技成果转化主要数据如表 2-1-1 所示。

表 2-1-1　2019 年高等院校科技成果转化总体进展关键数据

	指标	2019 年	比上一年增长率
总体概况	总合同项数 / 项	199 744	9.7%
	总合同金额 / 万元	7 063 712.9	21.3%
以转让、许可、作价投资方式转化科技成果	合同项数 / 项	11 406	42.0%
	合同金额 / 万元	718 914.5	-4.3%
	当年到账金额 / 万元	196 940.0	29.7%
	财政资助项目产生的科技成果转化合同金额 / 万元	211 627.4	66.1%
	中央财政资助项目产生的科技成果转化合同金额 / 万元	156 851.3	57.3%
	交易均价 / 万元	63.0	-32.6%
	单项科技成果转化合同金额超过 1 亿元的成果 / 项	9	-50.0%

续表

指标		2019年	比上一年增长率
以转让、许可、作价投资方式转化科技成果	个人获得的现金和股权奖励金额/万元	325 255.7	12.9%
	奖励人次/万人次	3.0	23.2%
	人均奖励金额/万元	10.7	−8.3%
产学研合作	合同项数/项	188 338	8.2%
	合同金额/万元	6 344 798.3	25.1%
其他	与企业共建研发机构、转移机构、转化服务平台/家	9197	31.2%
	创设和参股新公司/家	1220	9.5%
	兼职从事成果转化和离岗创业人员数量/人	10 650	23.9%

一、科技成果转化规模

一是以转让、许可、作价投资方式转化科技成果的合同项数和当年到账金额有所增长。2019年，1378家高等院校以转让、许可、作价投资方式转化科技成果的合同项数为11 406项，其中，1155家高等院校合同项数比上一年增长42.0%；合同总金额71.9亿元，比上一年下降4.3%。当年到账金额达19.7亿元，比上一年增长29.7%，占当年签订合同总金额的27.4%。二是转化合同总金额超过1亿元的高等院校数量保持在10家左右。以转让、许可、作价投资方式转化科技成果合同总金额超过1亿元的高等院校有13家，比上一年下降18.8%。三是财政资助项目产生的科技成果转化合同金额和合同项数均大幅增长。财政资助项目产生的科技成果以转让、许可、作价投资方式转化合同金额为21.2亿元，比上一年增长66.1%；合同项数为1851项，比上一年增长 28.2%。其中，中央财政资助项目产生的科技成果转化合同金额为 15.7 亿元，比上一年增长 57.3%；合同项数为 1068 项，比上一年增长 46.4%。

二、科技成果转化交易金额

一是科技成果交易均价超过 50 万元。以转让、许可、作价投资方式转化科技成果的平均合同金额为 63.0 万元，比上一年下降 32.6%。二是作价投资金额有所降低。2019 年以作价投资方式转化科技成果的合同金额达 24.0 亿元，比上一年下降 12.6%；以作价投资方式转化科技成果的平均合同金额为 810.0 万元，比上一年下降 16.6%，是转让方式平均合同金额的 29.2 倍，是许可方式平均合同金额的 9.4 倍。三是大额科技成果转化项目持续产出。2019 年单项科技成果转化合同金额超过 1 亿元的成果为 9 项，超过 5000 万元的有 18 项，超过 1000 万元的有 123 项。其中，暨南大学的"1 类新药 JND30134 的合作开发 / 研究"成果转让项目合同金额达 4.3 亿元；沈阳药科大学的"紫杉醇 – 油酸小分子前药自组装纳米粒的构建"成果转让项目合同金额达 1.1 亿元。

三、科技成果转化收入分配

一是现金和股权奖励总金额持续提升。2019 年个人获得的现金和股权奖励金额达 32.5 亿元，比上一年增长 12.9%，占现金和股权收入总金额的比重为 70.1%，其中，现金奖励金额为 16.6 亿元，比上一年增长 37.1%；股权奖励为 15.9 亿元，比上一年下降 12.6%。二是研发与转化主要贡献人员获得的奖励金额有所增长。研发与转化主要贡献人员获得的现金和股权奖励总金额达 30.7 亿元，比上一年增长 12.1%，占奖励个人总金额（32.5亿元）的比重达到94.5%。三是奖励人次有所增长。现金和股权奖励科研人员3.0万人次，比上一年增长23.2%；人均奖励金额10.7万元，比上一年下降8.3%。

四、产学研合作

一是技术开发、咨询、服务合同金额显著增长。2019年，技术开发、咨询、服务合同金额为634.5亿元，比上一年增长25.1%，占"四技"合同总金额的88.9%。技术开发、咨询、服务合同金额超过10亿元的单位共7家。二是与企业共建成果转化平台、创设和参股新公司数量不断增多。2019年与企业共建研发机构、转移机构、转化服务平台总数为9197家，比上一年增长31.2%；创设和参股新公司1220家，比上一年增长9.5%。三是兼职从事科技成果转化和离岗创业人员显著增长。高等院校兼职从事成果转化和离岗创业人员数量为10 650人，比上一年增长23.9%。

第二章
科技成果转化总体分析

本篇涉及 1378 家高等院校,从隶属关系来看,中央所属高等院校共 99 家(占 7.2%),地方所属高等院校共 1279 家(占 92.8%)(图 2-2-1)。从区域分布看,1378 家高等院校在东部、中部、西部、东北 4 个区域的分布情况为:东部地区 536 家(占 38.9%),中部地区 302 家(占 21.9%),西部地区 412 家(占 29.9%),东北地区 128 家(占 9.3%)。

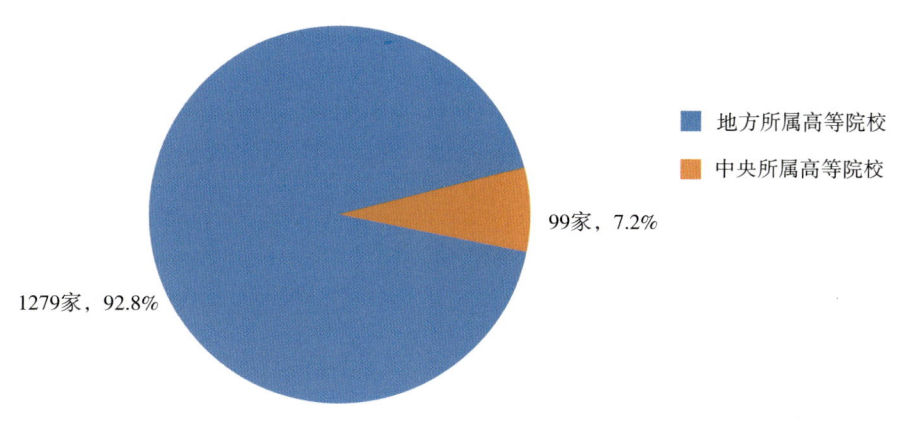

图 2-2-1　高等院校分布情况

一、基本情况

科技成果转化活动日益活跃,以转让、许可、作价投资 3 种方式转化科技成果的合同项数有所增长。2019 年,1378 家高等院校合同项数为 11 406 项,比上一年增长 42.0%;合同金额略有降低,1378 家高等院校合同金额为 71.9 亿元,比上一年下降 4.3%(图 2-2-2)。

图 2-2-2　高等院校以转让、许可、作价投资 3 种方式转化科技成果基本情况

科技成果转化平均合同金额比上一年有所下降。1378 家高等院校以转让、许可、作价投资方式转化科技成果的平均合同金额为 63.0 万元,比上一年下降 32.6%。1024 项合同金额高于平均合同金额,占合同总项数的 9.0%。

单项合同金额集中在 1 万(含)～10 万元。单项合同金额在 1 万(含)～10 万元的合同项数为 5470 项,占合同总项数的 48.1%,该区间的合同金额仅占合同总金额的 2.5%;10 万(含)～100 万元的合同项数占比为 28.3%,合同金额占比为 12.2%;100 万(含)～1000 万元的合同项数占比为 6.0%,合同金额占比为 24.0%;1000 万(含)～5000 万元的合同项数占比为 0.9%,合同金额占比为 30.6%;5000 万元及以上的合同项数占比仅为 0.2%，合同金额占比达 30.7%。总体上，100 万元以上的合同项数占比累计为 7.1%，合同金额占比为 85.3%（表 2-2-1、图 2-2-3）。

表 2-2-1　高等院校科技成果转化合同金额区间分布分析情况

合同金额区间	合同项数[①]/项	合同数量占比	合同金额小计/万元	合同金额占比
5000 万元及以上	18	0.2%	221 045.7	30.7%
1000 万（含）～5000 万元	105	0.9%	219 653.1	30.6%
100 万（含）～1000 万元	681	6.0%	172 307.7	24.0%
10 万（含）～100 万元	3213	28.3%	87 401.1	12.2%
1 万（含）～10 万元	5470	48.1%	17 797.1	2.5%
1 万元以下	1879	16.5%	709.8	0.1%
总计	11 366	100%	718 914.5	100%

①此处合同项数总计数据为 11 366 项，与 2019 年高等院校以转让、许可、作价投资方式转化科技成果共 11 406 项不一致，其原因为部分高等院校将多个成果纳入一个科技成果转化合同。

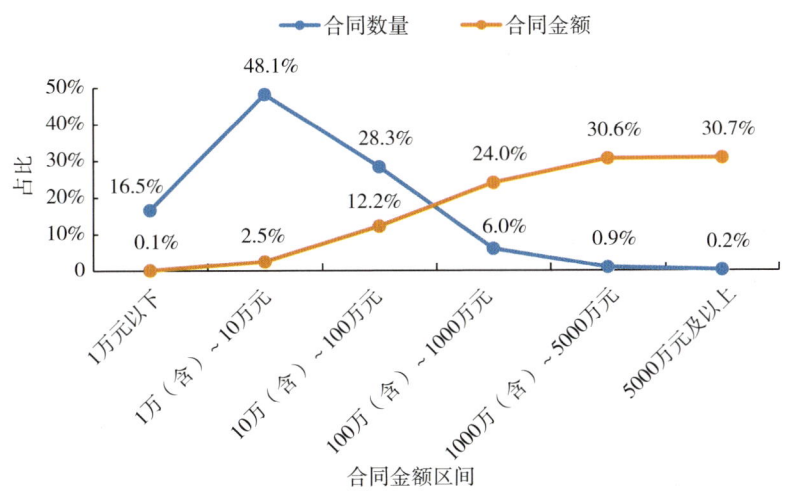

图 2-2-3　高等院校科技成果转化合同金额区间分布情况

科技成果转化合同金额达 1 亿元的高等院校数量有所下降。2019 年签订的以转让、许可、作价投资方式转化科技成果合同金额超过 1 亿元的高等院校数量为 13 家，比上一年下降 18.8%；达 1000 万元及以上的高等院校有 104 家，这 104 家高等院校的合同金额占 1378 家高等院校合同总金额的 91.1%。

由于科技成果转化合同中对执行方式和执行周期的具体约定不同，部分转让、许可方式的转化合同金额会按执行周期进展分阶段拨付，通常情况下高等院校会基于当年实际到账金额实施奖励。因此，为了能够更加准确地反映科技成果转化产生的实时经济效益，采集了各高等院校转让、许可转化合同的当年到账金额。统计数据显示，2019 年当年到账金额共计 19.7 亿元，比上一年增长 29.7%，占当年签订合同总金额的 27.4%。其中，中央所属高等院校当年到账金额为 10.5 亿元，比上一年增长 20.4%；地方所属高等院校当年到账金额为 9.2 亿元，比上一年增长 42.3%。

高价值成果转化效益凸显。2019 年以转让、许可、作价投资 3 种方式转化科技成果单项合同金额超过 1 亿元的合同有 9 项，超过 5000 万元的有 18 项，超过 1000 万元的有 123 项。中南大学和沈阳药科大学各有两项科技成果转化的合同金额超过 1 亿元（表 2-2-2）。

表 2-2-2　高等院校转化合同金额超过 1 亿元的成果

序号	成果名称	合同金额/万元	转化方式	高等院校名称	转化去向	转化至单位所在地区
1	1 类新药 JND30134 的合作开发 / 研究	42 750.0	转让	暨南大学	境内（中小微企业）	上海市
2	增强激动型抗体活性的抗体重链恒定区序列专利及相关技术秘密	20 780.0	许可	上海交通大学	境内（中小微其他企业）	江苏省

第二篇 第二章 科技成果转化总体分析

续表

序号	成果名称	合同金额/万元	转化方式	高等院校名称	转化去向	转化至单位所在地区
3	"航天超大型铝合金材料与构件制造产业化"技术	20 000.0	作价投资	中南大学	境内（中小微其他企业）	湖南省
4	用于建设30个生产车间生产"大豆肽粉"等10种产品	19 840.0	许可	长春大学	境内（中小微其他企业）	山东省
5	抗白介素18受体的治疗型抗体专利	14 100.0	许可	上海科技大学	境内（中小微其他企业）	上海市
6	压电单晶新材料	12 500.0	作价投资	西安交通大学	境内（大型国有企业）	江苏省
7	紫杉醇-油酸小分子前药自组装纳米粒的构建	11 000.0	转让	沈阳药科大学	境内（大型国有企业）	浙江省
8	基于新型动力源的C4机动平台专有技术（包括3项专有技术）	10 500.0	作价投资	中南大学	境内（中小微其他企业）	湖南省
9	新的喹啉类化合物及其用途（QBH-196）项目	10 000.0	转让	沈阳药科大学	境内（大型国有企业）	广东省
合计/万元				161 470.0		
占高等院校合同总金额比重				22.5%		

（一）转化方式对比情况

转让是科技成果转化的主要方式，转让合同项数占转让、许可、作价投资3种方式合同总项数比重超七成。2019年，以转让方式转化科技成果的合同项数为8195项，比上一年增长39.3%；以许可方式转化科技成果的合同项数为2915项，比上一年增长55.9%；以作价投资方式转化科技成果的合同项数为296项，比上一年增长4.8%。转让合同项数占3种转化方式合同总项数（11 406项）的71.8%（图2-2-4）。

图 2-2-4　高等院校以转让、许可、作价投资方式转化科技成果合同项数情况

转让合同金额有所增长，许可、作价投资合同金额有所下降。以转让方式转化科技成果的合同金额为 22.7 亿元，比上一年增长 9.9%；以许可方式转化科技成果的合同金额为 25.2 亿元，比上一年下降 6.9%；以作价投资方式转化科技成果的合同金额为 24.0 亿元，比上一年下降 12.6%（图 2-2-5）。

图 2-2-5　高等院校以转让、许可、作价投资方式转化科技成果合同金额情况

转让、许可、作价投资方式平均合同金额均有所下降，作价投资

平均合同金额最高。转让方式的平均合同金额为 27.7 万元，比上一年下降 21.1%；许可方式的平均合同金额为 86.5 万元，比上一年下降 40.3%；作价投资方式的平均合同金额为 810.0 万元，比上一年下降 16.6%（图 2-2-6）。作价投资方式平均合同金额是转让方式的 29.2 倍，是许可方式的 9.4 倍。

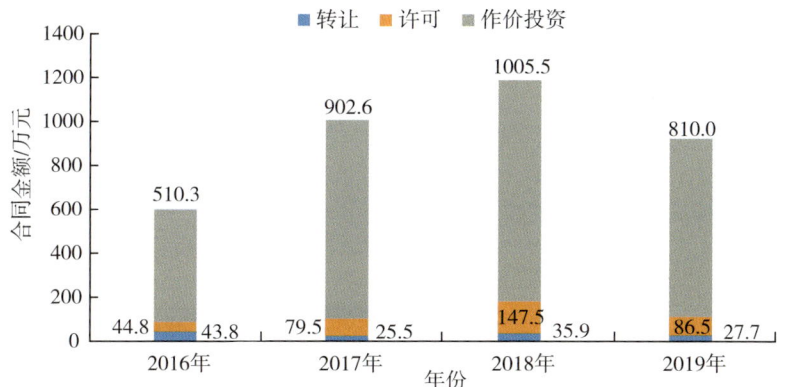

图 2-2-6　高等院校以转让、许可、作价投资方式转化科技成果平均合同金额情况

（二）中央所属高等院校科技成果转化情况

中央所属高等院校转化科技成果合同项数略有增长，合同金额、平均合同金额均有所下降。2019 年，中央所属高等院校以转让、许可、作价投资 3 种方式转化科技成果的合同项数为 3017 项，比上一年增长 19.8%；合同金额为 39.8 亿元，比上一年下降 13.8%（图 2-2-7）；平均合同金额 131.8 万元，比上一年下降 28.1%。

部分中央所属高等院校科技成果转化效益凸显。暨南大学 2019 年签订科技成果转化合同项数为 13 项，合同金额为 4.4 亿元，合同金额是上一年的 60.4 倍，在中央所属高等院校合同金额排名中居首。

图 2-2-7　中央所属高等院校以转让、许可、作价投资方式转化科技成果情况

（三）各省、直辖市、自治区所属高等院校科技成果转化情况

1. 成果转化概况

各省、直辖市、自治区（以下简称"地方"）所属高等院校科技成果转化合同金额、合同项数均有所增长，平均合同金额有所降低。2019年，地方所属高等院校以转让、许可、作价投资 3 种方式转化科技成果的合同金额为 32.1 亿元，比上一年增长 11.2%；合同项数为 8389 项，比上一年增长 52.5%（图 2-2-8）；平均合同金额 38.3 万元，比上一年降低 27.0%。

图 2-2-8　地方所属高等院校以转让、许可、作价投资方式转化科技成果情况

南方科技大学科技成果转化合同总金额达 3.3 亿元，在全国地方所属高等院校中居首。浙江理工大学科技成果转化合同项数为 258 项，合同金额为 1231.9 万元，合同项数在全国 1378 家高等院校中位列第一。

2. 各地方成果转化情况

2019 年，地方所属高等院校以转让、许可、作价投资方式转化科技成果合同金额排名前 3 位的省市分别是上海市（5.3 亿元）、广东省（4.1 亿元）、辽宁省（3.4 亿元）（图 2-2-9）。

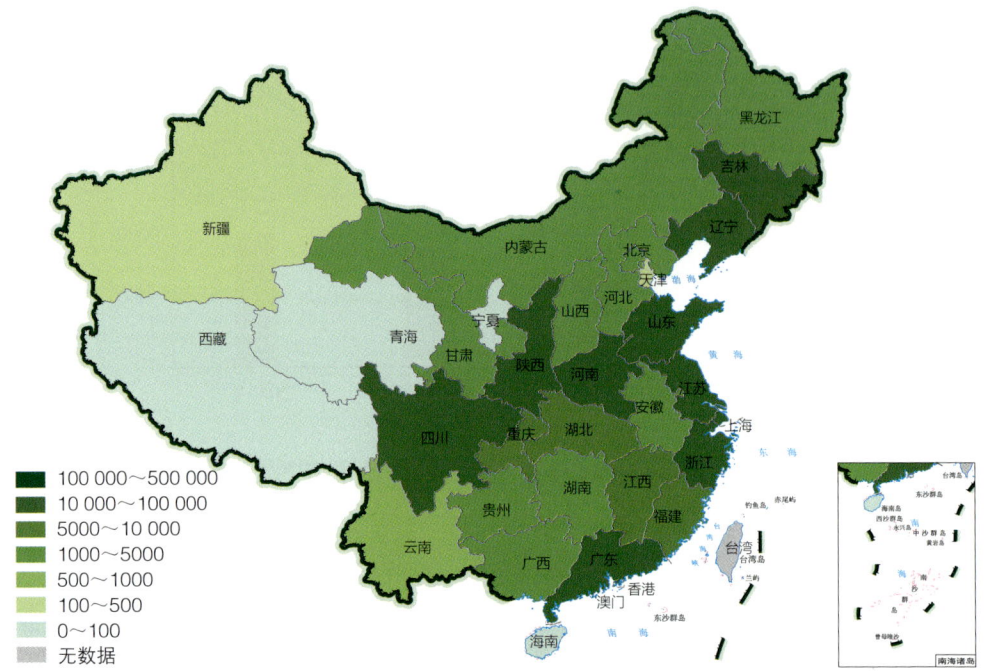

图 2-2-9 地方所属高等院校以转让、许可、作价投资方式
转化科技成果合同金额情况（单位：万元）

（四）地区科技成果转化情况[①]

1. 高等院校所在辖区科技成果转化情况

按照高等院校所在地统计显示，2019 年各地方辖区内的高等院校以转让、许可、作价投资方式转化科技成果合同金额排名前 3 位的分别是上海市（11.4 亿元）、广东省（9.6 亿元）、江苏省（7.6 亿元）（图 2-2-10）。

---

① 该部分各地方数据是指各地方所属高等院校及其辖区内中央所属高等院校相应数据的加和。

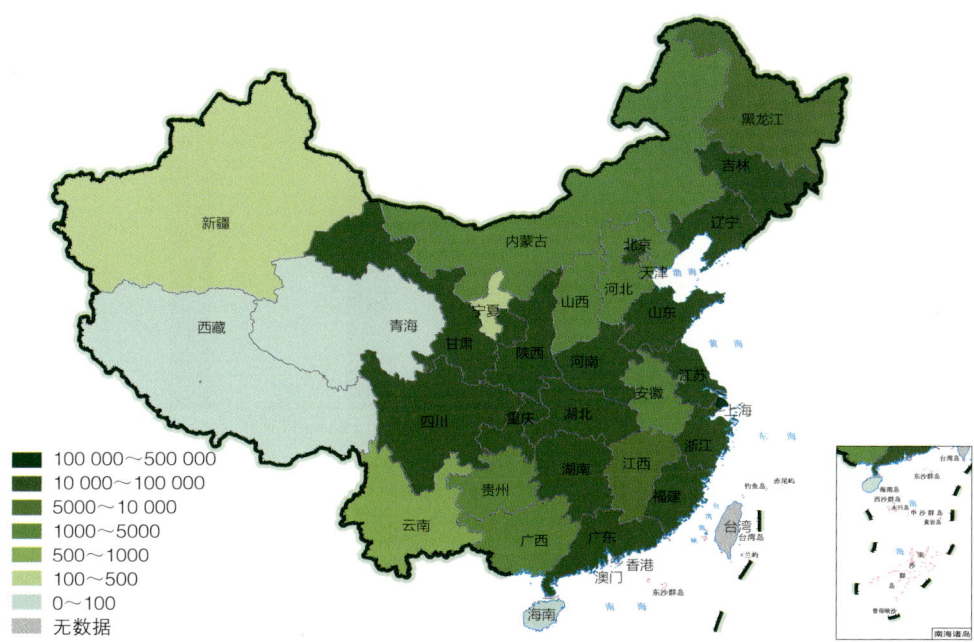

图 2-2-10 各地方辖区内高等院校转化科技成果合同金额情况（单位：万元）

2. 东部、中部、西部、东北地区科技成果转化情况

按照填报高等院校所在地区统计，中部、西部与东北地区的高等院校以转让、许可、作价投资方式转化科技成果的合同金额均有所增长，东部地区的合同金额有所降低。根据国家统计局 2011 年公布的我国东部、中部、西部、东北地区的划分方法，2019 年，东部地区高等院校以转让、许可、作价投资方式转化科技成果合同金额最高，为 42.8 亿元，比上一年下降 15.0%；中部地区高等院校以转让、许可、作价投资方式转化科技成果合同金额为 10.7 亿元，比上一年增长 22.2%；西部地区高等院校以转让、许可、作价投资方式转化科技成果合同金额为 9.7 亿元，比上一年增长 16.3%；东北地区高等院校以转让、许可、作价投资方式转化科技成果合同金额为 8.8 亿元，比上一年增长 12.5%（图 2-2-11）。

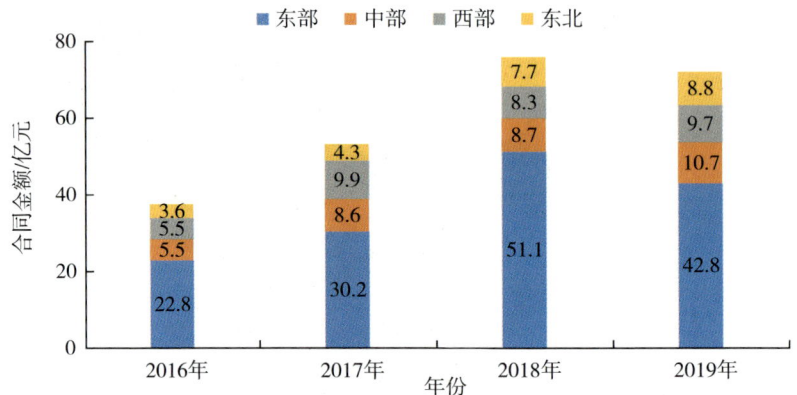

图 2-2-11　各地区高等院校以转让、许可、作价投资方式转化科技成果合同金额情况

二、以转让方式转化科技成果

高等院校以转让方式转化科技成果的合同金额、合同项数均有所增长。2019年以转让方式转化科技成果的合同金额达22.7亿元，比上一年增长9.9%；合同项数为8195项，比上一年增长39.3%（图2-2-12）；平均合同金额为27.7万元，比上一年下降21.1%。

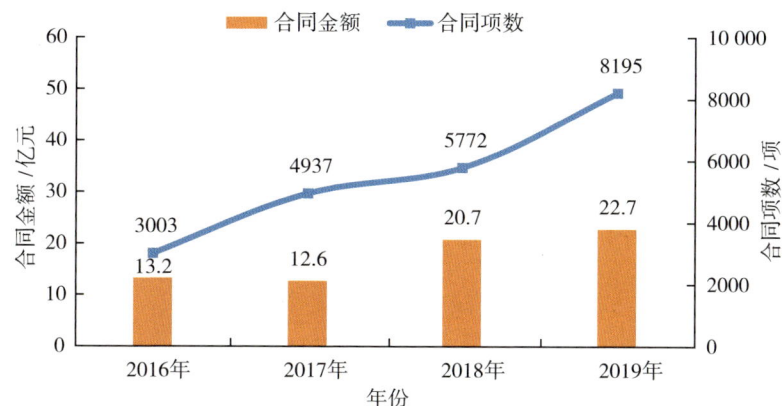

图 2-2-12　高等院校以转让方式转化科技成果合同项数、合同金额情况

以转让方式转化科技成果合同金额超过 1 亿元的高等院校有 3 家，分别是暨南大学（4.3 亿元）、沈阳药科大学（2.1 亿元）、上海大学（1.0 亿元）。沈阳药科大学、上海大学，以转让方式转化科技成果合同金额成倍增长。2019 年，沈阳药科大学以转让方式转化了 5 项科技成果，合同金额共 2.1 亿元，比上一年显著增长；上海大学以转让方式转化了 20 项科技成果，合同金额共 1.0 亿元，比上一年增长 4.5 倍。

三、以许可方式转化科技成果

高等院校以许可方式转化科技成果的合同项数显著增长，合同金额有所下降。2019 年以许可方式转化科技成果的合同项数为 2915 项，比上一年增长 55.9%；合同金额为 25.2 亿元，比上一年下降 6.9%（图 2-2-13）；平均合同金额为 86.5 万元，比上一年下降 40.3%。

图 2-2-13 高等院校以许可方式转化科技成果合同项数、合同金额情况

以许可方式转化科技成果合同金额超过 1 亿元的高等院校共 5 家，分别是上海科技大学（3.0 亿元）、长春大学（2.9 亿元）、上海交通大学（2.4 亿元）、中国药科大学（1.2 亿元）、清华大学（1.1 亿元）。

四、以作价投资方式转化科技成果

高等院校以作价投资方式转化科技成果的合同项数有所增长，合同金额有所下降。2019 年以作价投资方式转化科技成果的合同项数为 296 项，比上一年增长 4.8%；合同金额为 24.0 亿元，比上一年下降 12.6%（图 2-2-14）；平均合同金额为 810.0 万元，比上一年下降 16.6%。

作价投资成为部分高等院校大额科技成果转化的重要方式。例如，中南大学 2018 年作价投资合同项数 7 项，比上一年增长 40.0%，合同金额 2.0 亿元，比上一年增长 108.7%，平均合同金额 2830.0 万元，比上一年增长 49.1%；2019 年，作价投资合同项数 8 项，比上一年增长 14.3%，合同金额 3.8 亿元，比上一年增长 90.0%，平均合同金额 4705.6 万元，比上一年增长 66.3%。

图 2-2-14　高等院校以作价投资方式转化科技成果合同项数、合同金额情况

五、科技成果转化定价方式

协议定价方式是高等院校科技成果转化的主要定价方式，占比达到 95% 以上。2019 年，1378 家高等院校以转让、许可、作价投资方式转化的 11 366[①] 项科技成果中，采用协议定价方式的有 11 101 项，占总数的 97.7%，合同总金额 70.0 亿元，平均合同金额 63.0 万元；采用拍卖方式的有 102 项，占总数的 0.9%，合同总金额 0.7 亿元，平均合同金额 71.9 万元；采用挂牌交易方式的有 163 项，占总数的 1.4%，合同总金额 1.2 亿元，平均合同金额 73.8 万元（图 2-2-15）。

---

① 此处合同项数总计数据为 11 366 项，与 2019 年以转让、许可、作价投资方式转化科技成果共 11 406 项不一致，其原因为部分高等院校将多个成果纳入一个科技成果转化合同。

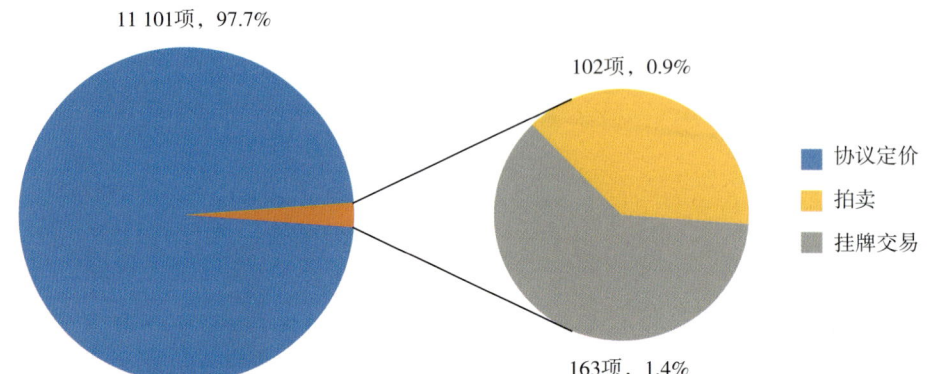

图 2-2-15 高等院校以转让、许可、作价投资方式转化科技成果的定价方式情况

科技成果转化定价过程中经过评估的转化成果为 2466 项，占总数的 21.7%，合同总金额 37.0 亿元，平均合同金额 149.9 万元；未经过评估的转化成果为 8900 项，占总数的 78.3%，合同总金额 34.9 亿元，平均合同金额 39.3 万元（图 2-2-16）。

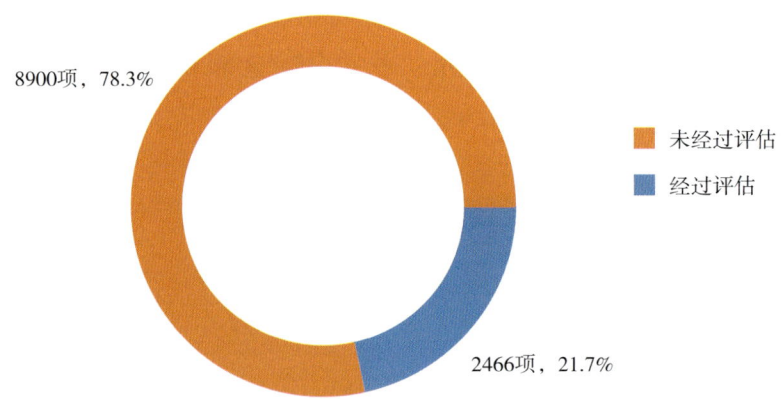

图 2-2-16 高等院校科技成果转化定价过程中的评估情况

六、科技成果转化流向

（一）转化至企业类型

科技成果主要在境内转化，转化至中小微企业的成果数量最多、增速最快。2019年，高等院校科技成果以转让、许可、作价投资方式转化到境内、境外的数量分别是11 345项、21项，占比分别为99.8%、0.2%。在境内转化的科技成果中，转化至中小微企业、大型企业、非企业单位的科技成果数量分别为10 040项、676项、629项，占科技成果转化合同总项数的比重分别为88.3%、5.9%、5.5%，分别比上一年增长87.1%、下降71.6%、增长8.3%（图2-2-17）。

图2-2-17 高等院校科技成果在境内转化去向情况

科技成果转化至国有企业（包括大型国有企业和中小微国有企业）的合同项数是1323项，占总合同项数的比重为11.6%。转化至大型国有企业的合同项数为251项，占转化至国有企业科技成果合同总项数的19.0%；转化至中小微国有企业的合同项数为1072项，占转化至国有企业科技成果合同总项数的 81.0%。转化至其他企业的合同项数是 9393 项，占总合同项数的比重为 82.6%（图 2-2-18）。

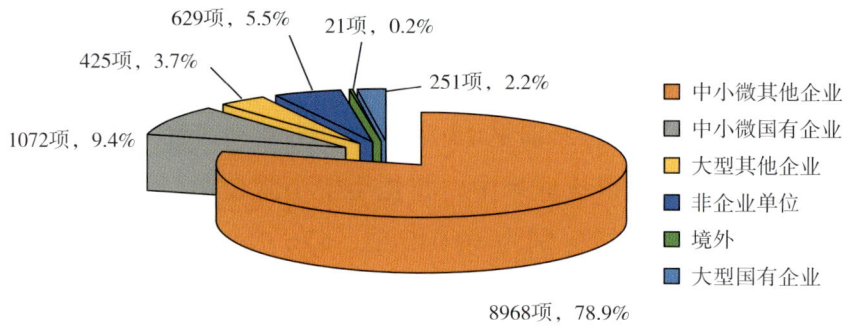

图 2-2-18　高等院校科技成果转化合同项数及占比情况

科技成果转化至中小微企业的合同金额最多，转化至大型企业、非企业单位合同金额均有所下降。2019 年，科技成果以转让、许可、作价投资方式转化到境内、境外的合同金额分别是 70.9 亿元、0.9 亿元，占比分别为 98.7%、1.3%。在境内转化的科技成果中，转化至中小微企业、大型企业、非企业单位的科技成果合同金额分别为 57.4 亿元、12.4 亿元、1.1 亿元，占合同总金额的比重分别为 79.9%、17.2%、1.6%，分别比上一年增长 35.6%、下降 59.3%、下降 27.8%（图 2-2-19）。

科技成果转化至国有企业和其他企业的合同金额分别是 12.2 亿元、57.6 亿元，占总合同金额的比重分别为 17.0%、80.1%。转化至大型国有企业和中小微国有企业的合同金额分别为 6.7 亿元、5.5 亿元，分别占转化至国有企业科技成果合同总金额的 55.0%、45.0%（图 2-2-20）。

图 2-2-19　高等院校科技成果在境内转化合同金额情况

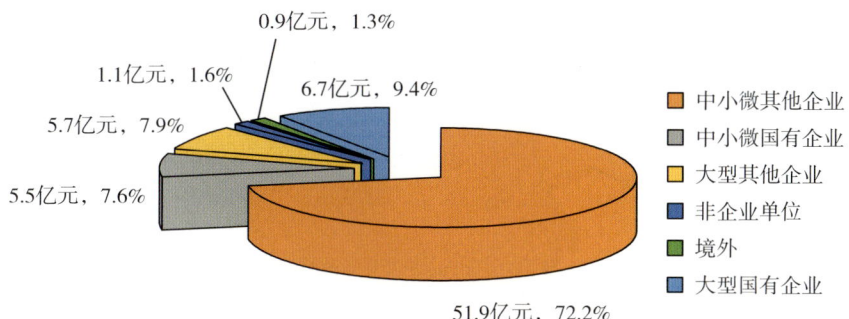

图 2-2-20　高等院校科技成果转化合同金额及占比情况

（二）转化至单位所在地及所属行业领域特点

1378 家高等院校科技成果转化至江苏省的合同金额最大、合同项数最多。按照科技成果转化至单位所在地统计显示，2019 年高等院校以转让、许可、作价投资方式转化科技成果合同金额排名前 3 位的省市分别是江苏省、上海市、广东省，科技成果转化合同总金额分别为 10.7 亿元、10.3 亿元、10.0 亿元，占以转让、许可、作价投资方式转化合同总金额的比重为 14.9%、14.3%、13.9%（图 2-2-21）。转化至地方科技成果合同项数排名前 3 位的省分别是江苏省、浙江省、广东省，合同项数分别为 2477 项、1323 项、1154 项。

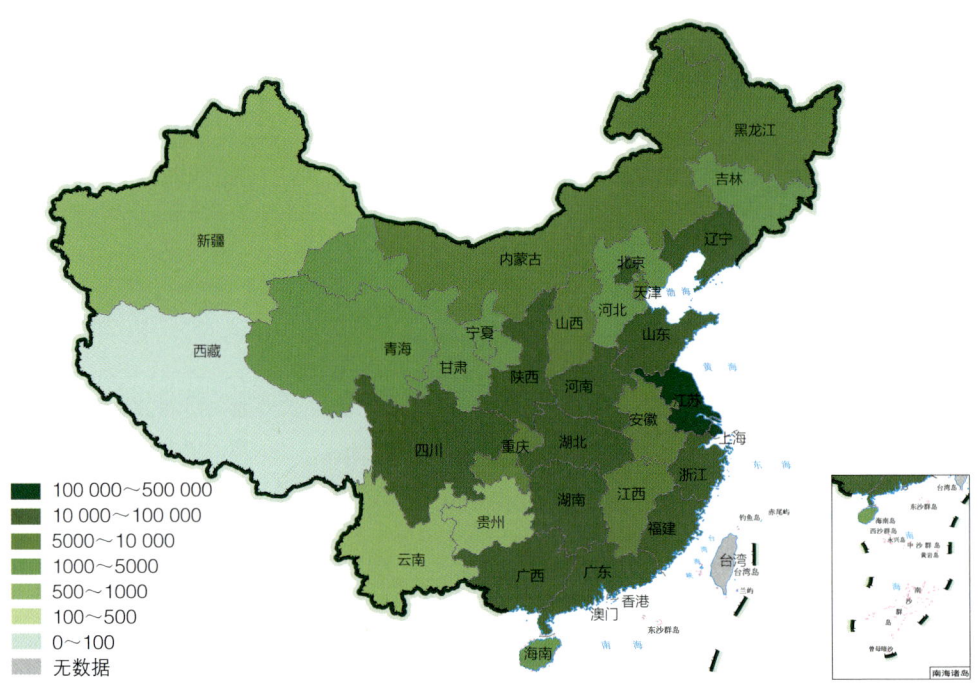

图 2-2-21　科技成果转化至高等院校所在地合同金额情况（单位：万元）

各地方承接科技成果所属行业领域的数据显示，承接科技成果合同金额排名前 3 位的省市分别是江苏省、上海市、广东省，合同金额最高的行业领域均为制造业，这与《2019 中国先进制造业城市发展指数》结果显示的 5 强基本一致（前 5 位依次是上海市、深圳市、广州市、北京市和苏州市）。其中，各地方承接科技成果合同金额排名前 10 位的省市中，6 个属于东部地区，2 个（湖南省和湖北省）属于中部地区，2 个（四川省和陕西省）属于西部地区，东北地区没有省份进入前 10

位。排名前10位的省市中，合同金额最高的行业领域有7个是制造业，1个是农、林、牧、渔业，1个是卫生和社会工作。数据表明，2019年成果转化较为活跃的行业领域是制造业（表2-2-3）。

表2-2-3 各地方承接高等院校科技成果合同金额排名前10位的省市及主要行业领域

排名	省市	合同总金额/万元	合同金额最高的行业
1	江苏省	107 110.3	制造业
2	上海市	102 803.1	制造业
3	广东省	99 987.6	制造业
4	山东省	61 146.0	农、林、牧、渔业
5	湖南省	50 404.8	制造业
6	浙江省	46 380.5	制造业
7	北京市	32 200.5	制造业
8	四川省	25 552.9	卫生和社会工作
9	陕西省	24 320.1	其他
10	湖北省	22 527.4	制造业
合计/万元		572 433.2	
占高等院校合同总金额比重		79.6%	

（三）成果转化应用的行业领域

1378家高等院校科技成果转化合同金额最高、合同项数最多的是制造业领域。按照科技成果应用的行业领域统计显示，以转让、许可、作价投资方式转化科技成果所涉及的行业领域合同金额排名前3位的依次是制造业，卫生和社会工作，农、林、牧、渔业，其合同总金额分别为31.2亿元、9.7亿元、7.6亿元，占以转让、许可、作价投资方式转化科技成果合同总金额的比重分别为 43.4%、13.5%、10.6%（图 2-2-22）；合同项数排名前 3 位的领域依次是制造业，信息传输、软件和信息技术服务业，科学研究和技术服务业，其合同项数分别为 4081 项、2031 项、1686 项。

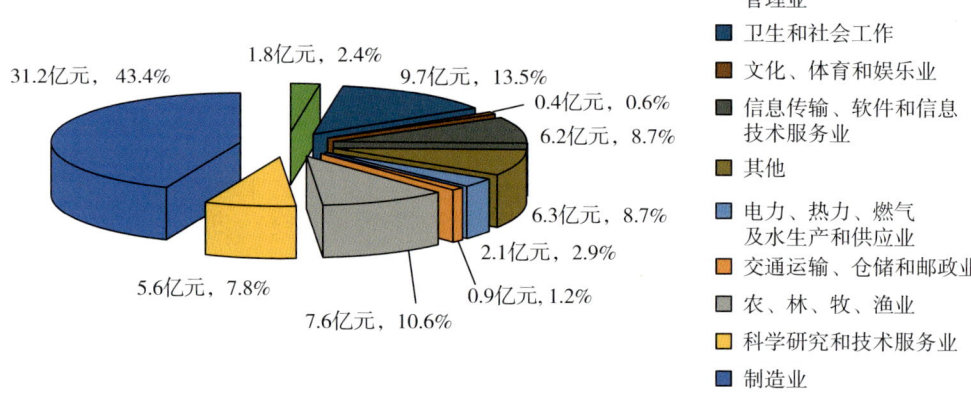

图 2-2-22　高等院校科技成果在境内转化合同金额的行业领域分布

（四）科技成果在本地方转化的情况

19 个地方辖区内高等院校产出的 50% 以上（按合同金额占比计）科技成果在本地实现转化。在本地方辖区内高等院校产出科技成果，在本地方转化的合同项数排名前 3 位的省分别是江苏省（1992 项）、浙江省（985 项）、广东省（507 项），占本地方辖区内产出科技成果转化合同总项数比重排名前 3 位的省区分别是内蒙古自治区（96.6%）、广东省（84.5%）、福建省（83.1%）；在本地方转化的合同金额排名前 3 位的省市分别是上海市（4.9 亿元）、广东省（4.9 亿元）、湖南省（4.6 亿元），在本地方转化的合同金额占本地方辖区内产出科技成果转化合同总金额比重排名前 3 位的省区分别是内蒙古自治区（95.9%）、湖南省（93.3%）、福建省（93.0%）（表 2-2-4）。数据表明，除陕西省、云南省、上海市、贵州省、北京市、海南省、天津市、甘肃省、辽宁省、吉林省、青海省、西藏自治区以外的 19 个地方产出的 50% 以上（含 50%，按合同金额占比计）科技成果在本地实现转化，服务本地企业，促进本地经济发展。

表 2-2-4　各地方辖区内高等院校产出科技成果转化至本地方的合同金额排名前 10 位的省市相关情况

排名	地方	在本地方辖区内产出科技成果在本地方转化的合同项数/项	占本地方辖区内产出科技成果转化合同总项数的比重	在本地方辖区内产出科技成果在本地方转化的合同金额/万元	占本地方辖区内产出科技成果转化合同总金额的比重
1	上海市	153	45.3%	49 318.1	43.4%
2	广东省	507	84.5%	48 795.0	50.7%
3	湖南省	121	60.5%	46 270.2	93.3%
4	江苏省	1992	67.9%	42 011.1	55.3%
5	北京市	294	48.4%	21 505.0	32.2%
6	浙江省	985	77.9%	20 953.4	55.1%
7	陕西省	305	48.8%	20 187.8	49.3%
8	湖北省	406	65.5%	19 409.8	66.3%
9	四川省	388	75.6%	18 036.8	79.9%
10	山东省	397	61.7%	16 948.7	78.3%

（五）科技成果跨地方转化的情况

科技成果跨地方转化的合同项数达三成以上，合同金额接近五成。

2019年，本地方辖区内高等院校科技成果以转让、许可、作价投资方式转化到本地方以外的合同项数是3859项，占合同总项数的比重为34.0%；合同金额达33.9亿元，占合同总金额的比重为47.2%。承接其他地方高等院校科技成果合同项数排名前3位的省市分别是广东省（647项）、江苏省（485项）、北京市（409项），合同金额排名前3位的省市分别是江苏省（6.5亿元）、上海市（5.3亿元）、广东省（5.1亿元）。本地方高等院校产出科技成果输出至其他地方的科技成果合同项数排名前3位的省市分别是江苏省（936项）、陕西省（320项）、北京市（312项），合同金额排名前3位的省市分别是上海市（6.4亿元）、广东省（4.7亿元）、北京市（4.5亿元）（图2-2-23、图2-2-24）。

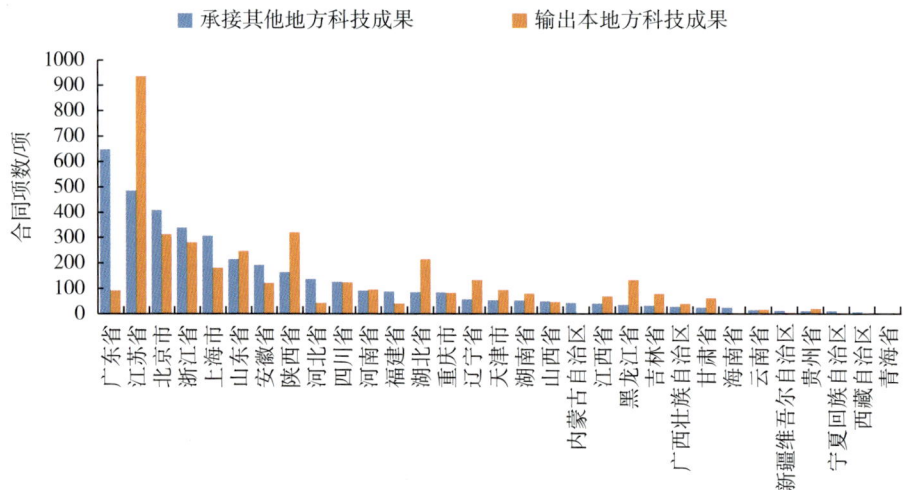

图2-2-23　各地方承接其他地方高等院校科技成果/输出本地方科技成果合同项数统计

第二章 科技成果转化总体分析

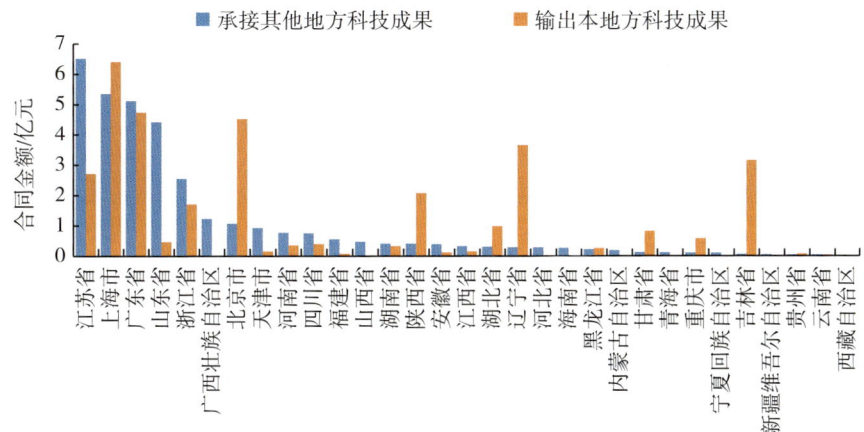

图 2-2-24　各地方承接其他地方高等院校科技成果/输出本地方科技成果合同金额统计

跨地方输出高等院校科技成果合同金额占本地方辖区内高等院校产出科技成果转化合同总金额比重排名前 3 位的省分别是青海省（100.0%）、吉林省（87.8%）、甘肃省（79.8%）（表 2-2-5）。北京市排名第 7 位（67.8%），2019 年，北京市辖区内高等院校产出科技成果实现跨地方转化的合同金额达 4.5 亿元，北京市承接其他地方辖区内高等院校科技成果实施转化的合同金额为 1.1 亿元，输出成果转化至其他地方合同金额远大于承接其他地方成果转化合同金额。

表 2-2-5　各地方辖区内高等院校产出科技成果输出至其他地方合同金额占合同总金额比重排名前 10 位的省市相关情况

排名	省市	单位数量/家	本地方辖区内高等院校产出科技成果转化合同总金额/万元	跨地方输出高等院校科技成果合同金额/万元	跨地方输出高等院校科技成果合同金额占本地方辖区内高等院校产出科技成果转化合同总金额比重
1	青海省	4	3.0	3.0	100.0%
2	吉林省	34	35 933.6	31 560.0	87.8%

续表

排名	省市	单位数量/家	本地方辖区内高等院校产出科技成果转化合同总金额/万元	跨地方输出高等院校科技成果合同金额/万元	跨地方输出高等院校科技成果合同金额占本地方辖区内高等院校产出科技成果转化合同总金额比重
3	甘肃省	41	10 478.6	8358.3	79.8%
4	辽宁省	71	45 851.9	36 518.3	79.6%
5	天津市	19	2088.2	1608.9	77.0%
6	海南省	2	29.9	22.8	76.2%
7	北京市	41	66 782.8	45 277.9	67.8%
8	贵州省	19	1168.7	709.0	60.7%
9	上海市	41	113 699.9	64 041.9	56.3%
10	云南省	57	627.7	325.7	51.9%

（六）科技成果跨地区转化情况

高等院校科技成果跨地区转化的比重约为两成。2019年，各地区高等院校科技成果以转让、许可、作价投资方式转化至其他地区的合同项数为2128项，占合同总项数的比重为18.7%；合同金额达16.1亿元，占合同总金额的比重为22.4%。东部地区高等院校产出科技成果输出至其他地区的合同项数为702项，合同金额为3.9亿元；东部地区承接其他地区高等院校科技成果合同项数达1178项，合同金额为10.5亿元，承接科技成果合同项数和合同金额均领先于其他地区。中部地区高等院校产出科技成果输出至其他地区的合同项数为554项，合同金额为1.6亿元；中部地区承接其他地区高等院校科技成果合同项数为440项，合同金额为2.3亿元。西部地区高等院校产出科技成果输出至其他地区的合同项数为562项，合同金额为3.6亿元；西部地区承接其他地区高等院校科技成果合同项数为 418 项，合同金额为 2.7 亿元。东北地区高等院校产出科技成果输出至其他地区的合同项数为 310 项，合同金额为 7.0 亿元；东北地区承接其他地区高等院校科技成果合同项数为 92 项，合同金额为 0.5 亿元（图 2-2-25、图 2-2-26）。

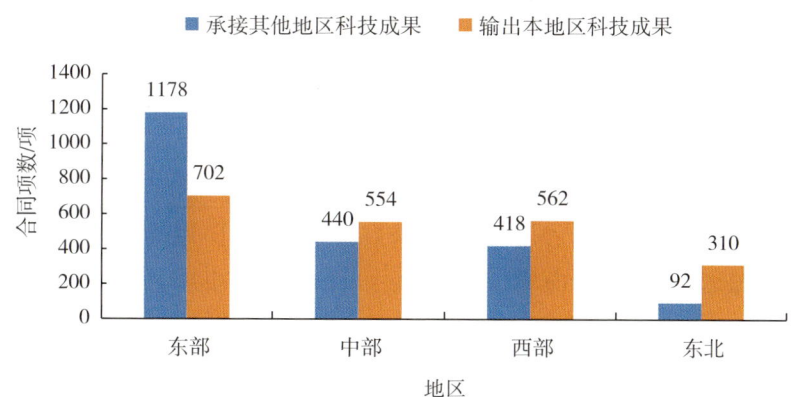

图 2-2-25　各地区承接其他地区高等院校科技成果/输出本地区科技成果合同项数统计

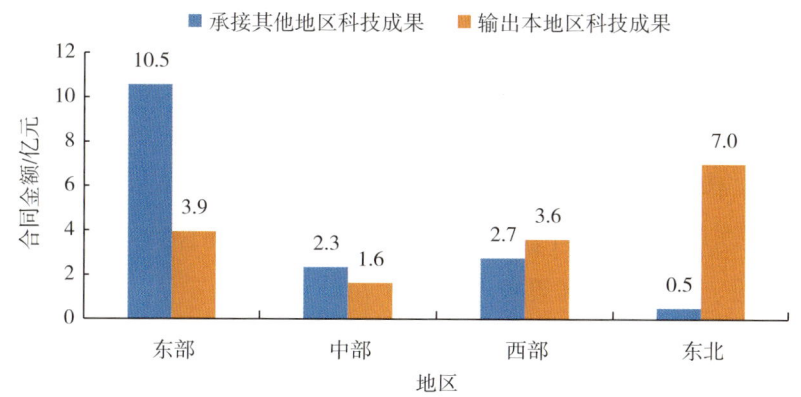

图 2-2-26　各地区承接其他地区高等院校科技成果/输出本地区科技成果合同金额统计

第三章
财政资助项目科技成果转化

受财政资助产生的科技成果以转让、许可、作价投资方式转化的合同金额大幅增长、合同项数有所增长。其中，中央财政资助项目产生的科技成果转化合同金额及合同项数均大幅增长。

一、基本情况

（一）全国财政资助项目成果转化情况

高等院校全国财政资助项目产生的科技成果转化合同金额、合同项数均有所增长。2019 年，全国财政资助项目产生的科技成果以转让、许可、作价投资方式转化的合同金额为 21.2 亿元，比上一年增长 66.1%；合同项数为 1851 项，比上一年增长 28.2%，占转化合同总项数（11 406 项）的 16.2%（图 2-3-1）。

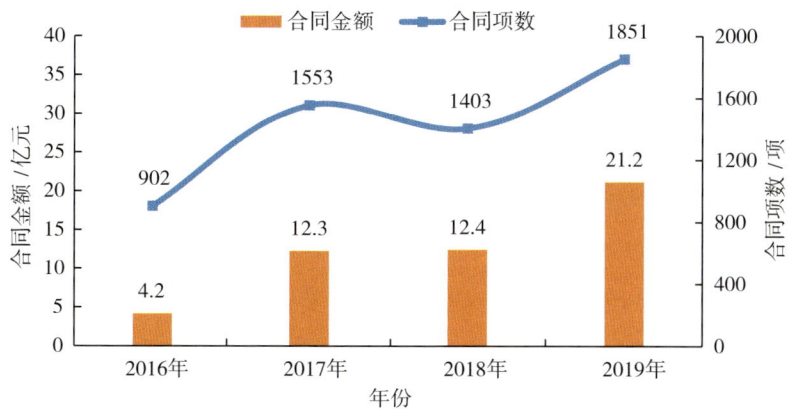

图 2-3-1　高等院校受全国财政资助项目成果转化合同金额和合同项数情况

（二）中央财政资助项目成果转化情况

中央财政资助项目产生的科技成果以转让、许可、作价投资方式转化的合同金额、合同项数均有所增长。2019年，高等院校受中央财政资助项目产生的科技成果以转让、许可、作价投资方式转化的合同金额达15.7亿元，比上一年增长57.3%，占全国财政资助转化项目合同总金额（21.2亿元）的74.1%；合同项数为1068项，比上一年增长46.4%，占全国财政资助转化项目合同总项数（1851项）的57.7%（图2-3-2）。

图 2-3-2　高等院校受中央财政资助项目成果转化合同金额和合同项数情况

二、中央所属高等院校科技成果转化

（一）全国财政资助项目成果转化情况

中央所属高等院校受全国财政资助项目产生的科技成果转化合同金额、合同项数均大幅增长。2019年，中央所属高等院校受全国财政资助项目产生的科技成果以转让、许可、作价投资方式转化的合同金额为16.1亿元，比上一年增长81.8%，占中央所属高等院校科技成果转化合同总金额（39.8亿元）的40.5%；合同项数为1165项，比上一年增长53.2%，占中央所属高等院校科技成果转化合同总项数（3017项）的38.6%（图2-3-3）。

图2-3-3 中央所属高等院校受全国财政资助项目成果转化合同金额和合同项数情况

（二）中央财政资助项目成果转化情况

中央所属高等院校受中央财政资助产生的科技成果以转让、许可、作价投资方式转化的合同金额、合同项数均有所增长。2019年，受中央财政资助项目产生的科技成果以转让、许可、作价投资方式转化的合同金额达 13.3 亿元，比上一年增长 72.8%，占中央所属高等院校全国财政资助转化项目合同总金额（16.1 亿元）的 82.6%；受中央财政资助项目产生的科技成果转化的合同项数为 870 项，比上一年增长 57.1%，占中央所属高等院校全国财政资助转化项目合同总项数（1165 项）的 74.7%（图 2-3-4）。

图 2-3-4　中央所属高等院校受中央财政资助项目成果转化合同金额和合同项数情况

中央所属高等院校受中央财政资助项目产生的科技成果转化日益增加。2019 年，暨南大学以转让、许可、作价投资方式转化科技成果共 13 项，合同金额达 4.4 亿元。其中，受中央财政资助项目产生的科技成果转化合同项数为 9 项，占合同总项数的 69.2%；合同金额达 4.4 亿元，占合同总金额的 99.9%。

三、各省、直辖市、自治区所属高等院校科技成果转化

（一）全国财政资助项目成果转化情况

地方所属高等院校受全国财政资助项目产生的科技成果转化合同金

额有所增长。2019年，地方所属高等院校受全国财政资助项目产生的科技成果转化合同金额为5.0亿元，比上一年增长27.0%，占地方所属高等院校转化合同总金额（32.1亿元）的15.6%；合同项数为686项，比上一年下降1.2%，占地方所属高等院校转化合同总项数（8389项）的8.2%（图2-3-5）。

图2-3-5 各地方所属高等院校受全国财政资助项目成果转化合同金额和合同项数情况

2019年，地方所属高等院校受全国财政资助项目产生的科技成果以转让、许可、作价投资方式转化的合同金额排名前3位的省分别是广东省（2.2亿元）、陕西省（0.8亿元）、江苏省（0.5亿元）（图2-3-6）。

第二篇
第三章 财政资助项目科技成果转化

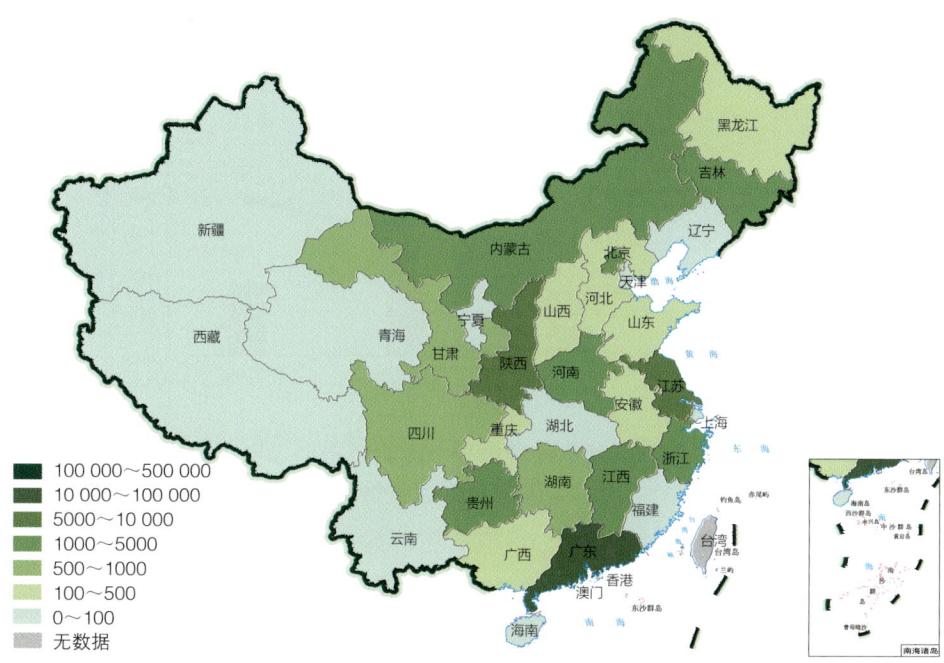

图2-3-6 各地方所属高等院校转化受全国财政资助项目成果合同金额情况（单位：万元）

（二）中央财政资助项目成果转化情况

地方所属高等院校受中央财政资助项目产生的科技成果以转让、许可、作价投资方式转化的合同金额、合同项数均有所增长。2019年，地方所属高等院校受中央财政资助项目产生的科技成果以转让、许可、作价投资方式转化的合同项数为198项，比上一年增长12.1%，占地方所属高等院校全国财政资助转化项目合同总项数（686项）的28.9%；合同金额达2.4亿元，比上一年下降1.6%，占地方所属高等院校全国财政资助转化项目合同总金额（5.0亿元）的48.0%（图2-3-7）。

2019年，地方所属高等院校受中央财政资助项目产生的科技成果以转让、许可、作价投资方式转化的合同金额排名前3位的省分别是广东省（0.7亿元）、陕西省（0.7亿元）、江苏省（0.4亿元）（图2-3-8）。

图 2-3-7　地方所属高等院校受中央财政资助项目成果转化
合同金额和合同项数情况

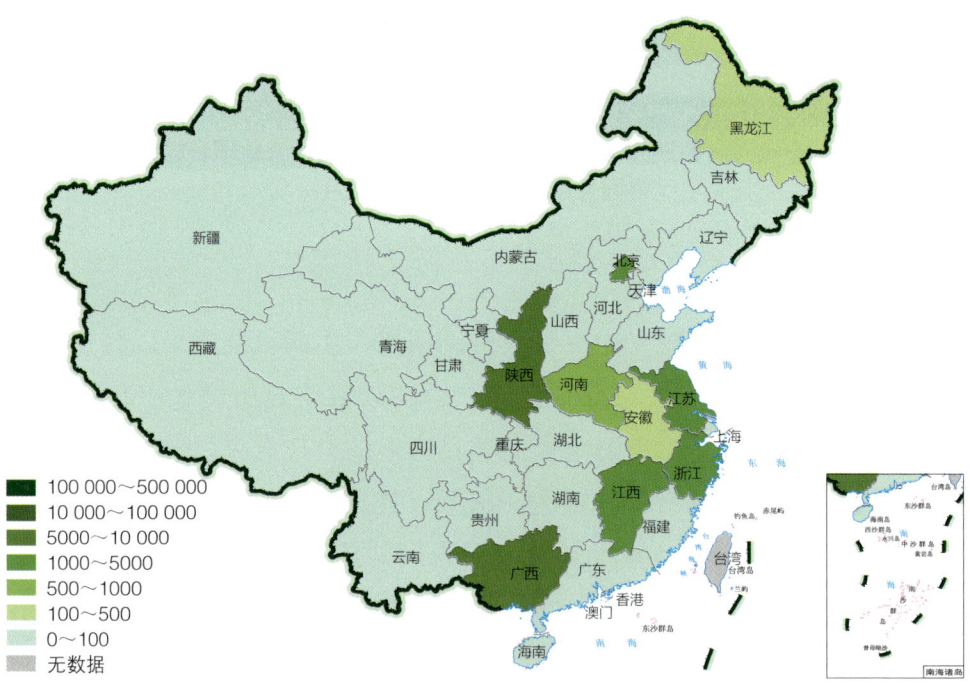

图 2-3-8　各地方所属高等院校受中央财政资助项目成果转化
合同金额情况（单位：万元）

2019 年，陕西科技大学以转让、许可、作价投资方式转化科技成果的合同项数为174项，比上一年增长278.3%。其中，受到财政资助的转化成果为38项，比上一年增长111.1%，受到中央财政资助的转化成果为10项，比上一年增长25.0%。

四、各地区财政资助科技成果转化

（一）高等院校所在辖区科技成果转化情况

1. 全国财政资助项目成果转化情况

按高等院校所在地区统计，2019年，各地方辖区内高等院校受全国财政资助项目产生的科技成果以转让、许可、作价投资方式转化的合同金额排名前3位的省分别是广东省（7.6亿元）、陕西省（2.7亿元）、江苏省（2.5亿元）（图2-3-9）。

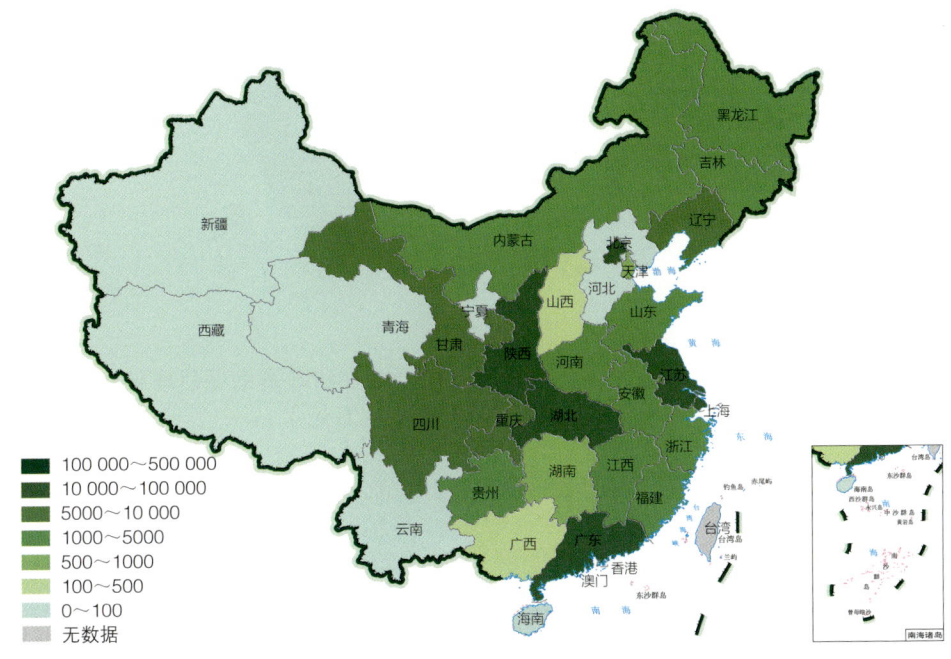

图2-3-9　各地方辖区内高等院校受全国财政资助项目成果转化合同金额情况（单位：万元）

2. 中央财政资助项目成果转化情况

2019 年，各地方辖区内高等院校受中央财政资助产生的科技成果以转让、许可、作价投资方式转化的合同金额排名前 3 位的省市分别是广东省（6.0 亿元）、江苏省（1.6 亿元）、北京市（1.4 亿元）（图 2-3-10）。

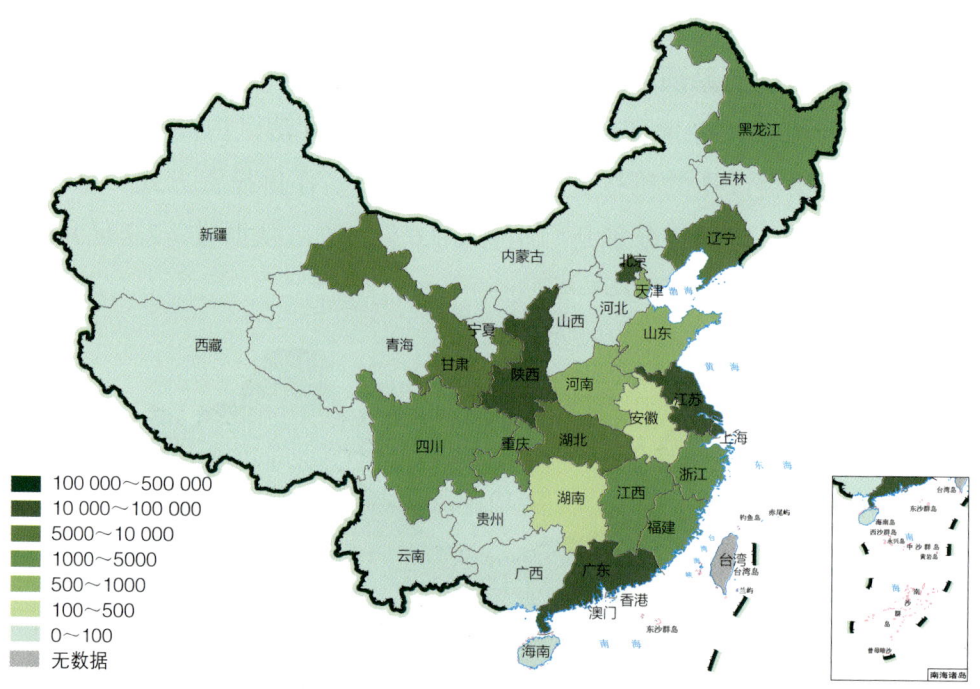

图 2-3-10　各地方辖区内高等院校受中央财政资助项目成果转化合同金额情况（单位：万元）

（二）东部、中部、西部和东北地区财政资助项目成果转化情况

1. 全国财政资助项目成果转化情况

东部、西部和中部地区高等院校受财政资助项目产生的科技成果

以转让、许可、作价投资方式转化的合同金额均有不同程度的增长，东北地区有所下降。2019年，东部、西部、中部地区高等院校受财政资助项目产生的科技成果以转让、许可、作价投资方式转化的合同金额分别为13.2亿元、5.1亿元、1.6亿元，比上一年分别增长109.9%、136.8%、57.4%；东北地区转化合同金额1.2亿元，比上一年下降61.8%（图2-3-11）。

图2-3-11　各地区高等院校受全国财政资助项目成果转化合同金额情况①

2. 中央财政资助项目成果转化情况

2019年，东部地区高等院校受中央财政资助项目产生的科技成果以转让、许可、作价投资方式转化的合同金额为10.5亿元，比上一年增长113.8%；西部地区合同金额为2.8亿元，比上一年增长为64.0%；中部地区合同金额为1.4亿元，比上一年增长245.9%；东北地区合同金额为1.0亿元，比上一年下降61.7%（图2-3-12）。

---

① 2016年合同金额为东部3.0亿元、中部9051.6万元、西部1972.5万元、东北183.0万元。

图2-3-12 各地区高等院校受中央财政资助项目成果转化合同金额情况[①]

---

① 2016年合同金额为东部5289万元、中部8628.5万元、西部938.5万元、东北0元。

第四章
科技成果转化收入分配及奖励

统计数据显示，高等院校对科研人员的激励力度不断加大，科研人员获得奖励金额和人次有所增长，科技创富效应逐步显现，充分激励了科研人员创新创业积极性。

一、基本情况

（一）现金和股权收入分配及奖励情况

以转让、许可、作价投资方式转化科技成果获得的现金和股权收入略有增长，科研人员获得的现金和股权奖励有所增长。2019年，现金和股权总收入金额为46.2亿元，比上一年增长1.4%。个人获得的现金和股权奖励金额达32.5亿元，比上一年增长12.9%。研发与转化主要贡献人员所获现金和股权奖励达30.7亿元，比上一年增长12.1%（图2-4-1）。

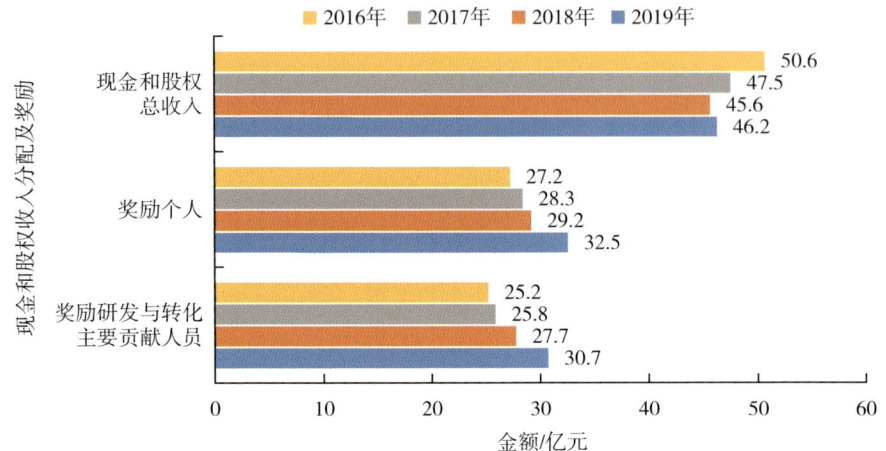

图 2-4-1　高等院校现金和股权收入分配及奖励金额情况

奖励个人金额占现金和股权总收入的比重超过 70%，奖励研发与转化主要贡献人员金额占奖励个人金额的比重超过 90%。奖励人次有所增长，人均奖励金额略有下降。2019 年个人获得的现金和股权奖励占现金和股权总收入的比重为 70.3%，比上一年的 63.9% 有所增长；研发与转化主要贡献人员获得的奖励占奖励个人总金额的比重达到 94.4%，比上一年的 95.1% 有所下降（图 2-4-2、图 2-4-3）。2019 年奖励人次为 30 329 人次，比上一年增长 23.2%；人均奖励金额 10.7 万元，比上一年下降 8.3%。

第二篇 第四章 科技成果转化收入分配及奖励

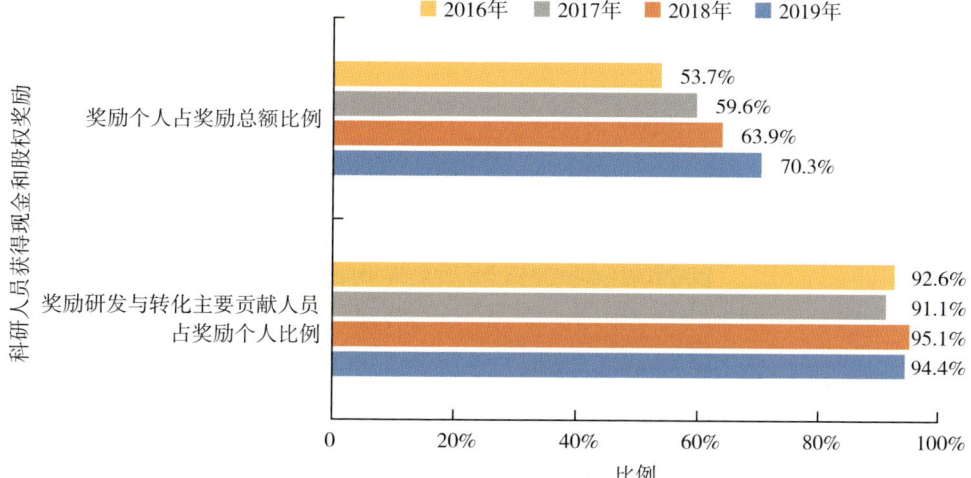

图 2-4-2 高等院校科研人员获得现金和股权奖励金额占比情况

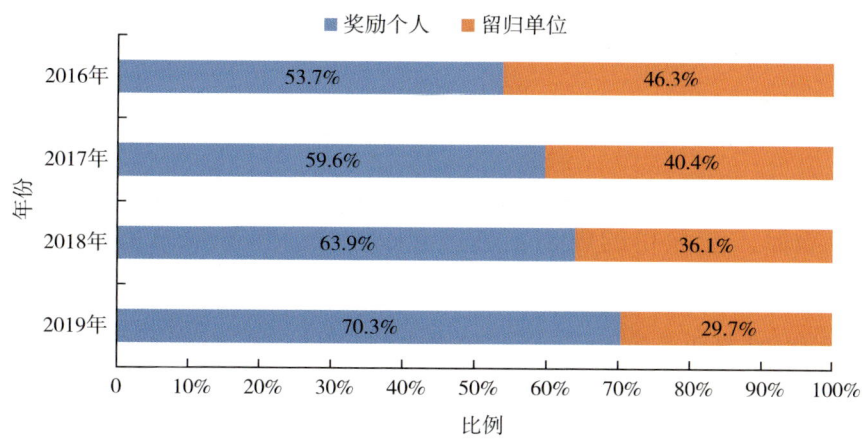

图 2-4-3 高等院校现金和股权收入分配情况

（二）现金收入分配及奖励情况

以转让、许可转化科技成果获得的现金收入，科研人员获得的现金奖励比上一年有所增长。2019年现金收入金额为24.2亿元，比上一年增长18.9%。个人获得的现金奖励金额为16.6亿元，比上一年增长

187

37.1%，其中，研发与转化主要贡献人员所获现金奖励为15.0亿元，比上一年增长37.2%（图2-4-4）。

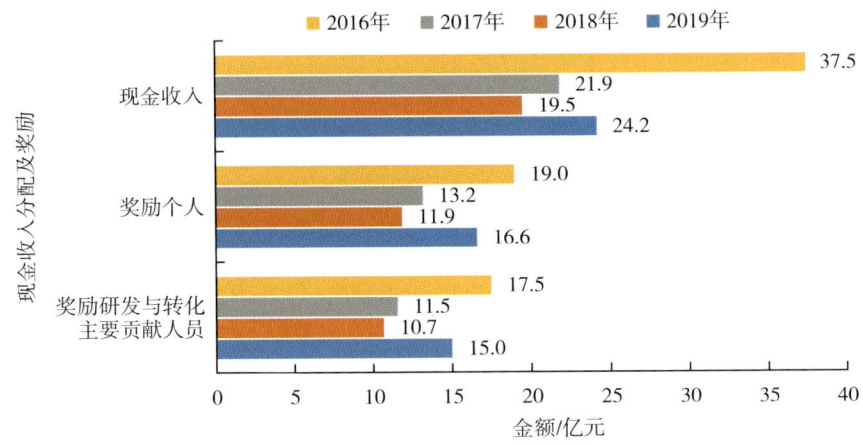

图 2-4-4　高等院校现金收入分配及奖励金额情况

现金收入奖励人次有所增长。2019年，个人获得的现金奖励占现金收入的比重为68.6%，比2018年的60.8%有所增长；研发与转化主要贡献人员获得的现金奖励占奖励科研人员现金总金额的比重为90.3%，比2018年的90.0%略有增长（图2-4-5、图2-4-6）。现金奖励人次为29 759人次，比上一年增长25.5%；人均现金奖励金额5.6万元，比上一年增长9.2%。现金奖励个人金额超过1亿元的高等院校共2家，分别为华东理工大学（1.6亿元）、湖南城市学院（1.1亿元）。

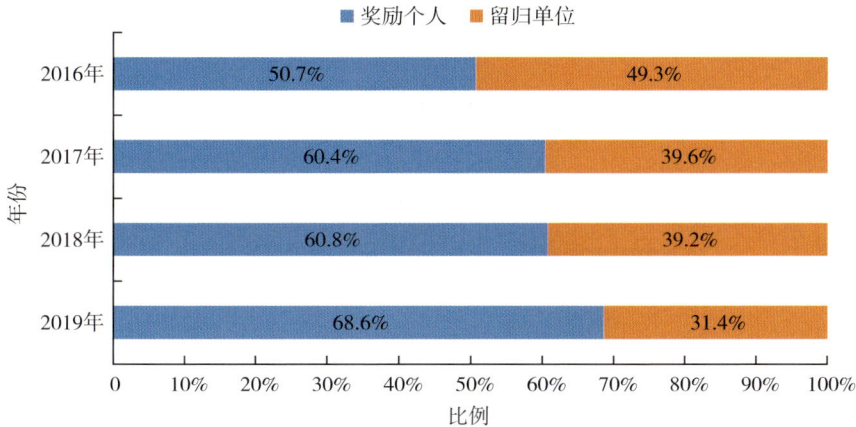

图 2-4-5　高等院校现金收入留归单位和奖励个人分配情况

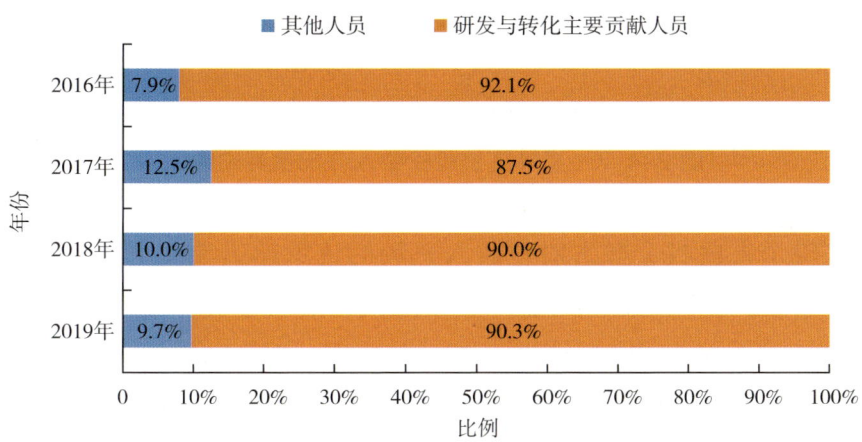

图 2-4-6　高等院校现金收入奖励个人分配情况

（三）股权收入分配及奖励情况

以作价投资方式转化科技成果获得的股权收入、科研人员获得的股权奖励均有所下降。2019 年，股权收入金额为 22.1 亿元，比上一年下降 12.6%，其中，个人获得的股权奖励金额为 15.9 亿元，比上一年下降 4.2%。个人奖励中，研发与转化主要贡献人员所获股权奖励为 15.7 亿元，比上一年下降 4.2%（图 2-4-7）。

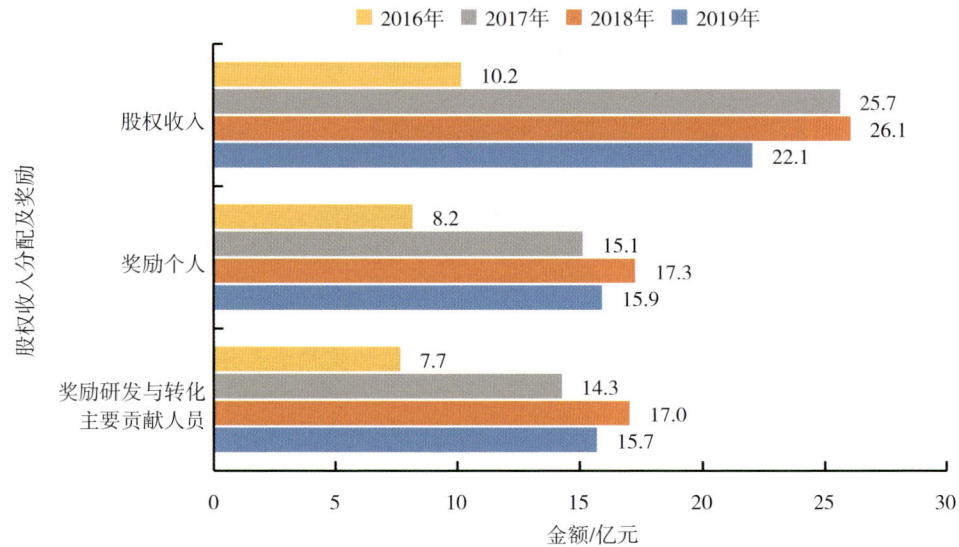

图 2-4-7　高等院校股权收入分配及奖励情况

奖励个人股权金额占股权收入总额的比重超过 70%，与 2018 年相比略有增长，奖励研发与转化主要贡献人员股权金额占奖励个人股权金额的比重基本不变，股权奖励人次有所下降，人均股权奖励金额有所增长。人均股权奖励金额是人均现金奖励金额的 50 多倍。2019 年，个人获得的股权奖励占股权收入的比重为 72.2%，比上一年的 66.2% 有所增长；研发与转化主要贡献人员获得的股权奖励占奖励科研人员总金额的比重为 98.6%，与上一年的 98.7% 相比持平（图 2-4-8、图 2-4-9）。奖励人次为 570 人次，比上一年下降 36.7%；人均股权奖励金额 279.4 万元，比上一年增长 51.4%，是人均现金奖励金额的 50.1 倍。

第四章 科技成果转化收入分配及奖励

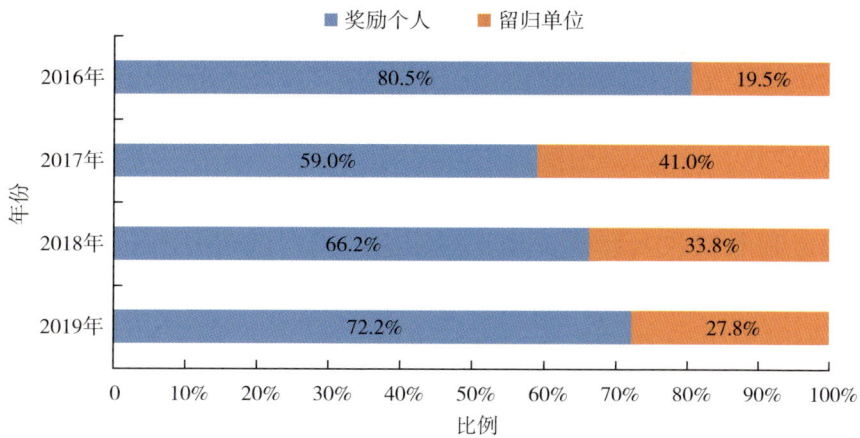

图 2-4-8　高等院校股权收入留归单位和奖励个人分配情况

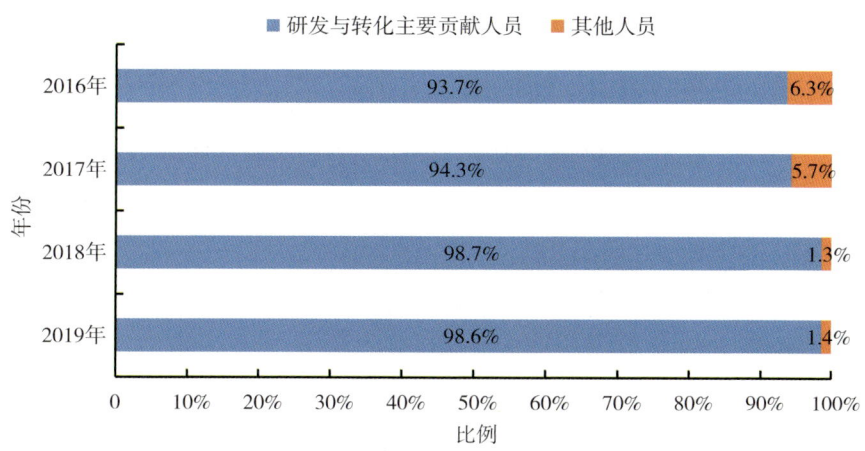

图 2-4-9　高等院校股权收入奖励个人分配情况

股权收入奖励科研人员金额超过 1 亿元的高等院校共 5 家，分别是中南大学（2.6 亿元）、南方科技大学（2.4 亿元）、清华大学（2.0 亿元）、湖州师范学院（1.3 亿元）、西安交通大学（1.0 亿元）。

二、中央所属高等院校收入分配及奖励

（一）现金和股权收入分配及奖励情况

中央所属高等院校以转让、许可、作价投资方式转化科技成果获得的现金和股权收入有所下降，科研人员获得的现金和股权奖励略有下降。2019 年，99 家中央所属高等院校以转让、许可、作价投资方式转化科技成果获得的现金和股权收入总金额为 26.5 亿元，比上一年下降 14.2%。个人获得的现金和股权奖励金额达 18.7 亿元，比上一年下降 0.8%，其中，研发与转化主要贡献人员所获现金和股权奖励达 18.5 亿元，比上一年下降 1.5%（图 2-4-10）。

图 2-4-10　中央所属高等院校现金和股权收入分配及奖励情况

中央所属高等院校奖励个人金额占现金和股权总收入的比重超 70%，奖励研发与转化主要贡献人员金额占奖励个人金额的比重接近 100%。奖励人次有所增长、人均奖励金额有所下降。2019 年个人获得的现金和股权奖励占现金和股权总收入的比重为 70.5%，比上一年的

61.0% 有所增长；研发与转化主要贡献人员获得的奖励占奖励个人总金额的比重达到 98.8%，比上一年的 99.5% 略有下降（图 2-4-11、图 2-4-12）。2019 年奖励人次为 11 094 人次，比上一年增长 37.8%；人均奖励金额 16.9 万元，比上一年下降 28.0%。

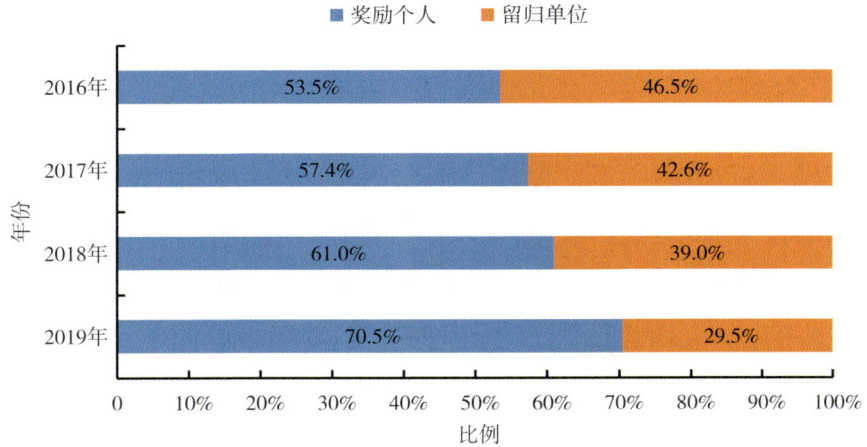

图 2-4-11　中央所属高等院校现金和股权收入分配情况

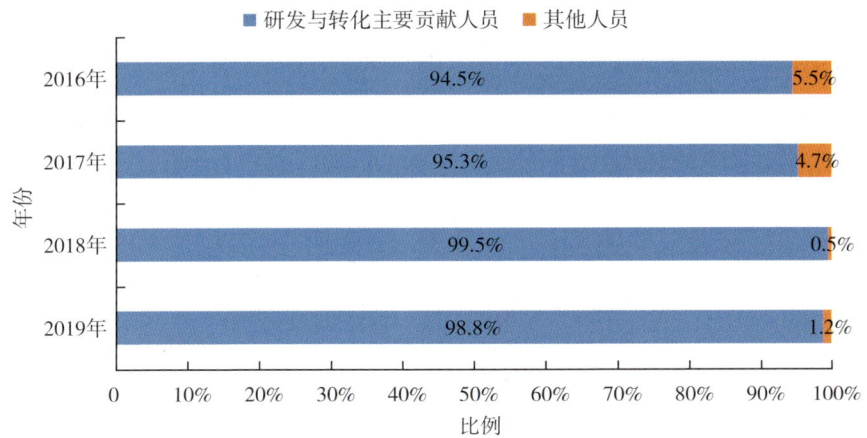

图 2-4-12　中央所属高等院校现金和股权收入奖励分配情况

2019年，以现金和股权收入奖励个人的中央所属高等院校中总金额排名前3位的依次是中南大学、清华大学、华东理工大学。2019年，中南大学科研人员获得的科技成果转化现金和股权奖励总额达3.0亿元，人均奖励金额634.2万元。其中，获得现金奖励总额为3458.0万元，人均奖励金额88.7万元；获得股权奖励总额为2.6亿元，人均奖励金额3293.9万元。清华大学科研人员获得的科技成果转化现金和股权奖励总额达2.8亿元，人均奖励金额101.3万元。其中，获得现金奖励总额为7988.0万元，人均奖励金额43.2万元；获得股权奖励总额为2.0亿元，人均奖励金额220.6万元。华东理工大学科研人员获得的科技成果转化现金和股权奖励总额达1.6亿元，人均奖励金额12.5万元。其中，获得现金奖励总额为1.6亿元，人均奖励金额12.5万元；获得股权奖励总额为137.2万元，人均奖励金额19.6万元。

（二）现金收入分配及奖励情况

中央所属高等院校以转让、许可方式转化科技成果获得的现金收入，科研人员获得的现金奖励、研发与转化主要贡献人员所获现金奖励均有所增长。2019年，99家中央所属高等院校以转让、许可方式转化科技成果获得的现金收入总金额为12.1亿元，比上一年增长9.1%。个人获得的现金奖励金额为8.5亿元，比上一年增长38.2%，其中，研发与转化主要贡献人员所获现金奖励为8.4亿元，比上一年增长38.3%（图2-4-13）。

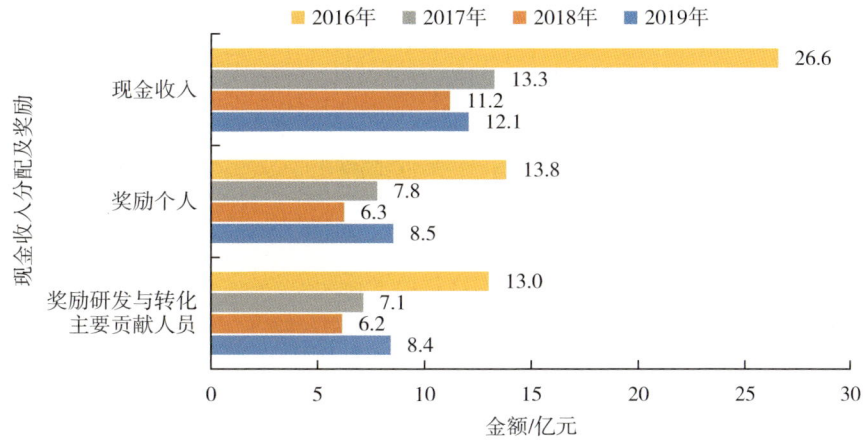

图 2-4-13　中央所属高等院校现金收入分配及奖励情况

中央所属高等院校奖励个人现金金额占现金收入总额的比重有所提高，奖励研发与转化主要贡献人员现金金额占奖励个人现金金额的比重无变化。奖励人次有所增长，人均奖励金额有所下降。2019 年，个人获得的现金奖励占现金收入的比重为 70.9%，比上一年的 55.9% 有所增长；研发与转化主要贡献人员获得的现金奖励占奖励科研人员现金总金额的比重为 98.6%，与 2018 年持平（图 2-4-14、图 2-4-15）。奖励人次为 10 705 人次，比上一年增长 43.1%；人均现金奖励金额 8.0 万元，比上一年下降 3.4%。

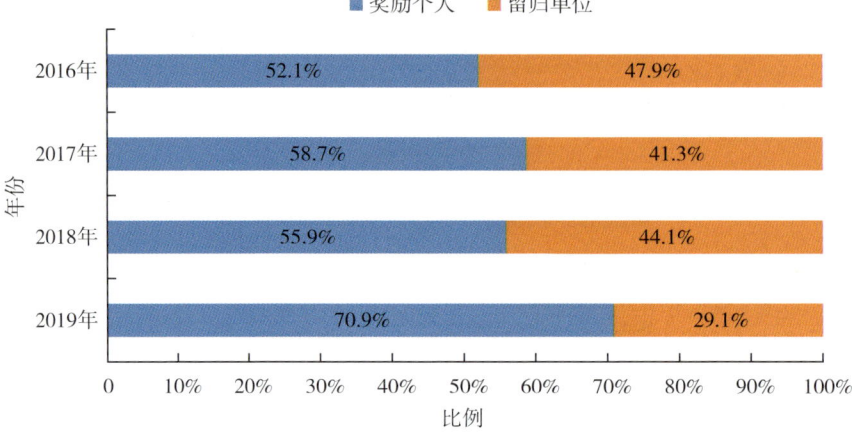

图 2-4-14　中央所属高等院校现金收入分配情况

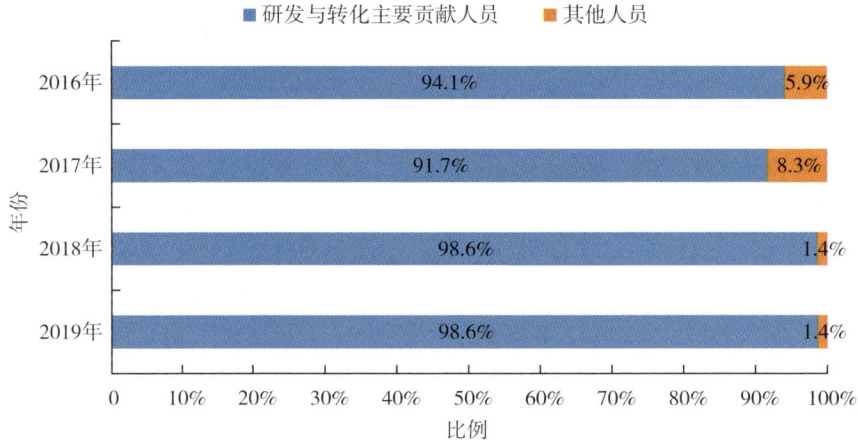

图 2-4-15　中央所属高等院校现金收入奖励个人分配情况

（三）股权收入分配及奖励情况

中央所属高等院校以作价投资方式转化科技成果获得的股权收入、科研人员获得的股权奖励均有所下降。2019 年，99 家中央所属高等院校以作价投资方式转化科技成果获得的股权收入金额为 14.4 亿元，比上一年下降 27.4%。个人获得的股权奖励金额为 10.2 亿元，比上一年下降 19.8%，其中，研发与转化主要贡献人员所获股权奖励为 10.1 亿元，比上一年下降 20.6%（图 2-4-16）。

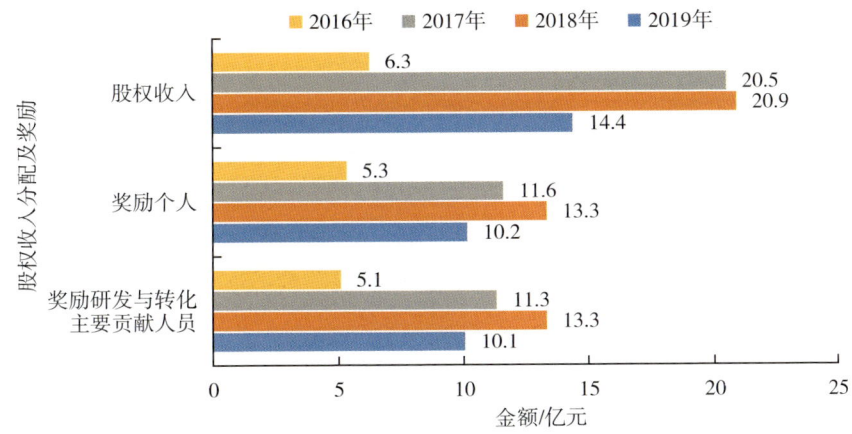

图 2-4-16　中央所属高等院校股权收入分配及奖励情况

中央所属高等院校奖励个人股权金额占股权收入总额的比重超 70%，奖励研发与转化主要贡献人员股权金额占奖励个人股权金额的比重略有下降。股权奖励人次有所下降，人均股权奖励金额有所增长。人均股权奖励金额约是人均现金奖励金额的 32 倍。2019 年，个人获得的股权奖励占股权收入的比重为 70.6%，比上一年的 63.7% 有所增长；研发与转化主要贡献人员获得的股权奖励占奖励科研人员总金额的比重为 99.0%，比上一年的 100.0% 略有下降（图 2-4-17、图 2-4-18）。奖励人次为 389 人次，比上一年下降 31.3%；人均股权奖励金额 261.3 万元，比上一年增长 16.7%，是人均现金奖励金额的 32.7 倍。

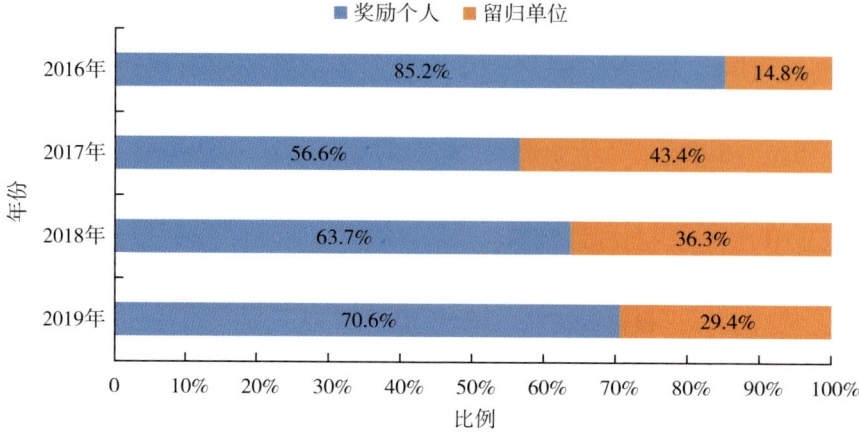

图 2-4-17　中央所属高等院校股权收入分配情况

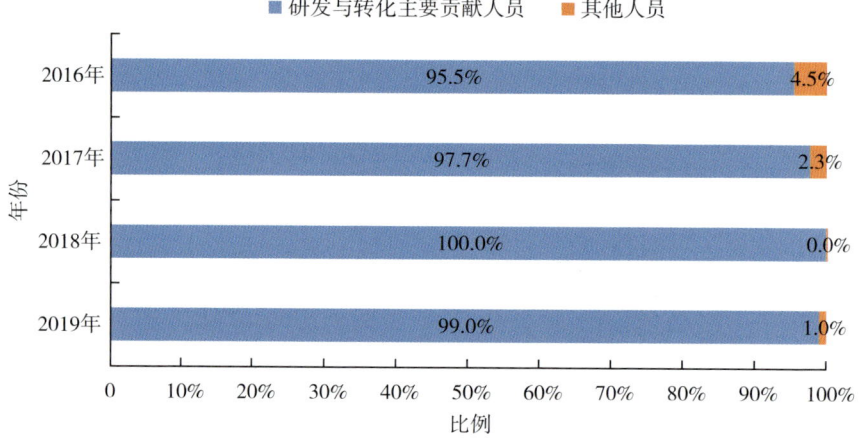

图 2-4-18　中央所属高等院校股权收入奖励个人分配情况

三、各省、直辖市、自治区所属高等院校收入分配及奖励

（一）现金和股权收入分配及奖励情况

1. 收入分配及奖励概况

地方所属高等院校以转让、许可、作价投资方式转化科技成果获得的现金和股权收入，科研人员获得的现金和股权奖励均有所增加。2019年，1279家地方所属高等院校以转让、许可、作价投资方式转化科技成果获得的现金和股权收入总金额为19.9亿元，比上一年增长37.2%。个人获得的现金和股权奖励金额达13.8亿元，比上一年增长40.1%，其中，研发与转化主要贡献人员所获现金和股权奖励为12.2亿元，比上一年增长43.1%（图2-4-19）。

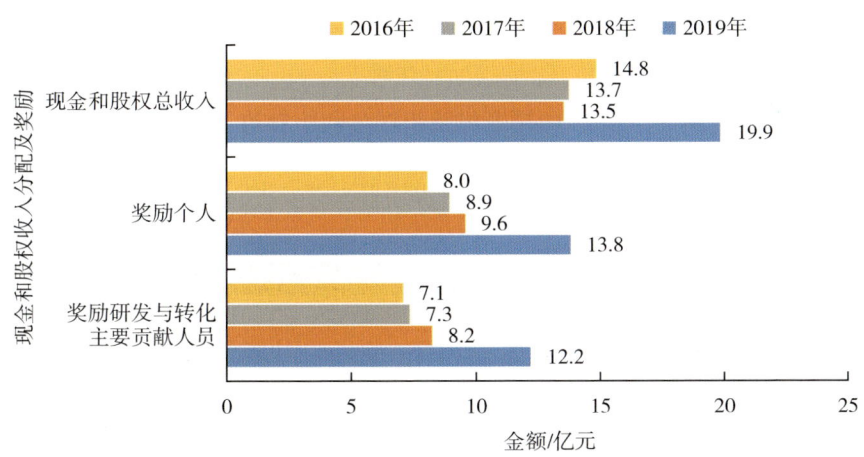

图2-4-19 地方所属高等院校现金和股权收入分配及奖励金额情况

地方所属高等院校奖励个人金额占现金和股权总收入的比重近70%，奖励研发与转化主要贡献人员金额占奖励个人金额的比重超80%。奖励人次、人均奖励金额均有所增长。2019年个人获得的现金

和股权奖励占现金和股权总收入的比重为69.6%，比上一年的70.8%有所下降；研发与转化主要贡献人员获得的奖励占奖励个人总金额的比重达到88.4%，比上一年的86.1%有所增长（图2-4-20、图2-4-21）。2019年奖励人次为19 235人次，比上一年增长15.9%；人均奖励金额7.2万元，比上一年增长20.9%。

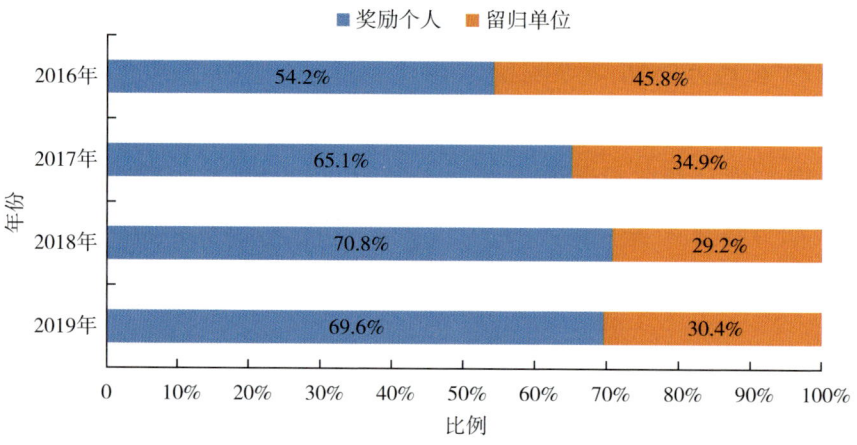

图2-4-20 地方所属高等院校现金和股权收入分配情况

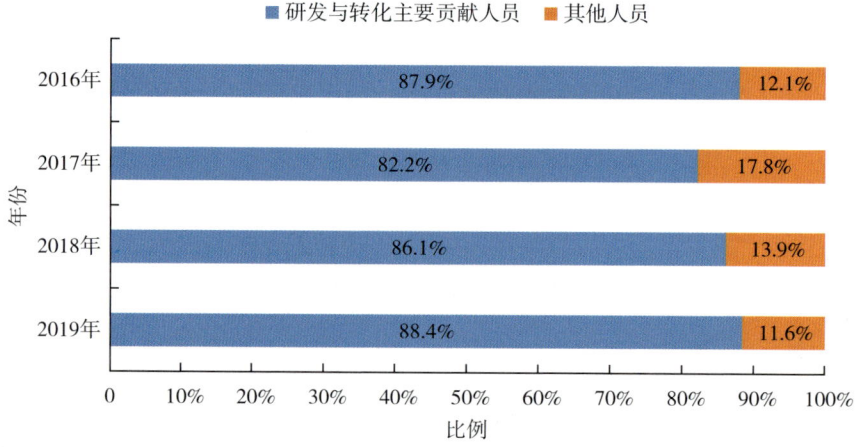

图2-4-21 地方所属高等院校现金和股权收入奖励个人分配情况

2. 各地方高等院校收入分配及奖励情况

2019年，地方所属高等院校以转让、许可、作价投资方式转化科技成果获得的现金和股权收入金额排名前3位的省依次是广东省（3.9亿元）、浙江省（2.5亿元）、江苏省（1.9亿元）（图2-4-22）。高等院校奖励个人金额排名前3位的省依次是广东省（2.7亿元）、浙江省（2.4亿元）、湖南省（1.4亿元）；高等院校奖励研发与转化主要贡献人员金额排名前3位的省依次是广东省（2.7亿元）、浙江省（2.1亿元）、湖南省（1.2亿元）（图2-4-23）；奖励人次排名前3位的省依次是浙江省（4322人次）、湖南省（3450人次）、江苏省（2384人次）。

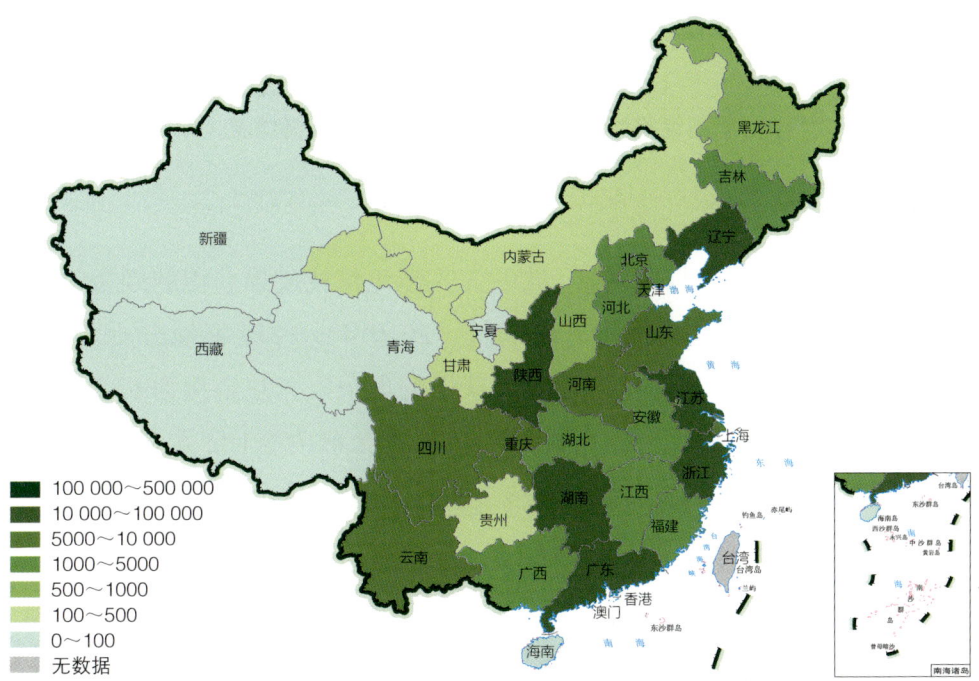

图 2-4-22　地方所属高等院校现金和股权收入金额情况（单位：万元）

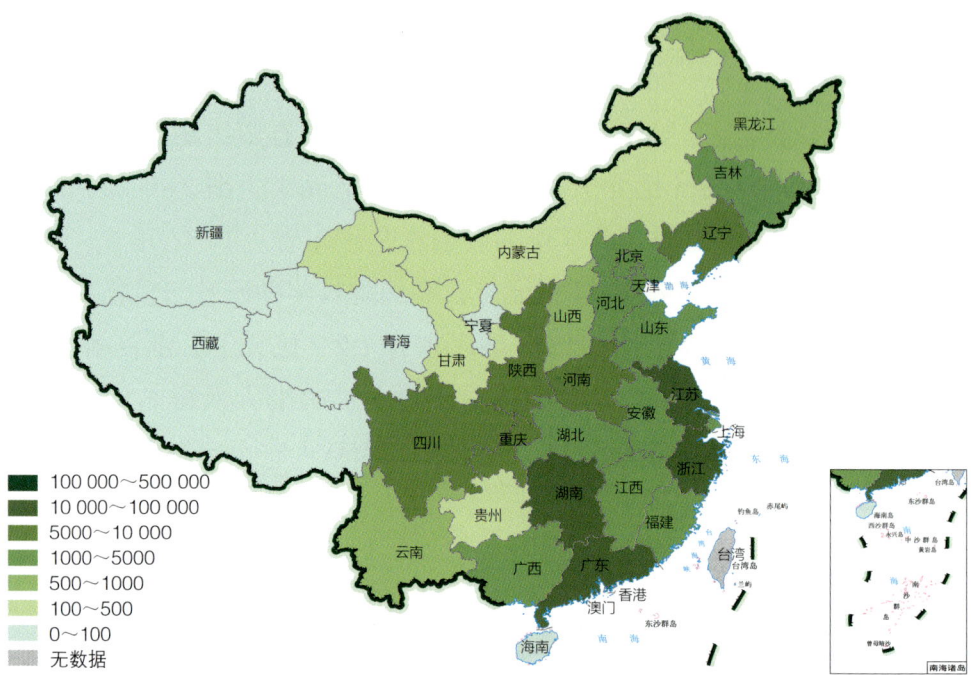

图 2-4-23　地方所属高等院校现金和股权奖励个人金额情况（单位：万元）

（二）现金收入分配及奖励情况

地方所属高等院校以转让、许可方式转化科技成果获得的现金收入，科研人员获得的现金奖励均有所增长。2019 年，1279 家地方所属高等院校以转让、许可方式转化科技成果获得的现金收入总金额为 12.2 亿元，比上一年增长 32.9%。个人获得的现金奖励金额为 8.1 亿元，比上一年增长 35.8%，其中，研发与转化主要贡献人员所获现金奖励为 6.6 亿元，比上一年增长 35.7%（图 2-4-24）。

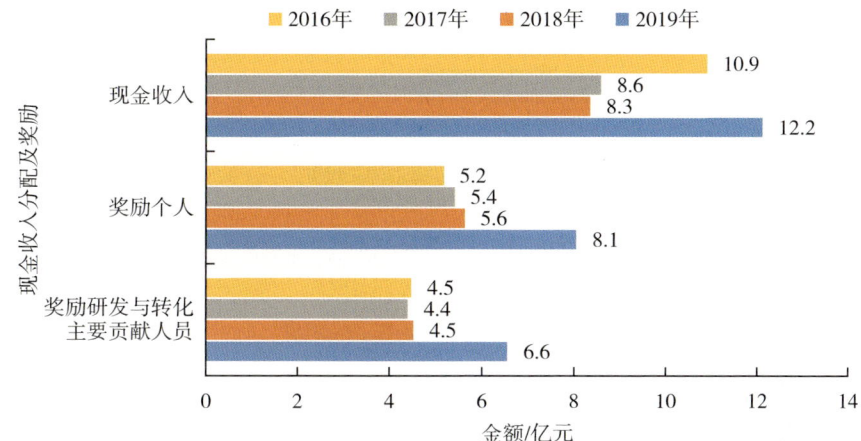

图 2-4-24　地方所属高等院校现金收入分配及奖励金额情况

地方所属高等院校奖励个人现金金额占现金收入总额的比重超60%，奖励研发与转化主要贡献人员现金金额占奖励个人现金金额的比重超80%。奖励人次、人均奖励金额均有所增长。2019年，个人获得的现金奖励占现金收入的比重为66.4%，比上一年的67.4%略有下降；研发与转化主要贡献人员获得的现金奖励占奖励科研人员现金总金额的比重为81.5%，比上一年的80.4%略有增长（图2-4-25、图2-4-26）。奖励人次为19 054人次，比上一年增长17.2%，人均奖励金额4.2万元，比上一年增长15.9%。

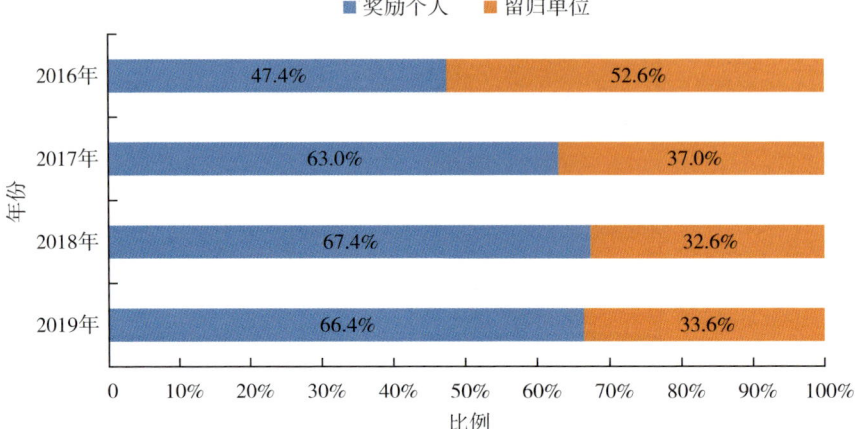

图 2-4-25　地方所属高等院校现金收入分配情况

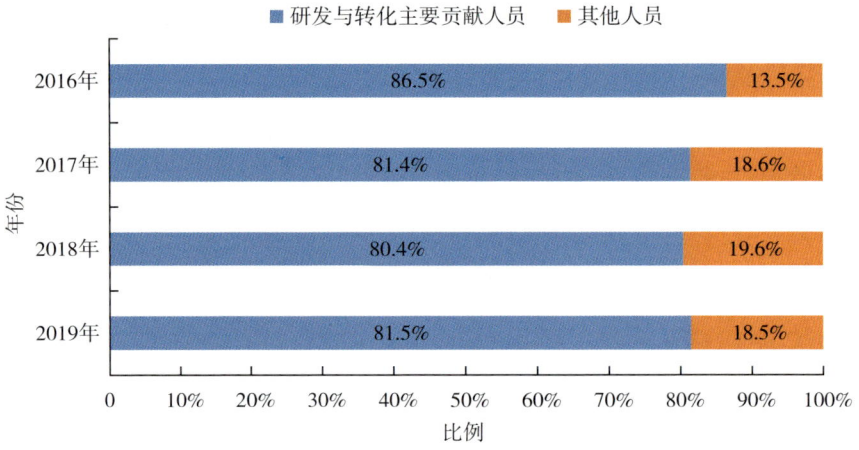

图 2-4-26　地方所属高等院校现金收入奖励个人分配情况

（三）股权收入分配及奖励情况

地方所属高等院校以作价投资方式转化科技成果获得的股权收入、科研人员获得的股权奖励均有所增长。2019 年，1279 家地方所属高等院校以作价投资方式转化科技成果获得的股权收入金额为 7.7 亿元，比上一年增长44.0%。个人获得的股权奖励金额为5.8亿元，比上一年增长46.1%，其中，研发与转化主要贡献人员所获股权奖励为5.6亿元，比上一年增长51.9%（图2-4-27）。

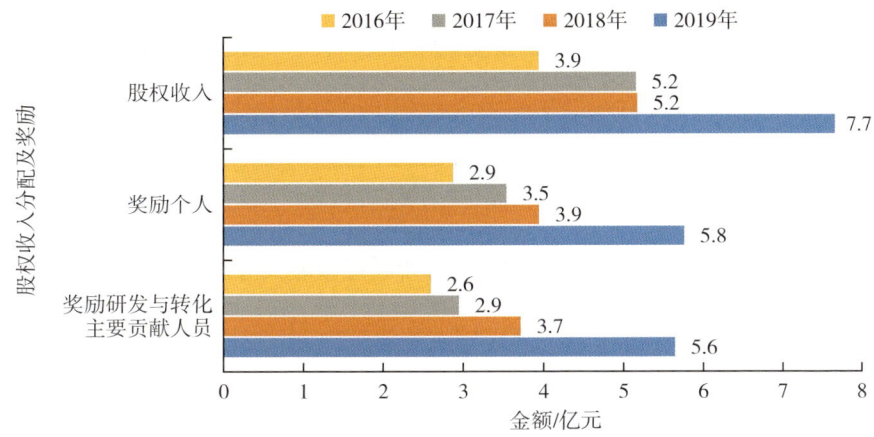

图2-4-27　地方所属高等院校股权收入分配及奖励情况

地方所属高等院校奖励个人股权金额占股权收入总额的比重略有下降，奖励研发与转化主要贡献人员股权金额占奖励个人股权金额的比重略有增长。股权奖励人次有所下降，人均股权奖励金额大幅增长。人均股权奖励金额是人均现金奖励金额的75倍多。2019年，个人获得的股权奖励占股权收入的比重为75.2%，比上一年的76.3%略有下降；研发与转化主要贡献人员获得的股权奖励占奖励科研人员总金额的比重为98.0%，比上一年的94.2%有所增长（图2-4-28、图2-4-29）。奖励人次为181人次，比上一年下降46.0%；人均股权奖励金额318.2万元，比上一年增长170.3%。

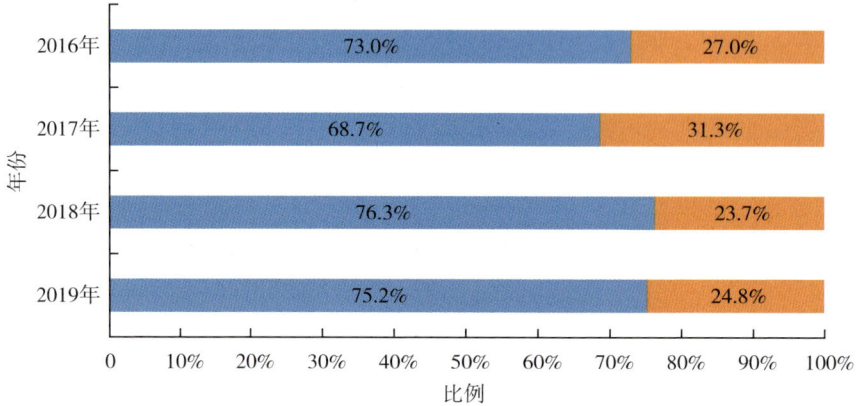

图 2-4-28　地方所属高等院校股权收入分配情况

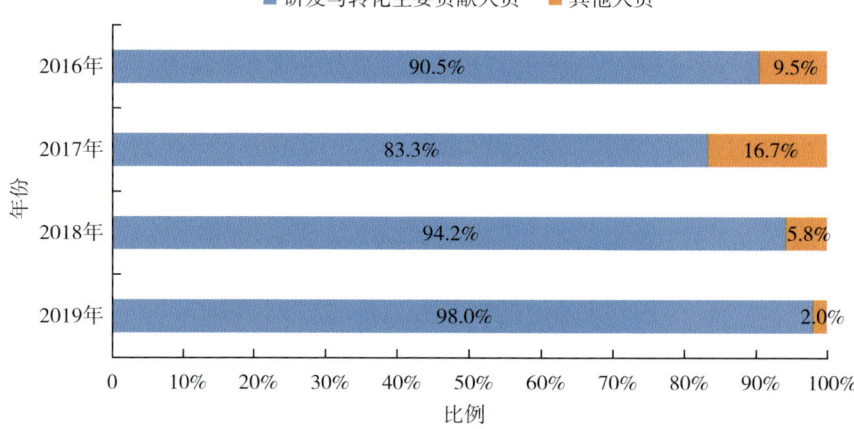

图 2-4-29　地方所属高等院校股权收入奖励个人分配情况

四、地区收入分配及奖励

按高等院校所在地区统计，2019 年，各地方辖区内的高等院校以转让、许可、作价投资方式转化科技成果获得的现金和股权收入金额排名前 3 位的省市分别是湖南省（6.4 亿元）、北京市（6.0 亿元）、广东省（5.0亿元）；辖区内的高等院校以转让、许可、作价投资方式转化科技成果获得的现金和股权奖励个人金额排名前3位的省市分别是湖南省（4.8亿元）、北京市（4.1亿元）、广东省（3.6亿元）（图2-4-30）；奖励研发与转化主要贡献人员金额排名前3位的省市分别是湖南省（4.5亿元）、北京市（4.1亿元）、广东省（3.5亿元）；奖励人次排名前3位的省分别是浙江省（5256人次）、江苏省（4926人次）、湖南省（3516人次）。

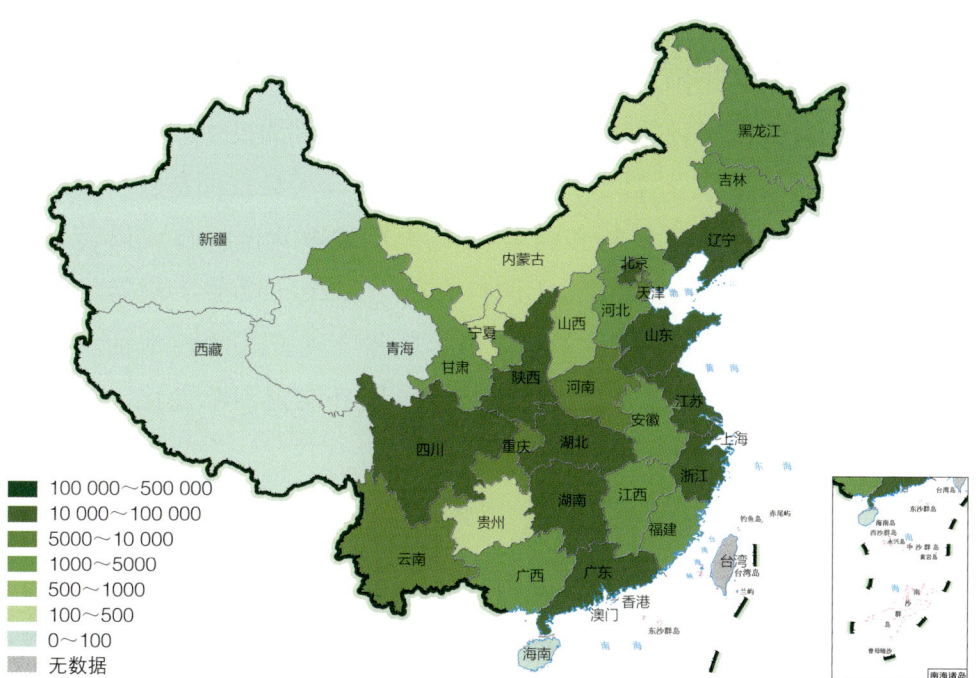

图2-4-30 各地方辖区内高等院校现金和股权奖励个人金额情况（单位：万元）

第五章
产学研合作

《若干规定》指出，国家设立的研究开发机构、高等院校按照规定格式报送的科技成果转化年度报告中，应包括签订的技术开发合同、技术咨询合同、技术服务合同等产学研合作情况。《科技部办公厅 财政部办公厅关于研究开发机构和高等院校报送2019年度科技成果转化年度报告工作有关事项的通知》（国科办区〔2020〕52号）规定，产学研合作情况主要是指技术开发、咨询、服务3种方式的技术活动。统计数据显示，1378家高等院校输出技术、服务能力不断强化，技术开发、咨询、服务数量和质量稳步提升。

一、基本情况

技术开发、咨询、服务合同项数略有增长，合同项数占"四技"合同总项数的比重超九成。2019年，技术开发、咨询、服务合同项数188 338项，比上一年增长8.2%，占"四技"合同总项数的比重为94.3%（2018年占比为95.6%）（图2-5-1）。

技术开发、咨询、服务合同金额有所增长，占"四技"合同总金额的比重近90%。2019年，技术开发、咨询、服务合同金额为634.5亿元，

图 2-5-1　高等院校不同转化方式合同项数情况

比上一年增长 25.1%，占"四技"合同总金额的 89.8%（2018 年占比为 87.2%）（图 2-5-2）。

图 2-5-2　高等院校不同转化方式合同金额情况

"四技"合同金额有所增长。2019 年，1378 家高等院校签订的"四技"合同总金额达 706.4 亿元，比上一年增长 21.3%，其中，"四技"

合同金额超过 1 亿元的高等院校为 147 家，比上一年增长 21.5%。"四技"合同总项数达 199 744 项，比上一年增长 9.7%。

技术开发、咨询、服务合同金额超过 10 亿元的高等院校共 7 家。分别是清华大学（25.5 亿元）、浙江大学（21.8 亿元）、同济大学（19.7 亿元）、上海交通大学（16.7 亿元）、北京航空航天大学（15.3 亿元）、东南大学（15.1 亿元）、华南理工大学（10.9 亿元）。2019 年，清华大学签订的产学研合作合同中，金额超过 1000 万元的有 23 项，其中，"智慧车列交通系统 1.0 方案设计及关键技术开发及应用——智能车辆整车设计关键技术攻关与应用示范"合同金额为 1.3 亿元。

二、中央所属高等院校产学研合作

中央所属高等院校技术开发、咨询、服务合同金额有所增长，合同项数有所下降。2019 年，99 家中央所属高等院校签订的技术开发、咨询、服务合同金额为 370.2 亿元，比上一年增长 22.9%；合同项数为 75 649 项，比上一年下降 5.1%（图 2-5-3）。

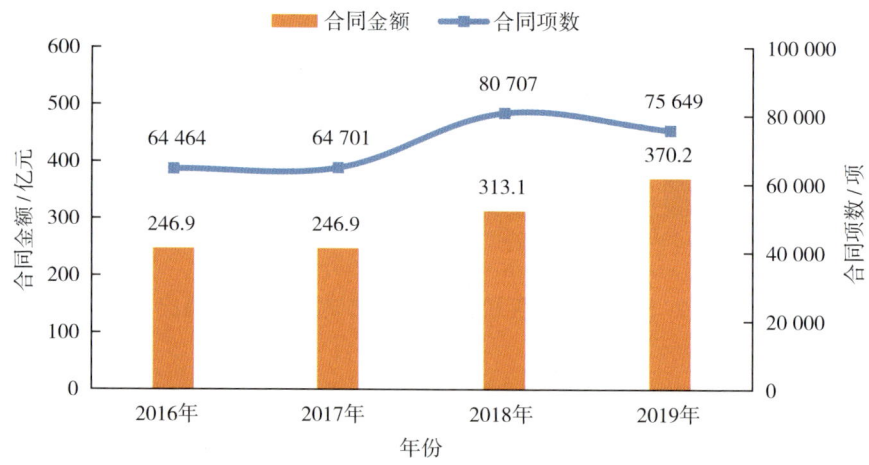

图 2-5-3　中央所属高等院校产学研合作情况

三、各省、直辖市、自治区所属高等院校产学研合作

（一）产学研合作概况

地方所属高等院校的技术开发、咨询、服务合同项数及合同金额均有所增长。2019年，1279家地方所属高等院校签订的技术开发、咨询、服务合同项数共112 689项，比上一年增长19.9%；合同金额共264.3亿元，比上一年增长28.5%（图2-5-4）。

图2-5-4　地方所属高等院校产学研合作情况

（二）各地方产学研合作情况

2019年，各地方所属高等院校签订的技术开发、咨询、服务合同总项数排名前3位的省分别是江苏省（15 711项）、浙江省（9979项）、广东省（7498项）；合同总金额排名前3位的省分别是江苏省（43.1亿元）、浙江省（21.4亿元）、山东省（16.4亿元）（图2-5-5、图2-5-6）。江苏大学产学研合作合同金额达8.2亿元，在所有地方所属高等院校中居第1位。

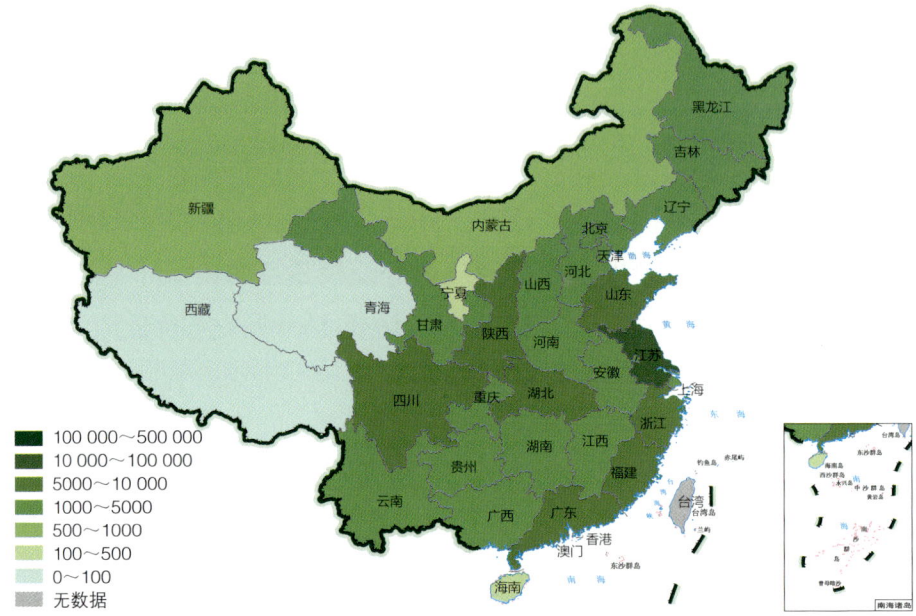

图 2-5-5　地方所属高等院校产学研合作合同项数情况（单位：项）

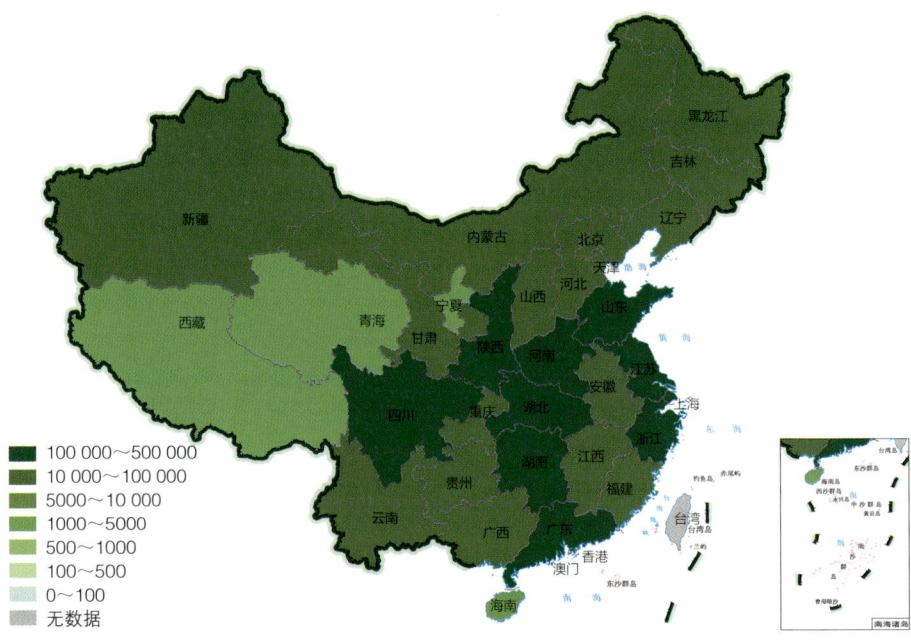

图 2-5-6　地方所属高等院校产学研合作合同金额情况（单位：万元）

四、地区产学研合作

按照高等院校所在辖区统计，2019年全国31个地方辖区内高等院校签订的产学研合作合同项数排名前3位的省市分别是江苏省（27 540项）、北京市（18 101项）、浙江省（13 036项）；合同金额排名前3位的省市分别是北京市（98.1亿元）、江苏省（92.9亿元）、上海市（59.1亿元）（图2-5-7、图2-5-8）。

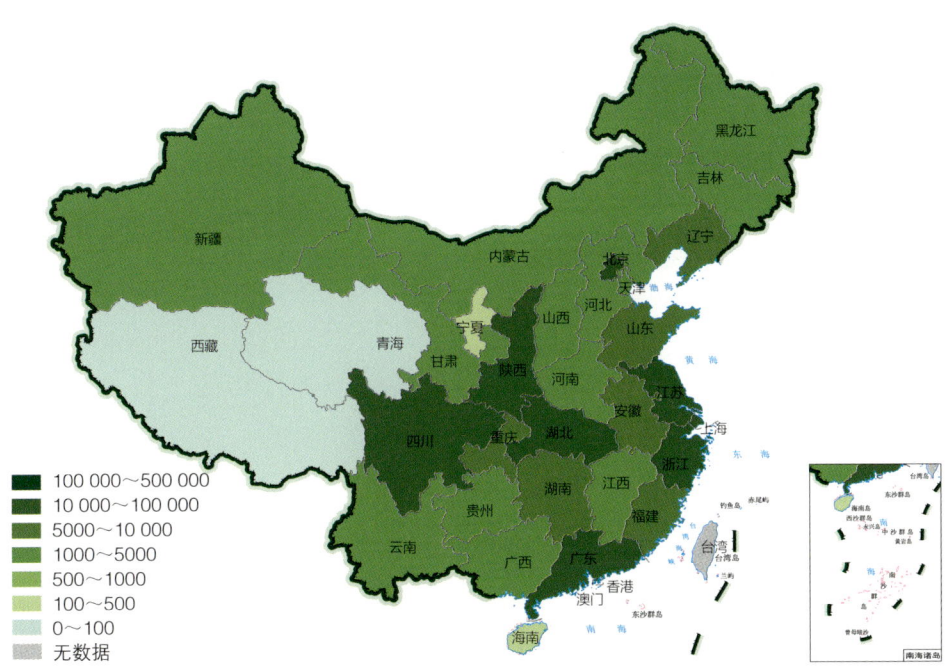

图2-5-7 各地方辖区内高等院校产学研合作合同项数情况（单位：项）

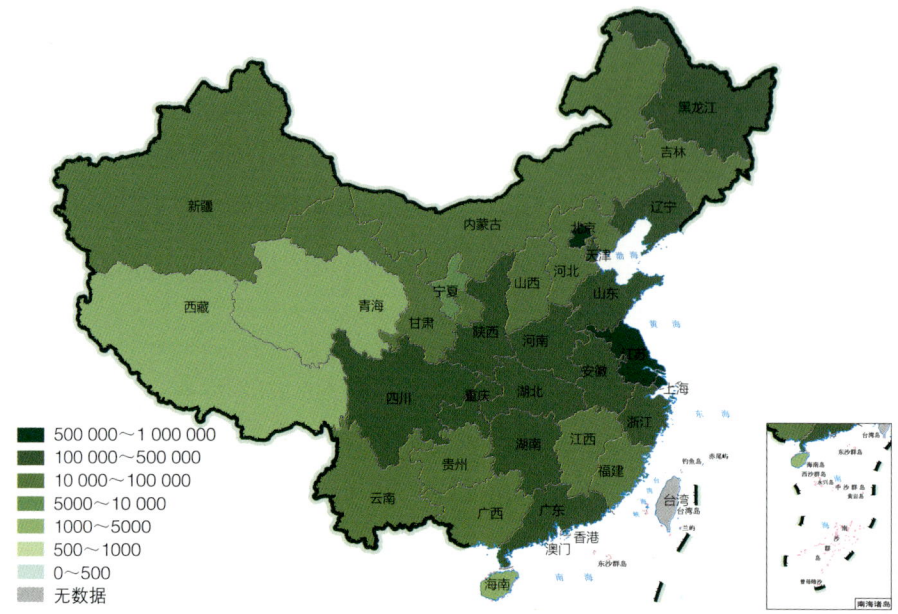

图 2-5-8　各地方辖区内高等院校产学研合作合同金额情况（单位：万元）

第六章
兼职创业和创设参股新公司

统计数据显示，高等院校兼职从事成果转化和离岗创业人员数量不断增加，创设和参股新公司的数量略有增长。

一、兼职及离岗创业人员

兼职从事成果转化和离岗创业人员数量有所上升。2019年，1378家高等院校兼职从事成果转化和离岗创业数量为10 650人，比上一年增长23.9%。其中，99家中央所属高等院校兼职从事成果转化和离岗创业人员数量为2233人，比上一年增长61.3%；1279家地方所属高等院校兼职从事成果转化和离岗创业人员数量为8417人，比上一年增长16.0%（图2-6-1）。平均每家高等院校兼职从事成果转化和离岗创业人员数量为7.7人，其中，中央所属高等院校平均每家兼职人员数量为22.6人；地方所属高等院校平均每家兼职人员数量为6.6人。

中国科技成果转化年度报告2020
高等院校与科研院所篇

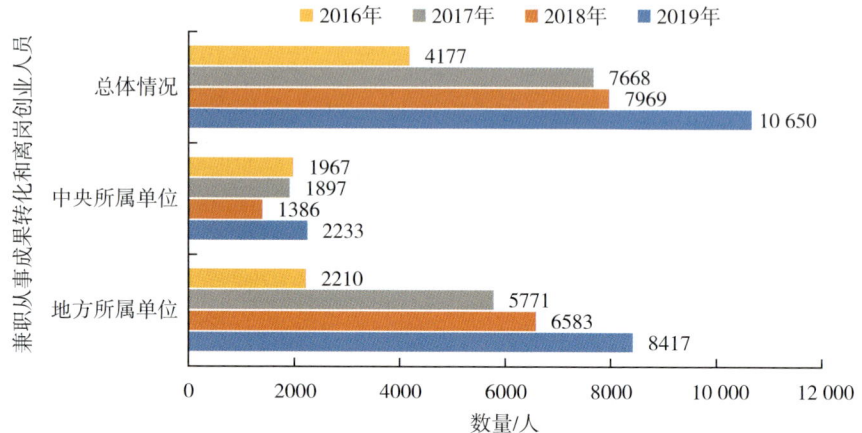

图 2-6-1　高等院校兼职从事成果转化和离岗创业人员情况

二、创设和参股新公司

科技成果转移转化相关协议签订后，科技成果的技术支持和顺利产业化是科技成果转移转化成功与否的关键。很多高等院校在转化科技成果后，通过创设和参股新公司的方式，进一步支持、服务科技成果产业化的后续工作，尤其是以作价投资方式转化科技成果的单位，往往成为新成立公司的股东。因此，对创设和参股新公司的统计分析，有助于更全面地了解科技成果转化成效。

创设和参股新公司数量略有增长。其中，中央所属高等院校创设和参股新公司的数量略有下降，地方所属高等院校创设和参股新公司的数量有所增长。2019年，1378家高等院校创设和参股新公司的数量为1220家，比上一年增长9.5%。其中，99家中央所属高等院校创设和参股新公司数量为323家，比上一年下降5.6%；1279家地方所属高等院校创设和参股新公司数量为897家，比上一年增长16.4%（图2-6-2）。1378家高等院校平均创设和参股新公司0.9家，中央所属高等院校平均创建 3.3 家，地方所属高等院校平均创建 0.7 家。

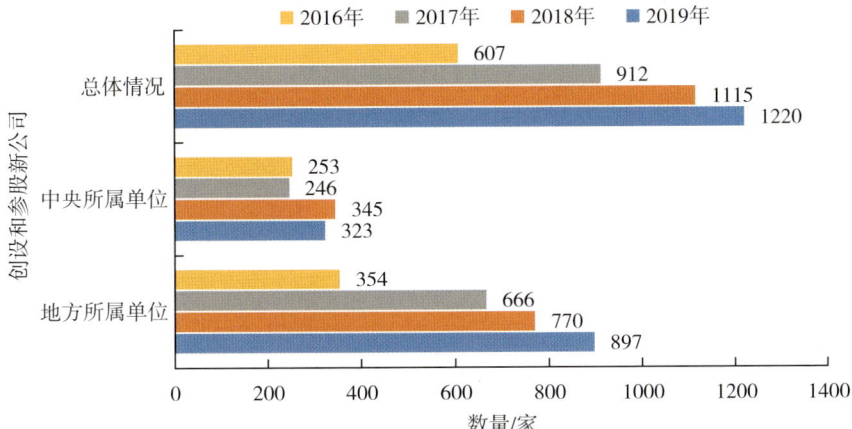

图 2-6-2　高等院校创设和参股新公司情况

第七章
技术转移机构建设

一、高等院校技术转移机构及人才建设

（一）技术转移机构

自建从事科技成果转移转化机构的高等院校数量占全部高等院校数量的比重有所增长。466家高等院校自建了技术转移机构，占高等院校总数（1378家）的33.8%（图2-7-1），比上一年增长18.9%。该466家高等院校共自建了1353家技术转移机构，比上一年增长25.1%。

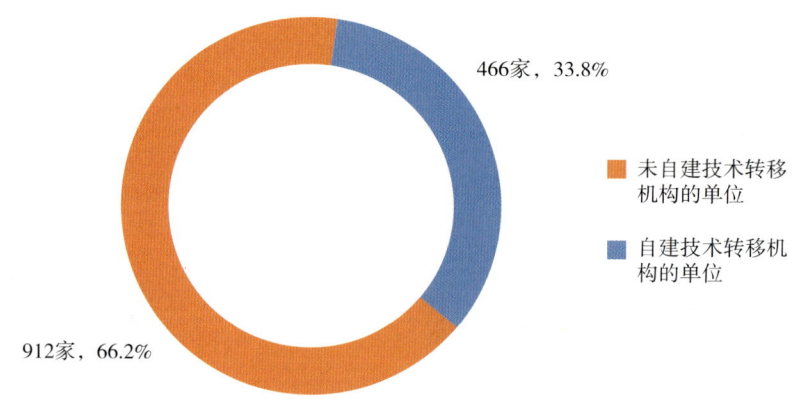

图2-7-1　自建技术转移机构的高等院校数量情况

高等院校与市场化技术转移机构合作开展科技成果转化的情况日益活跃。与市场化技术转移机构合作开展科技成果转化的高等院校数量为453家，占高等院校总数的32.9%（图2-7-2），比上一年增长29.0%。该453家高等院校与1651家市场化技术转移机构合作开展科技成果转化活动，比上一年增长49.4%。

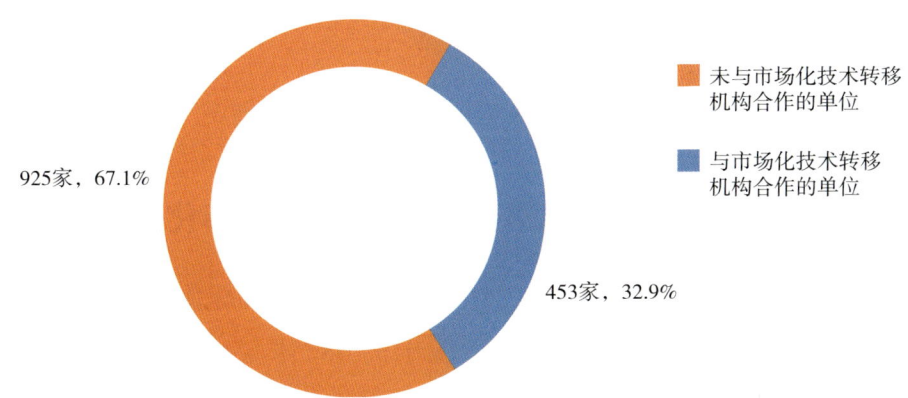

图2-7-2　与市场化技术转移机构合作的高等院校数量情况

（二）技术转移人员

填报技术转移人员信息的高等院校数量占填报高等院校数量的近六成。根据1378家高等院校科技成果转化年度报告的填报信息显示，填报从事科技成果转移转化工作人员数量的高等院校共806家，占填报高等院校总数的58.5%，反映出各高等院校普遍缺乏技术转移人才。这806家高等院校中，从事科技成果转移转化工作的人员共16 404人，其中，专职工作人员5754人、兼职工作人员10 650人；平均每家高等院校拥有专职工作人员7.1人，兼职工作人员13.2人（图2-7-3）。

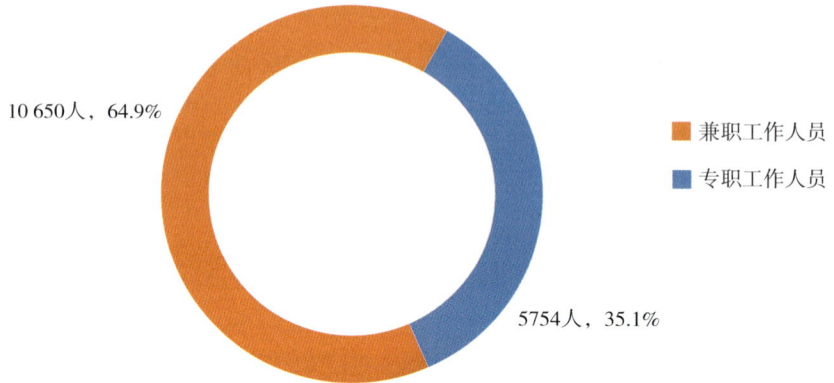

图 2-7-3　高等院校技术转移人才数量情况

二、与企业共建研发机构、转移机构、转化服务平台

高等院校与企业共建研发机构、转移机构、转化服务平台的数量有所增长。2019 年，1378 家高等院校中的 687 家与企业共建了研发机构、转移机构、转化服务平台，平台总数为 9197 家，比上一年增长 31.2%，对促进科技成果和科技研发供需的有效对接发挥了重要作用。中央所属高等院校与企业共建研发机构、转移机构、转化服务平台总数为 2703 家，比上一年增长 22.3%；地方所属高等院校与企业共建研发机构、转移机构、转化服务平台总数为 6494 家，比上一年增长 35.5%（图 2-7-4）。1378 家高等院校平均创建机构和平台 6.7 家，中央所属高等院校平均创建 27.3 家，地方所属高等院校平均创建 5.1 家。

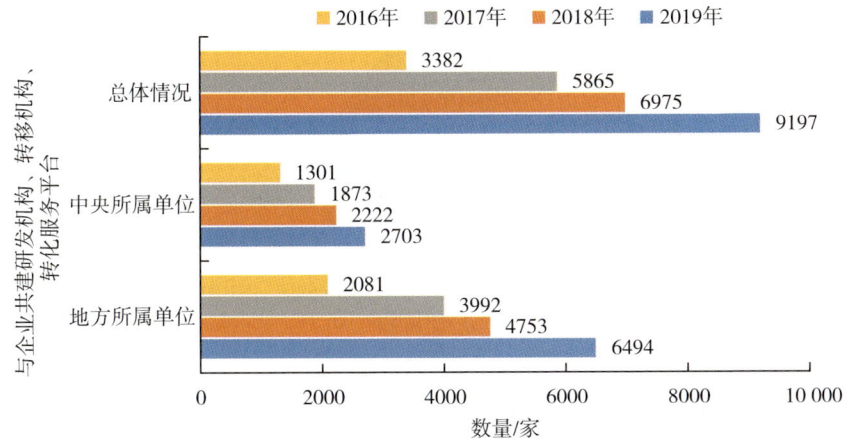

图 2-7-4　高等院校与企业共建研发机构、转移机构、转化服务平台情况

三、技术转移机构发挥作用

统计数据显示，五成高等院校认为技术转移机构在科技成果转化过程中发挥了重要作用。1378 家高等院校中 50.0%（共 689 家）的技术转移机构在科技成果转移转化过程中发挥了重要作用，18.9%（共 261 家）的技术转移机构在科技成果转移转化过程中发挥的作用一般，8.7%（共 120 家）的技术转移机构在科技成果转移转化过程中发挥的作用很小，22.4%（共 308 家）的技术转移机构在科技成果转移转化过程中基本未发挥作用（图 2-7-5）。

高等院校自建技术转移机构在科技成果转移转化过程中发挥的作用相比 2018 年有所上升。466 家自建有技术转移机构的高等院校中，认为自建的技术转移机构在科技成果转移转化过程中发挥了重要作用的占 77.0%（359 家），认为发挥了一般作用的占 17.0%（79 家），认为发挥了很小作用的占 4.5%（21 家），认为基本未发挥作用的占 1.5%（7 家）（图 2-7-6），反映出各高等院校中从事科技成果转移转化机构的服务能力有待提高。

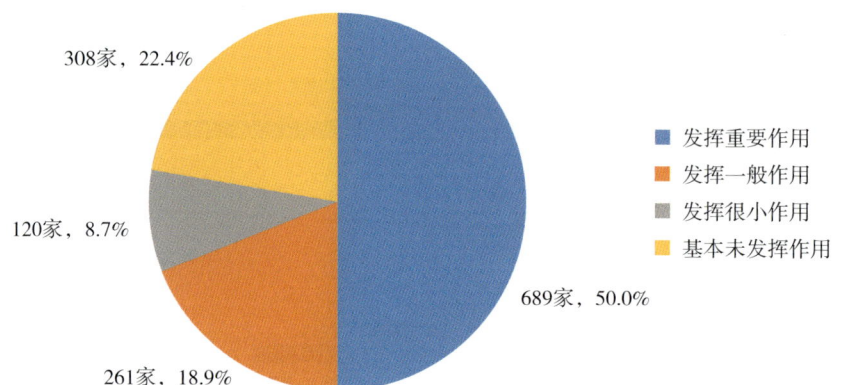

图 2-7-5　高等院校技术转移机构在科技成果转移转化过程中发挥作用情况

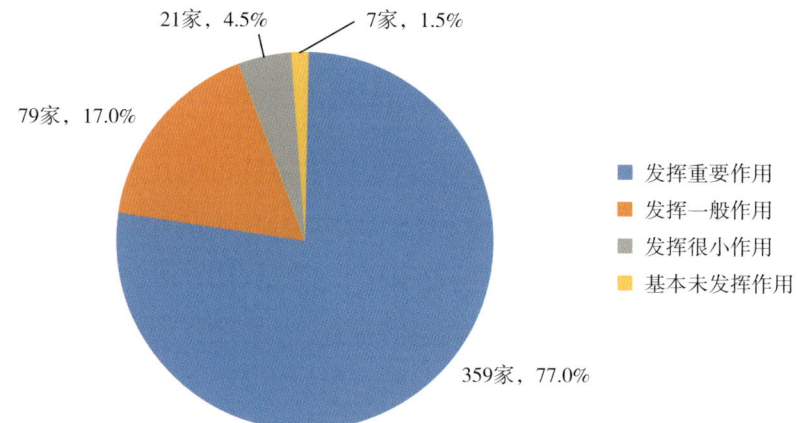

图 2-7-6　高等院校自建技术转移机构在本高等院校科技成果转移转化过程中发挥作用情况

第三篇

科研院所 ①

---

① 本篇涉及各维度总数（包括图表中所示数据）分别指 2019 年 2072 家、2018 年 1964 家、2017 年 2161 家、2016 年 1666 家相对应总数，报告中涉及"比上一年增长率"的统计口径是同时填报了 2019 年和 2018 年年度报告的 1605 家单位相应数。今年年度报告在数据核对过程中发现，部分单位的单位性质及个别数据有误，已联系填报单位进行更正，因此本年年度报告中显示的 2016—2018 年个别数据会与往年已发布报告中的数据略有变化。

第一章 概况

本篇对 2019 年 2072 家科研院所（包括中央所属科研院所 436 家和地方所属科研院所 1636 家）的科技成果转化进展和成效进行了研究分析。2019 年，科研院所科技成果转化主要数据如表 3-1-1 所示。

表 3-1-1 科技成果转化总体进展主要数据

指标		2019 年	比上一年增长率
总体概况	总合同项数/项	233 163	70.6%
	总合同金额/万元	3 795 818.1	2.7%
以转让、许可、作价投资方式转化科技成果	合同项数/项	3629	6.7%
	合同金额/万元	805 291.1	−30.1%
	当年到账金额/万元	246 151.2	29.9%
	财政资助项目产生的科技成果转化合同金额/万元	258 776.3	−43.6%
	中央财政资助项目产生的科技成果转化合同金额/万元	222 447.7	−47.1%
	交易均价/万元	221.9	−34.5%
	单项科技成果转化合同金额超过 1 亿元的成果/项	15	25.0%

续表

指标		2019年	比上一年增长率
以转让、许可、作价投资方式转化科技成果	个人获得的现金和股权奖励金额/万元	206 099.4	−51.9%
	奖励人次/万人次	4.4	−11.0%
	人均奖励金额/万元	4.7	−45.9%
产学研合作	合同项数/项	229 534	72.2%
	合同金额/万元	2 990 527.0	17.7%
其他	与企业共建研发机构、转移机构、转化服务平台/家	1573	4.2%
	创设和参股新公司/家	853	−21.0%
	兼职从事成果转化和离岗创业人员数量/人	3560	21.8%

一、科技成果转化规模

一是以转让、许可、作价投资方式转化科技成果的合同项数有所增长、合同金额有所下降。2019年，2072家科研院所以转让、许可、作价投资方式转化科技成果的合同项数为3629项，比上一年增长6.7%，合同金额约80.5亿元，比上一年下降30.1%。二是转化合同总金额达1亿元的科研院所数量保持不变。以转让、许可、作价投资方式转化科技成果合同总金额达1亿元的科研院所有16家，较2018年没有变化。三是财政资助项目产生的科技成果转化合同金额、合同项数均有所下降。财政资助项目产生的科技成果以转让、许可、作价投资方式转化合同金额约为25.9亿元，比上一年下降43.6%，合同项数为964项，比上一年下降13.9%。其中，中央财政资助项目产生的科技成果转化合同金额约为22.2亿元，比上一年下降47.1%，合同项数为465项，比上一年下降7.3%。

二、科技成果转化交易金额

一是科技成果交易均价超过 200 万元。以转让、许可、作价投资方式转化科技成果的平均合同金额为 221.9 万元，比上一年下降 34.5%。二是作价入股金额有所下降。2019 年以作价投资方式转化科技成果的合同金额达 27.1 亿元，比上一年下降 57.2%，作价投资平均合同金额达 1313.3 万元，比上一年下降 49.1%，作价投资平均合同金额是转让平均合同金额的 7.2 倍，是许可平均合同金额的 10.1 倍。三是大额科技成果转化项目频出，2019 年高等院校中单项科技成果转化合同金额超过 1 亿元的成果有 15 项，比上一年增长 25.0%；超过 5000 万元的有 24 项，比上一年下降 25.0%；超过 1000 万元的有 113 项，比上一年下降 1.7%。其中，中国科学院上海药物研究所与暨南大学合作开发的"1 类新药 JND30134 的合作开发 / 研究"成果转化项目合同金额共计 8.55 亿元。

三、科技成果转化收入分配

一是现金和股权奖励总金额有所下降。2019 年个人获得的现金和股权奖励总金额达 20.6 亿元，比上一年下降 51.9%，占现金和股权收入总金额的比重为 33.5%，其中现金奖励为 14.3 亿元，比上一年下降 1.3%；股权奖励为 6.3 亿元，比上一年下降 72.4%。二是研发与转化主要贡献人员获得的奖励金额有所下降。研发与转化主要贡献人员获得的现金和股权奖励总金额达 16.9 亿元，比上一年下降 56.1%，占奖励个人总金额（20.6 亿元）的比重达到 81.9%，高于 2018 年的 81.3%。三是奖励人次小幅下降，现金和股权奖励科研人员 4.4 万人次，比上一年下降 11.0%，人均奖励金额达 4.7 万元，比上一年下降 45.9%。

四、产学研合作

一是技术开发、咨询、服务合同金额有所增长。2019年，2072家科研院所技术开发、咨询、服务合同金额为379.6亿元，比上一年增长2.7%，占"四技"合同总金额的78.8%。技术开发、咨询、服务合同金额超过1亿元的科研院所为102家，比上一年增长25.9%。二是与企业共建成果转化平台数量略有上升，创设和参股新公司数量有所下降。2019年与企业共建研发机构、转移机构、转化服务平台总数为1573家，比上一年增长4.2%。创设和参股新公司853家，比上一年下降21.0%。三是兼职从事科技成果转化和离岗创业人员数量有所增长。科研院所兼职从事成果转化和离岗创业人员数量为3560人，比上一年增长21.8%。

第二章
科技成果转化总体分析

本篇涉及的 2072 家科研院所中,从隶属关系来看,中央所属科研院所共 436 家(占 21.0%),地方所属科研院所共 1636 家(占 79.0%)(图 3-2-1)。从区域分布来看,2072 家科研院所在东部、中部、西部、东北 4 个区域的分布情况为:东部地区 1084 家(占 52.3%),中部地区 458 家(占 22.1%),西部地区 441 家(占 21.3%),东北地区为 89 家(占 4.3%)。

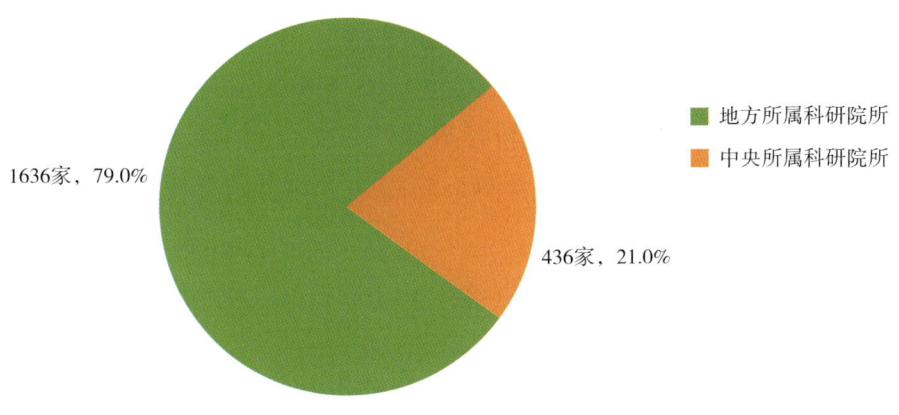

图 3-2-1 科研院所分布情况

一、基本情况

科技成果转化活动日益活跃，以转让、许可、作价投资 3 种方式转化科技成果的合同项数有所增长。2019 年，2072 家科研院所合同项数为 3629 项，比上一年增长 6.7%；合同金额有所降低，2072 家科研院所合同金额约为 80.5 亿元，比上一年下降 30.1%（图 3-2-2）。

图 3-2-2　科研院所以转让、许可、作价投资 3 种方式转化科技成果基本情况

科技成果平均合同金额比上一年有所下降。2072 家科研院所以转让、许可、作价投资方式转化科技成果的平均合同金额为 221.9 万元，比上一年下降 34.5%。364 项合同金额高于平均合同金额，占合同总项数的 10.0%。

单份合同金额集中在 10 万（含）～100 万元。单份合同金额在 1 万（含）～10 万元的合同项数为 1064 项，占合同总项数的 30.7%，该区间的合同金额仅占合同总金额的 0.5%；10 万（含）～100 万元的合同项数占比为 42.5%，合同金额占比为 5.9%；100 万（含）～1000 万元的合同项数占比为 16.4%，合同金额占比为 20.0%；1000 万（含）～5000 万元的合同项数占比为 2.6%，合同金额占比为 21.5%；5000 万元及以上的合同项数占比为 0.7%，合同金额占比为 52.1%。总体上，100 万元及以上的合同项数占比累计为 19.6%，合同金额占比为 93.6%（表 3-2-1、图 3-2-3）。

表 3-2-1　科研院所科技成果转化合同金额区间分布分析情况

合同金额区间	合同项数[①]/项	合同项数占比	合同金额小计/万元	合同金额占比
5000 万元及以上	24	0.7%	419 215.1	52.1%
1000 万（含）～5000 万元	89	2.6%	173 440.0	21.5%
100 万（含）～1000 万元	570	16.4%	160 694.9	20.0%
10 万（含）～100 万元	1474	42.5%	47 512.7	5.9%
1 万（含）～10 万元	1064	30.7%	4358.9	0.5%
1 万元以下	250	7.2%	69.6	0.0%
总计	3471	100%	805 291.8	100%

①此处合同项数总计数据为 3471 项，与 2019 年科研院所以转让、许可、作价投资方式转化科技成果共 3629 项不一致，其原因为部分科研院所将多个成果纳入一个科技成果转化合同。

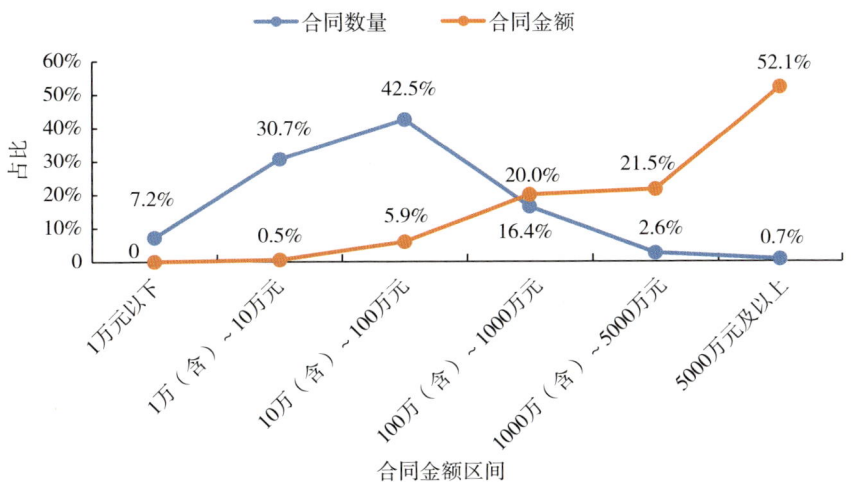

图 3-2-3　科研院所科技成果转化合同金额区间分布情况

科技成果转化合同金额超过 1 亿元以上的科研院所数量没有变化。2019 年签订的科技成果转化合同金额超过 1 亿元以上的科研院所数量为 16 家，与上一年持平；超过 1000 万元以上的科研院所有 103 家，这 103 家单位的合同金额占 2072 家科研院所合同金额的 92.1%。

由于科技成果转化合同中对执行方式和执行周期的具体约定不同，部分转让、许可方式的转化合同金额会按执行周期进展分阶段拨付，通常情况下科研院所会基于当年实际到账金额实施奖励。因此，为了能够更加准确地反映科技成果转化产生的实时经济效益，采集了各科研院所的转让、许可转化合同的当年到账金额。统计显示，2019 年当年到账金额共计 24.6 亿元，比上一年增长 29.9%，占当年签订合同总金额的 30.6%。其中，中央所属科研院所当年到账金额为 12.2 亿元，比上一年增长 9.0%；地方所属科研院所当年到账金额为 12.4 亿元，比上一年增长 68.3%。

高价值成果转化效益凸显，15 项成果转化合同金额超过 1 亿元以上。2019 年，以转让、许可、作价投资 3 种方式转化科技成果单项合同金额超过 1 亿元的有 15 项，超过 5000 万元的有 24 项，超过 1000 万元的有 113 项。中国科学院上海药物研究所有 5 项科技成果转化的合同金额超 1 亿元（表 3-2-2）。

表 3-2-2 科研院所转化合同金额超过 1 亿元的成果

序号	成果名称	合同金额/万元	转化方式	科研院所名称	转化去向	转化至单位所在地区
1	磁共振弹性成像三维可视化方法及系统等 3 个成果	43 666.7	其他[①]	中国科学院深圳先进技术研究院	境内（大型其他企业）	上海市
2	1 类新药 JND 30134 的合作开发/研究	42 750.0	转让	中国科学院上海药物研究所	境内（中小微其他企业）	上海市

第三篇
第二章 科技成果转化总体分析

续表

序号	成果名称	合同金额/万元	转化方式	科研院所名称	转化去向	转化至单位所在地区
3	核酸测序方法等28项成果	30 000.0	转让	深圳华大生命科学研究院	境内（中小微其他企业）	广东省
4	一类五元杂环并吡啶类化合物及其制备方法和用途	28 400.0	许可	中国科学院上海药物研究所	境内（大型其他企业）	上海市
5	一种柔性多参数传感器及其制造方法等200项专利	24 990.0	作价投资	中国科学院微电子研究所	境内（中小微国有企业）	四川省
6	M类细胞制备技术	22 000.0	许可	中国科学院动物研究所	境内（中小微其他企业）	北京市
7	低空检测技术等3个专利池	20 000.0	作价投资	中国科学院空天信息创新研究院	境内（大型国有企业）	山东省
8	FT-1500A技术秘密	20 000.0	作价投资	天津先进技术研究院	境内（大型国有企业）	天津市
9	多中心协同生物医学信息基础平台	20 000.0	作价投资	之江实验室	境内（中小微其他企业）	浙江省
10	一种新的肿瘤免疫治疗方法	15 400.0	许可	中国科学院分子细胞科学卓越创新中心	境内（中小微其他企业）	浙江省
11	抗肿瘤化学1类新药SOMCL-15-290的合作开发/研究	13 000.0	转让	中国科学院上海药物研究所	境内（中小微其他企业）	上海市
12	化学1类新药DW 10139的合作开发/研究	13 000.0	转让	中国科学院上海药物研究所	境内（中小微其他企业）	上海市
13	"提高光束偏振度测量精度的方法"等73项专利（申请）权	12 000.5	作价投资	中国科学院上海光学精密机械研究所	境内（中小微其他企业）	北京市
14	抗肿瘤化学1类新药Hu315s的合作开发/研究	10 000.0	转让	中国科学院上海药物研究所	境内（中小微其他企业）	上海市

续表

序号	成果名称	合同金额/万元	转化方式	科研院所名称	转化去向	转化至单位所在地区
15	多黏菌素衍生物及其制备方法和应用	10 000.0	其他	中国医学科学院医药生物技术研究所	境内（大型其他企业）	江苏省
	合计/万元			325 207.20		
	占全国科研院所合同总金额的比重			40.41%		

① "其他"是指采用多种方式组合转化。

（一）转化方式对比情况

许可是科技成果转化的主要方式，转让合同项数占转让、许可、作价投资3种方式合同总项数的比重超四成。2019年，以许可方式转化科技成果的合同项数为1746项，比上一年下降1.3%；以转让方式转化科技成果的合同项数为1677项，比上一年增长20.4%；以作价投资方式转化科技成果的合同项数为206项，比上一年下降15.9%。许可合同项数占3种方式合同总项数（3629项）的48.1%（图3-2-4）。

转让合同金额有所增长，许可、作价投资合同金额有所下降。以转让方式转化科技成果的合同金额为30.7亿元，比上一年增长6.3%，以许可方式转化科技成果的合同金额为22.8亿元，比上一年下降11.1%，以作价投资方式转化科技成果的合同金额为27.1亿元，比上一年下降57.2%（图3-2-5）。

转让、许可、作价投资方式平均合同金额均有所下降，作价投资平均合同金额最高。转让方式平均合同金额为182.8万元，比上一年下降11.7%；许可方式平均合同金额为130.7万元，比上一年下降10.0%；作价投资方式平均合同金额为1313.3万元，比上一年下降49.1%。作价投资方式平均合同金额是转让方式的 7.2 倍，是许可方式的 10.1 倍（图 3-2-6）。

图 3-2-4　科研院所以转让、许可、作价投资方式转化科技成果合同项数情况

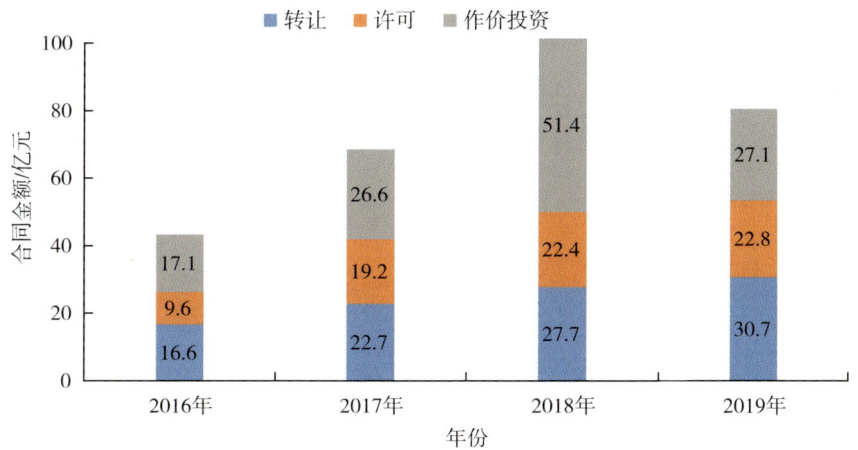

图 3-2-5　科研院所以转让、许可、作价投资方式转化科技成果合同金额情况

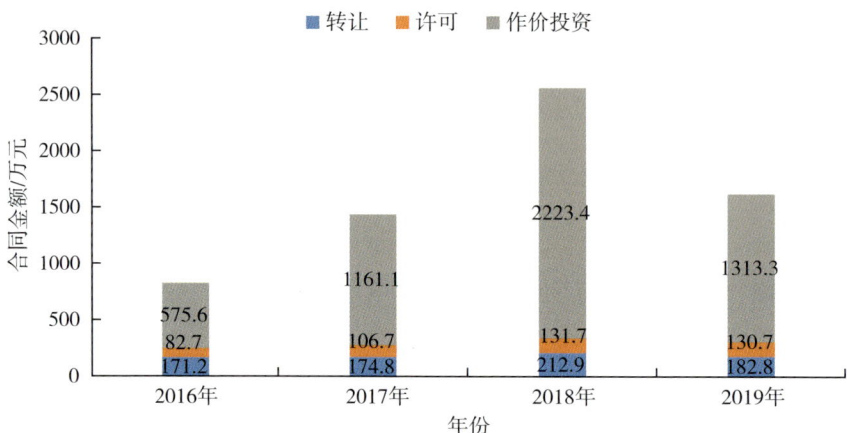

图 3-2-6 科研院所以转让、许可、作价投资方式转化科技成果平均合同金额情况

（二）中央所属科研院所科技成果转化情况

中央所属科研院所科技成果转化合同金额、合同项数均有所下降。2019年，中央所属科研院所以转让、许可、作价投资3种方式转化科技成果的合同金额为60.3亿元，比上一年下降38.7%；科技成果转化平均合同金额为586.4万元，比上一年下降31.1%；合同项数为1028项，比上一年下降11.1%（图3-2-7）。

图 3-2-7 中央所属科研院所以转让、许可、作价投资方式转化科技成果情况

部分科研院所科技成果转化效益凸显。中国科学院上海药物研究所2019年以转让、许可、作价投资方式转化科技成果的合同总金额达17.2亿元，比上一年增长1.9%，在全部科研院所、中央所属科研院所中合同金额均排名居首，且连续出现大额转化合同，2019年，单项转化合同金额超过1亿元的成果有5项。

（三）各省、直辖市、自治区所属科研院所科技成果转化情况

1. 成果转化概况

各省、直辖市、自治区（以下简称"地方"）所属科研院所科技成果转化合同金额、合同项数、平均合同金额均有所增长。2019年，地方所属科研院所以转让、许可、作价投资3种方式转化科技成果的合同金额为20.3亿元，比上一年增长35.1%；合同项数为2601项，比上一年增长16.0%；平均合同金额为77.9万元，比上一年增长16.4%（图3-2-8）。

图 3-2-8 地方所属科研院所以转让、许可、作价投资方式转化科技成果情况

深圳华大生命科学研究院2019年以转让、许可、作价投资方式转化科技成果的合同总金额达3.0亿元，在全国地方所属科研院所中排名首位。广东省林业科学研究院科技成果转化合同152项，转化合同项数在地方所属的科研院所中位列第一。

2. 各地方成果转化情况

2019年，地方所属科研院所以转让、许可、作价投资方式转化科技成果的合同金额排名前3位的省市分别是广东省（5.4亿元）、浙江省（3.1亿元）、天津市（2.5亿元）（图3-2-9）。

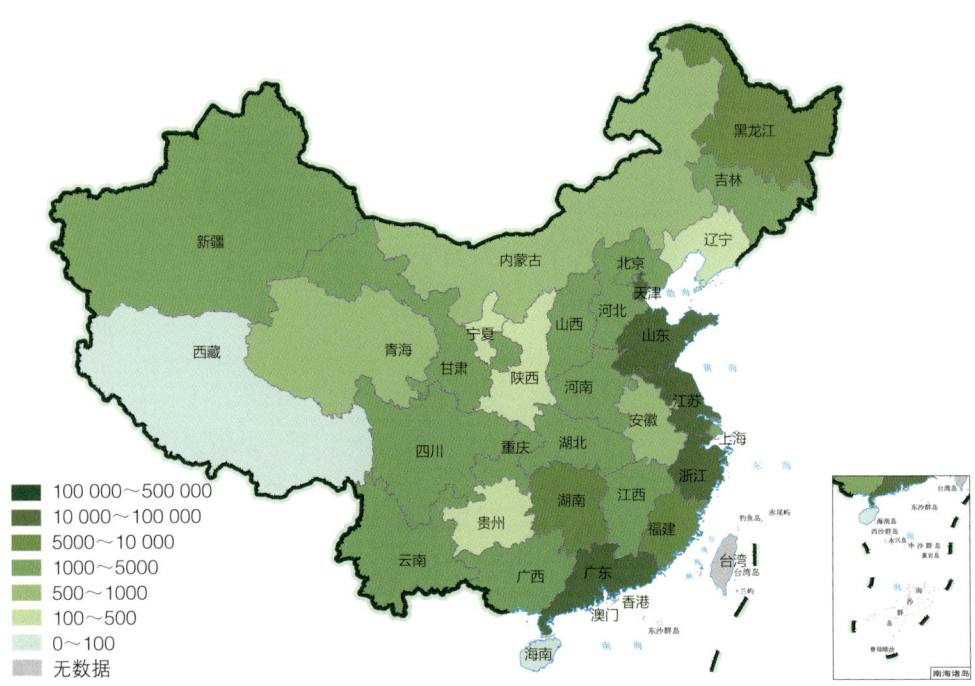

图3-2-9　地方所属科研院所以转让、许可、作价投资方式转化科技成果合同金额情况（单位：万元）

（四）地区科技成果转化情况[①]

1. 科研院所所在辖区科技成果转化

按照科研院所所在辖区统计，2019年各地方辖区内的科研院所以转让、许可、作价投资方式转化科技成果的合同金额排名前3位的省市分别是上海市（24.6亿元）、北京市（19.5亿元）、广东省（10.9亿元）（图3-2-10）。

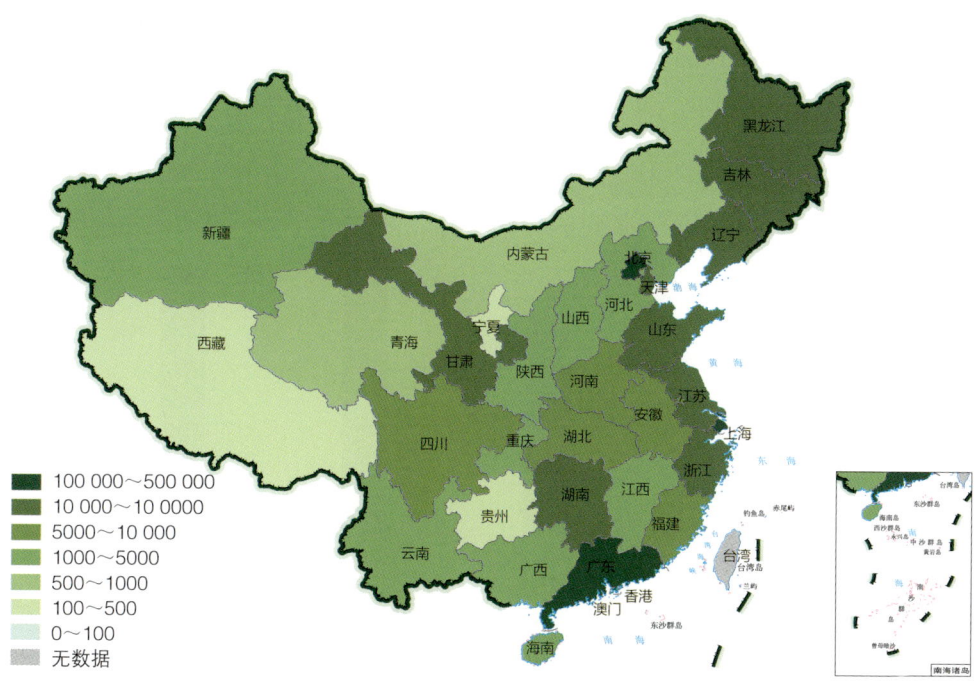

图 3-2-10 各地方辖区内科研院所科技成果转化合同金额情况（单位：万元）

---

① 该部分各地方数据是指各地方所属科研院所及其辖区内中央所属科研院所相应数据的加和。

2. 东部、中部、西部、东北地区科技成果转化情况

按照填报科研院所所在地区统计，各地区科研院所以转让、许可、作价投资方式转化科技成果的合同金额均有所下降。根据国家统计局2011年公布的我国东部、中部、西部、东北地区的划分方法，2019年，东部地区单位以转让、许可、作价投资方式转化科技成果合同金额最高，为68.6亿元，比上一年下降18.2%。西部地区单位以转让、许可、作价投资方式转化科技成果合同金额为4.1亿元，比上一年下降51.9%。中部地区单位以转让、许可、作价投资方式转化科技成果合同金额为4.0亿元，比上一年下降47.3%。东北地区单位以转让、许可、作价投资方式转化科技成果合同金额为3.9亿元，比上一年下降76.8%（图3-2-11）。

图3-2-11 各地区科研院所以转让、许可、作价投资方式转化科技成果合同金额情况

二、以转让方式转化科技成果

科研院所以转让方式转化科技成果的合同金额、合同项数均有所增加。2019年，以转让方式转化科技成果的合同金额达30.7亿元，比上

一年增长6.3%;合同项数为1677项,比上一年增长20.4%;平均合同金额为182.8万元,比上一年下降11.7%(图3-2-12)。

图3-2-12 科研院所以转让方式转化科技成果合同项数、合同金额情况

2019年以转让方式转化科技成果合同金额超过1亿元的科研院所有3家,分别是中国科学院上海药物研究所(10.3亿元)、深圳华大生命科学研究院(3.0亿元)、中国医学科学院医药生物技术研究所(1.0亿元)。中国医学科学院医药生物技术研究所以转让方式转化科技成果合同金额成倍增长,2019年,中国医学科学院医药生物技术研究所以转让方式转化了1项科技成果,合同金额共1.0亿元,比上一年增长14.2倍。

三、以许可方式转化科技成果

科研院所以许可方式转化科技成果的合同金额、合同项数均有所下降。2019年以许可方式转化科技成果的合同金额为22.8亿元,比上一年下降11.1%;合同项数为1746项,比上一年下降1.3%;平均合同金额为130.7万元，比上一年下降10.0%（图3-2-13）。

图3-2-13 科研院所以许可方式转化科技成果合同项数、合同金额情况

以许可方式转化科技成果合同金额超过1亿元的科研院所共7家，分别是中国科学院上海药物研究所（3.1亿元）、中国科学院动物研究所（2.2亿元）、中国科学院分子细胞科学卓越创新中心（2.1亿元）、中国农业科学院兰州兽医研究所（1.4亿元）、中国民航科学技术研究院（中国民用航空局航空安全技术中心）（1.4亿元）、中国科学院天津工业生物技术研究所（1.3亿元）、中国科学院脑科学与智能技术卓越创新中心（1.0亿元）。

四、以作价投资方式转化科技成果

科研院所以作价投资方式转化科技成果的合同金额、合同项数均有所下降。2019年以作价投资方式转化科技成果的合同金额为27.1亿元，比上一年下降57.2%；合同项数为206项，比上一年下降15.9%；平均合同金额为 1313.3 万元，比上一年下降 49.1%（图 3-2-14）。

图 3-2-14　科研院所以作价投资方式转化科技成果合同项数、合同金额情况

作价投资成为部分科研院所大额科技成果转化的重要方式。中国科学院动物研究所以作价投资方式转化科技成果合同金额比上一年有大幅增长。2018 年度作价投资合同金额为 360.0 万元，2019 年度合同金额达 2.2 亿元，比上一年增长 60.1 倍。

五、科技成果转化定价方式

协议定价方式是科研院所科技成果转化主要定价方式，占比达到 90% 以上。2019 年，2072 家科研院所以转让、许可、作价投资方式转化的 3471[①] 项科技成果中，采用协议定价方式的有 3291 项，占总数的

---

① 此处合同项数总计数据为 3471 项，与 2019 年以转让、许可、作价投资方式转化科技成果共 3629 项不一致，其原因为部分科研院所将多个成果纳入一个科技成果转化合同。

94.8%；采用拍卖方式的有 68 项，占总数的 2.0%；采用挂牌交易方式的有 112 项，占总数的 3.2%（图 3-2-15）。

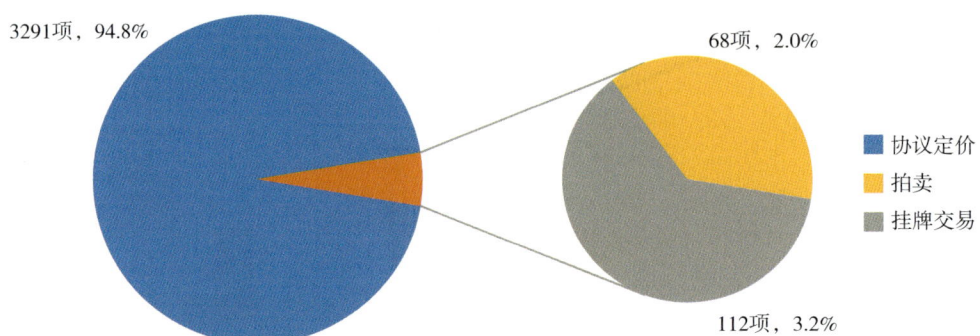

图 3-2-15 科研院所以转让、许可、作价投资方式转化科技成果的定价方式情况

科技成果转化定价过程中，经过评估的转化成果为 904 项，占总数的 26.0%，合同总金额为 50.3 亿元，平均合同金额为 556.5 万元；未经过评估的转化成果为 2567 项，占总数的 74.0%，合同总金额为 30.2 亿元，平均合同金额为 117.7 万元（图 3-2-16）。

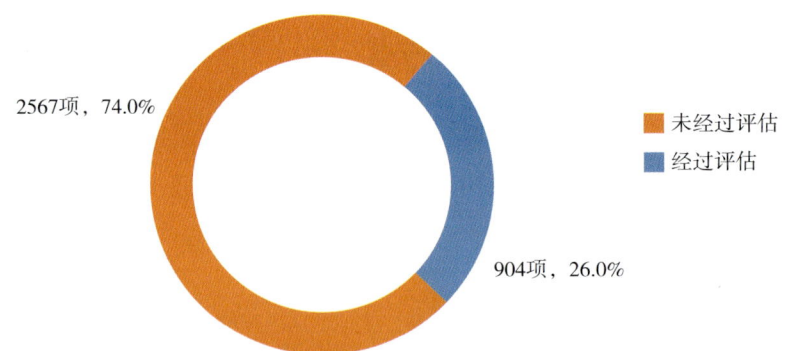

图 3-2-16 科研院所科技成果转化定价过程中的评估情况

六、科技成果转化流向

（一）转化至企业类型

科技成果主要在境内转化，转化至中小微企业的成果数量最多，转化至非企业单位的增速最快。2019年，科研院所科技成果以转让、许可、作价投资方式转化到境内、境外的数量分别是3458项、13项，占比分别为99.6%、0.4%。在境内转化的科技成果中，转化至中小微企业、非企业单位、大型企业的科技成果数量分别为2461项、647项、350项，占科技成果转化合同总数的比重分别为70.9%、18.6%、10.1%，比上年分别增长33.1%、增长58.8%、下降68.0%（图3-2-17）。

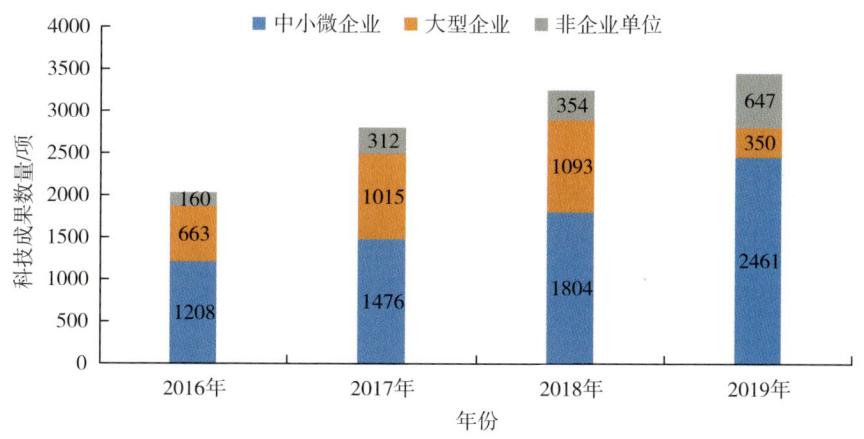

图3-2-17　科研院所科技成果在境内转化去向情况

科技成果转化至国有企业（包括大型国有企业和中小微国有企业）和其他企业的数量分别是528项、2283项，占总合同项数的比重分别为15.2%、65.8%。转化至大型国有企业和中小微国有企业的合同项数分别为106项、422项，分别占转化至国有企业科技成果合同总项数的

20.1%、79.9%（图 3-2-18）。

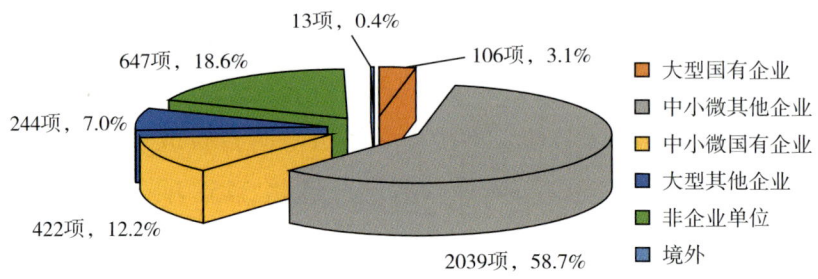

图 3-2-18　科研院所科技成果转化合同项数及占比情况

科技成果转化至中小微企业的合同金额最多，转化至大型企业、非企业单位的合同金额均有所降低。2019 年，科技成果以转让、许可、作价投资方式转化到境内、境外的合同金额分别是 80.2 亿元、0.3 亿元，占比分别为 99.6%、0.4%。在境内转化的科技成果中，转化至中小微企业、大型企业、非企业单位的科技成果合同金额分别为 49.0 亿元、28.6 亿元、2.6 亿元，占合同总金额的比重分别为 60.8%、35.6%、3.2%，比上年分别下降 30.8%、29.9%、22.4%（图 3-2-19）。

科技成果转化至国有企业和其他企业的合同金额分别为 15.9 亿元、61.7 亿元，占总合同金额的比重分别为 19.7%、76.7%。转化至大型国有企业和中小微国有企业的合同金额分别为 6.9 亿元、9.0 亿元，分别占转化至国有企业科技成果合同总金额的 43.2%、56.8%（图 3-2-20）。

图 3-2-19 科研院所科技成果在境内转化合同金额情况

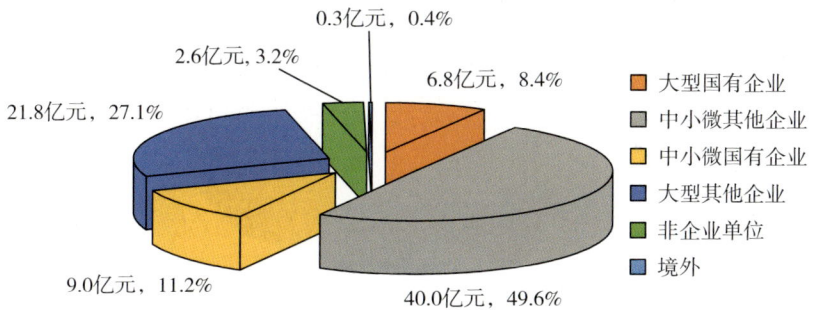

图 3-2-20 科研院所科技成果转化去向的合同金额及占比情况

（二）转化至单位所在地及所属行业领域特点

2072 家科研院所的科技成果转化至上海市的合同金额最大，转化至广东省的合同项数最多。按照科技成果转化至单位所在地统计显示，2019 年科研院所以转让、许可、作价投资方式转化科技成果合同金额排名前 3 位的省市分别是上海市、北京市、山东省，科技成果转化合同总金额分别为 23.0 亿元、8.7 亿元、7.8 亿元，占以转让、许可、作价投资的方式转化合同总金额的比重分别为 28.6%、10.8%、9.7%（图 3-2-21）。转化至地方成果合同项数排名前 3 位的分别是广东省、浙江省、北京市，合同项数分别为 473 项、298 项、268 项。

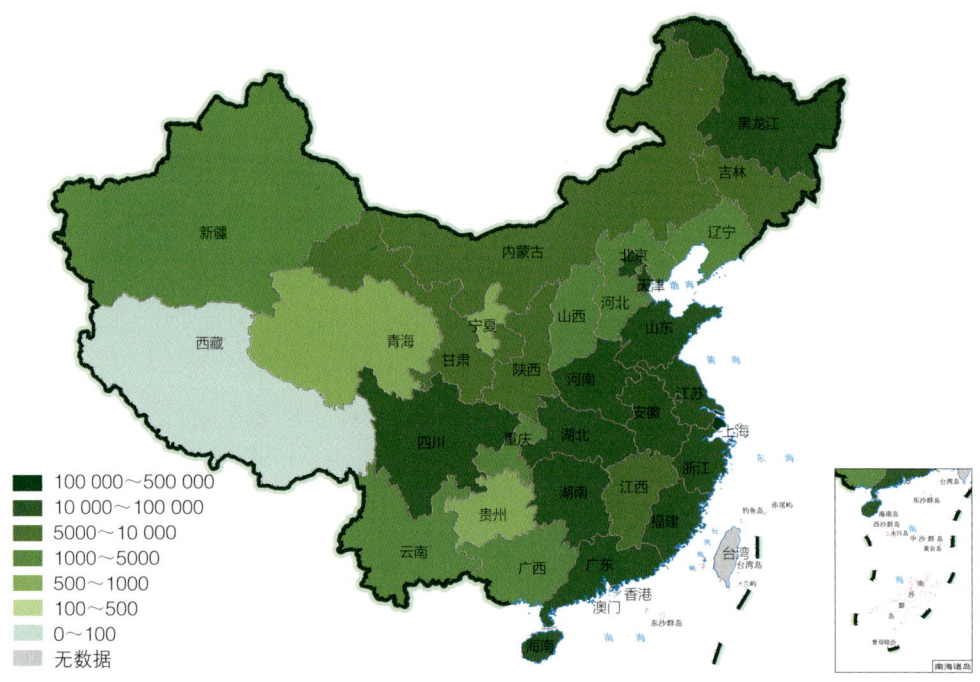

图 3-2-21　科技成果转化至科研院所所在地合同金额情况（单位：万元）

各地方承接科技成果所属行业领域的数据显示，承接科技成果合同金额排名前 3 位的省市分别是上海市、北京市、山东省，合同金额最高的行业领域为制造业，这与《2019 中国先进制造业城市发展指数》结果显示的 5 强基本一致（前 5 名依次是上海市、深圳市、广州市、北京市和苏州市）。其中，各地方承接科技成果合同金额排名前 10 位的省市中有 7 个属于东部地区，2 个（安徽省和湖南省）属于中部地区，1 个（四川省）属于西部地区，东北三省未进入前 10 名。排名前 10 位的省市中合同金额最高的行业领域有3个是制造业，3个是信息传输、软件和信息技术服务业，2个是科学研究和技术服务业，1个是农、林、牧、渔业。数据表明，2019年成果转化较为活跃的行业领域是制造业及信息传输、软件和信息技术服务业，如表3-2-3所示。

表3-2-3 各地方承接科研院所科技成果合同金额排名前10位的省市及主要行业领域

排名	省市	合同总金额/万元	合同金额最高的行业
1	上海市	230 423.5	制造业
2	北京市	86 927.6	其他
3	山东省	78 384.0	科学研究和技术服务业
4	浙江省	68 215.7	信息传输、软件和信息技术服务业
5	广东省	66 179.0	科学研究和技术服务业
6	江苏省	51 961.9	制造业
7	四川省	33 315.3	信息传输、软件和信息技术服务业
8	天津市	24 656.7	信息传输、软件和信息技术服务业
9	安徽省	22 947.8	制造业
10	湖南省	15 886.9	农、林、牧、渔业
合计/万元		678 898.4	
占科院院所合同总金额比重		84.3%	

（三）成果转化应用的行业领域

科技成果转化合同金额最高的是制造业领域，合同项数最多的是农、林、牧、渔业领域。按照科技成果应用的行业领域统计显示，以转让、许可、作价投资方式转化的科技成果所涉及的行业领域合同金额排名前3位的领域依次是"制造业""科学研究和技术服务业""农、林、牧、渔业",其合同总金额分别为27.0亿元、14.5亿元、12.0亿元,占以转让、许可、作价投资方式转化总合同金额的比重分别为33.5%、18.0%、14.9%(图3-2-22)。合同项数排名前3位的依次是"农、林、牧、渔业""科学研究和技术服务业""制造业",其合同项数分别为1782项、559项、306项。

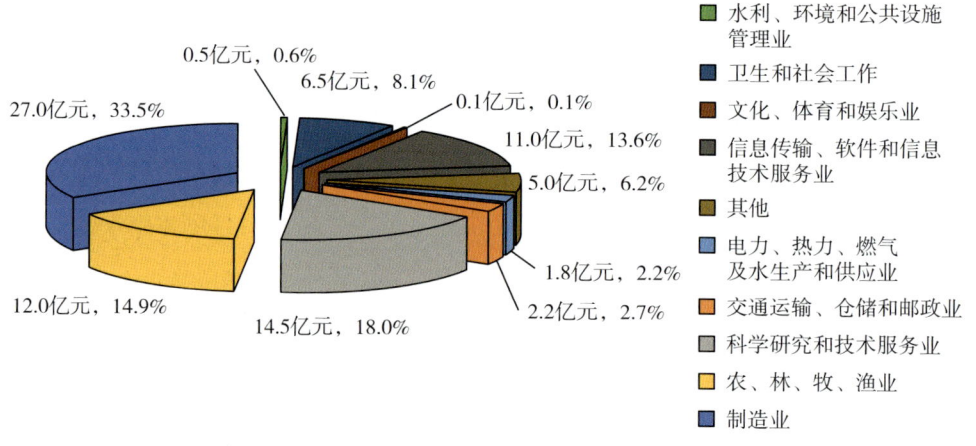

图3-2-22 科研院所科技成果在境内转化合同金额的行业领域分布

(四)科技成果在本地方转化的情况

25个地方的辖区内,科研院所产出的50%以上(按合同金额占比计)科技成果在本地实现转化。在本地方辖区内产出科技成果在本地方转化的合同项数排名前3位的省市分别是广东省(395项)、浙江省(240项)、北京市(191项),占本地方辖区内产出科技成果转化合同总项数比重排名前3位的省区分别是西藏自治区(100.0%)、新疆维吾尔自治区（92.7%）、福建省（90.9%），在本地方转化的合同金额排名前3位的省市分别是上海市（约17.8亿元）、北京市（约6.4亿元）、广东省（约5.5亿元），在本地方转化的合同金额占本地方辖区内产出科技成果转化合同总金额比重排名前3位的省（区、市）分别是西藏自治区（100.0%）、青海省（98.5%）、重庆市（97.3%）（表3-2-4）。统计显示，除天津市、贵州省、甘肃省、北京市、辽宁省、吉林省以外的25个地方产出的50%以上（含50%，按合同金额占比计）科技成果在本地实现转化。

表 3-2-4　各地方辖区内科研院所产出科技成果转化至本地方的合同金额排名前10位的省市相关情况

排名	省市	在本地方辖区内科研院所产出科技成果在本地方转化的合同项数/项	占本地方辖区内科研院所产出科技成果转化合同总项数的比重	科研院所在本地方转化的合同金额/万元	占本地方辖区内科研院所产出科技成果转化合同总金额的比重
1	上海市	72	52.2%	177 979.5	72.3%
2	北京市	191	39.8%	63 534.3	32.6%
3	广东省	395	79.8%	54 853.0	50.5%
4	浙江省	240	79.2%	34 590.8	94.2%
5	天津市	26	40.6%	23 597.0	49.7%
6	山东省	128	77.6%	15 537.5	83.6%
7	江苏省	116	76.3%	14 627.7	68.5%
8	黑龙江省	70	73.7%	9778.1	70.0%
9	福建省	190	90.9%	8837.1	95.5%
10	安徽省	33	89.2%	8733.4	95.0%

（五）科技成果跨地方转化的情况

科技成果跨地方转化的合同项数接近三成，合同金额达四成以上。2019年，本地方辖区内科研院所的科技成果以转让、许可、作价投资方式转化到本地方以外的合同项数是989项，占合同总项数的比重为28.5%；合同金额达33.3亿元，占合同总金额的比重为41.3%。承接其他地方科研院所科技成果合同项数排名前3位的省分别是山东省（125项）、江苏省（97项）、广东省（78项），合同金额排名前3位的省市分别是山东省（6.3亿元）、上海市（5.2亿元）、江苏省（3.7亿元）。本地方科研院所产出科技成果输出至其他地方的科技成果合同项数排名前3位的省市分别是北京市（287项）、广东省（100项）、四川省（65项），合同金额排名前3位的省市分别是北京市（13.1亿元）、上海市（6.8亿元）、广东省（5.4亿元）（图3-2-23、图3-2-24）。

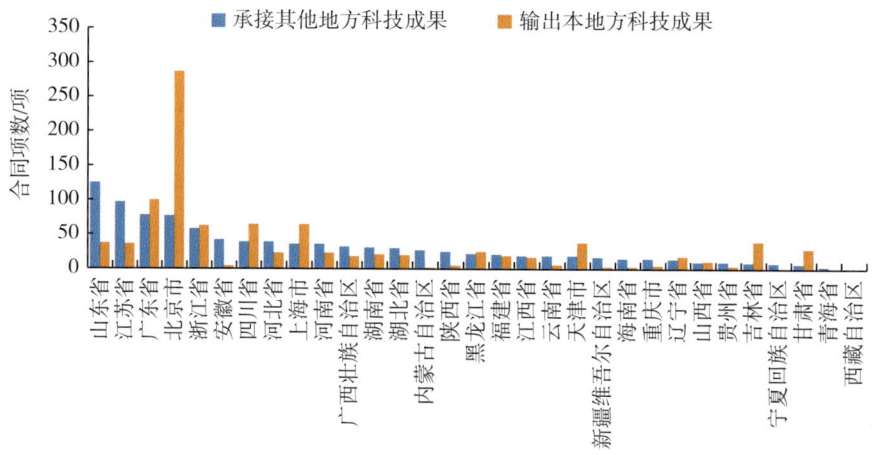

图3-2-23　各地方承接其他地方科研院所科技成果/输出本地方科技成果合同项数统计

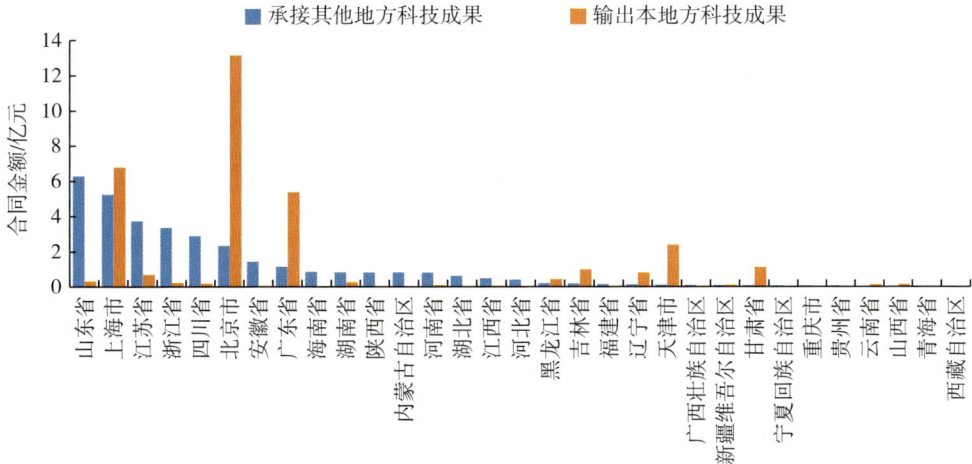

图 3-2-24　各地方承接其他地方科研院所科技成果/输出本地方科技成果合同金额统计

跨地方输出科研院所科技成果合同金额占本地方辖区内科研院所产出科技成果转化合同总金额比重排名前 3 位的省市分别是吉林省（70.8%）、辽宁省（69.2%）、北京市（67.4%）（表 3-2-5）。2019 年，北京市辖区内科研院所产出的科技成果跨地方转化的合同金额约为 13.1 亿元，北京市承接其他地方科技成果实施转化的合同金额达 2.3 亿元，输出成果转化到其他地方合同金额远大于承接其他地方成果转化合同金额。

表 3-2-5　各地方辖区内科研院所产出科技成果输出至其他地方合同金额占合同总金额比重排名前 10 位的省市相关情况

排名	省市	单位数量/家	本地方辖区内科研院所产出科技成果合同总金额/万元	输出成果到其他地方合同金额/万元	输出成果至其他地方合同金额占本地方辖区内科研院所产出科技成果转化合同总金额比重
1	吉林省	31	13 715.0	9706.4	70.8%
2	辽宁省	29	11 403.1	7887.1	69.2%

续表

排名	省市	单位数量/家	本地方辖区内科研院所产出科技成果合同总金额/万元	输出成果到其他地方合同金额/万元	输出成果至其他地方合同金额占本地方辖区内科研院所产出科技成果转化合同总金额比重
3	北京市	212	195 002.4	131 420.9	67.4%
4	甘肃省	49	16 786.2	10 929.4	65.1%
5	贵州省	24	308.1	158.5	51.4%
6	天津市	60	47 441.8	23 844.9	50.3%
7	广东省	157	108 598.3	53 745.3	49.5%
8	山西省	27	3801.9	1315.0	34.6%
9	云南省	47	3591.4	1187.0	33.1%
10	江苏省	23	21 365.2	6737.5	31.5%

（六）科技成果跨地区转化情况

科技成果跨地区转化的比重将近两成。2019年，各地区科研院所科技成果以转让、许可、作价投资方式转化至其他地区的合同项数为486项，占合同总项数的比重为14.0%；合同金额达10.4亿元，占合同总金额的比重为12.9%。东部地区科研院所产出的科技成果输出至其他地区的合同项数达253项，合同金额达7.1亿元；东部地区承接其他地区科研院所的科技成果合同项数达155项，合同金额达1.9亿元，承接成果的合同项数与中部、西部基本持平、合同金额略低。中部地区科研院所产出的科技成果输出至其他地区的合同项数达73项，合同金额为0.5亿元；中部地区承接其他地区科研院所的科技成果合同项数达145项，合同金额为4.0亿元。西部地区科研院所产出的科技成果输出至其他地区的合同项数达90项，合同金额为0.7亿元；西部地区承接其他地区科研院所的科技成果合同项数达 154 项,合同金额为 4.1 亿元。东北地区科研院所产出的科技成果输出至其他地区的合同项数达 70 项,合同金额为 2.1 亿元;东北地区承接其他地区科研院所的科技成果合同项数达 32 项,合同金额为 0.4 亿元(图 3-2-25、图 3-2-26)。

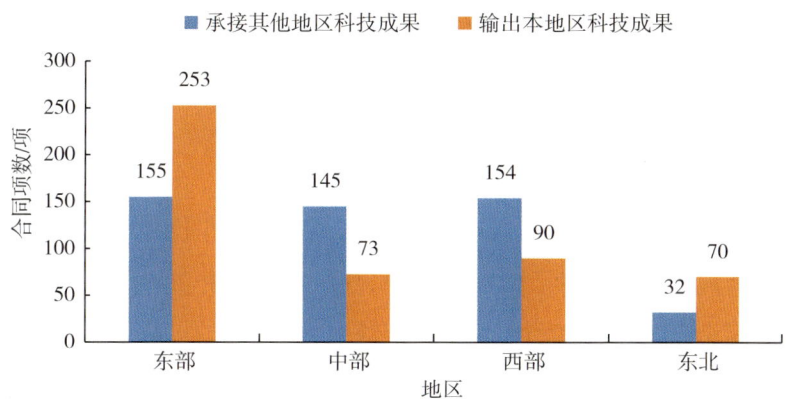

图 3-2-25　各地区承接其他地区科研院所科技成果/输出本地区科技成果合同项数统计

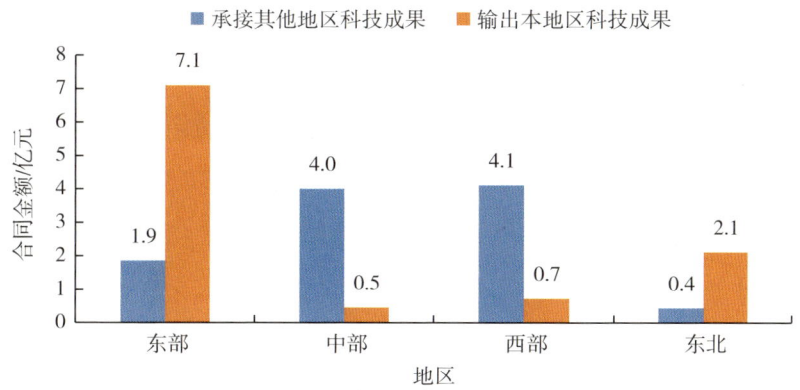

图 3-2-26　各地区承接其他地区科研院所科技成果/输出本地区科技成果合同金额统计

第三章
财政资助项目科技成果转化

受财政资助产生的科技成果以转让、许可、作价投资方式转化的合同金额、合同项数均有所下降。其中，中央财政资助项目产生的科技成果转化合同金额、合同项数均有所下降。

一、基本情况

（一）全国财政资助项目成果转化情况

科研院所受全国财政资助项目的科技成果转化合同金额、合同项数均有所下降。2019年，全国财政资助项目成果以转让、许可、作价投资方式转化合同金额为25.9亿元，比上一年下降43.6%；合同项数为964项，比上一年下降13.9%，占转化合同总项数（3629项）的26.6%（图3-3-1）。

图 3-3-1　科研院所受全国财政资助项目成果转化合同金额和合同项数情况

（二）中央财政资助项目成果转化情况

中央财政资助项目产生的科技成果以转让、许可、作价投资方式转化的合同金额、合同项数均有所下降。2019年，科研院所受中央财政资助项目产生的科技成果以转让、许可、作价投资方式转化的合同金额达22.2亿元，比上一年下降47.1%，占全国财政资助转化项目（25.9亿元）的86.0%；合同项数为465项，比上一年下降7.3%，占全国财政资助转化项目合同总项数（964项）的48.2%（图3-3-2）。

图 3-3-2　科研院所受中央财政资助项目成果转化合同金额和合同项数情况

二、中央所属科研院所科技成果转化

(一) 全国财政资助项目成果转化情况

中央所属科研院所受全国财政资助项目产生的科技成果转化合同金额、合同项数均有所下降。2019 年，中央所属科研院所以转让、许可、作价投资方式转化的科技成果中，受全国财政资助项目成果转化合同金额为 22.3 亿元，比上一年下降 47.6%，占中央所属科研院所转化合同总金额（60.3 亿元）的 37.0%；合同项数为 307 项，比上一年下降 28.5%，占中央所属科研院所转化合同总项数（1028 项）的 29.9%（图 3-3-3）。

图 3-3-3　中央所属科研院所受全国财政资助项目成果转化合同金额和合同项数情况

(二) 中央财政资助项目成果转化情况

中央所属科研院所受中央财政资助项目产生的科技成果以转让、许可、作价投资方式转化的合同金额、合同项数均有所下降。2019 年，以转让、许可、作价投资方式转化受中央财政资助转化项目的合同金额达 21.0 亿元，比上一年下降 49.2%，占中央所属科研院所全国财政资助转化项目合同总金额（22.3 亿元）的 93.9%；中央财政资助产生的科技成果合同项数为 247 项，比上一年下降 33.9%，占中央所属科研院所全国财政资助转化项目合同总项数（307 项）的 80.5%（图 3-3-4）。

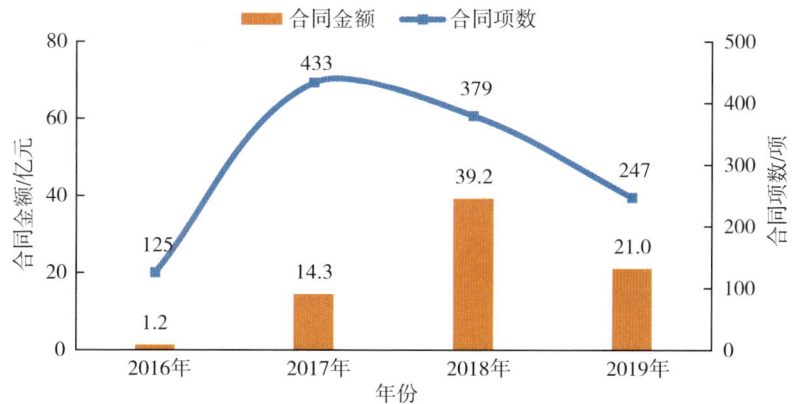

图 3-3-4　中央所属科研院所受中央财政资助项目成果转化合同金额和合同项数情况

三、各省、直辖市、自治区所属科研院所科技成果转化

（一）全国财政资助项目成果转化情况

各地方所属科研院所受全国财政资助项目产生的科技成果转化合同金额有所增长。2019 年，各地方所属科研院所受全国财政资助项目成果转化合同金额为 3.5 亿元，比上一年增长 16.3%，占地方所属科研院所转化合同总金额（20.3 亿元）的 17.5%；合同项数为 657 项，比上一年下降 4.5%，占地方所属科研院所转化合同总项数（2601 项）的 25.3%（图 3-3-5）。

2019 年，各地方所属科研院所受全国财政资助项目产生的科技成果以转让、许可、作价投资方式转化的合同金额排名前 3 位的省分别是福建省（0.7 亿元）、广东省（0.7 亿元）、山东省（0.4 亿元）

（图3-3-6）。

图 3-3-5　各地方所属科研院所受全国财政资助项目成果转化合同金额和合同项数情况

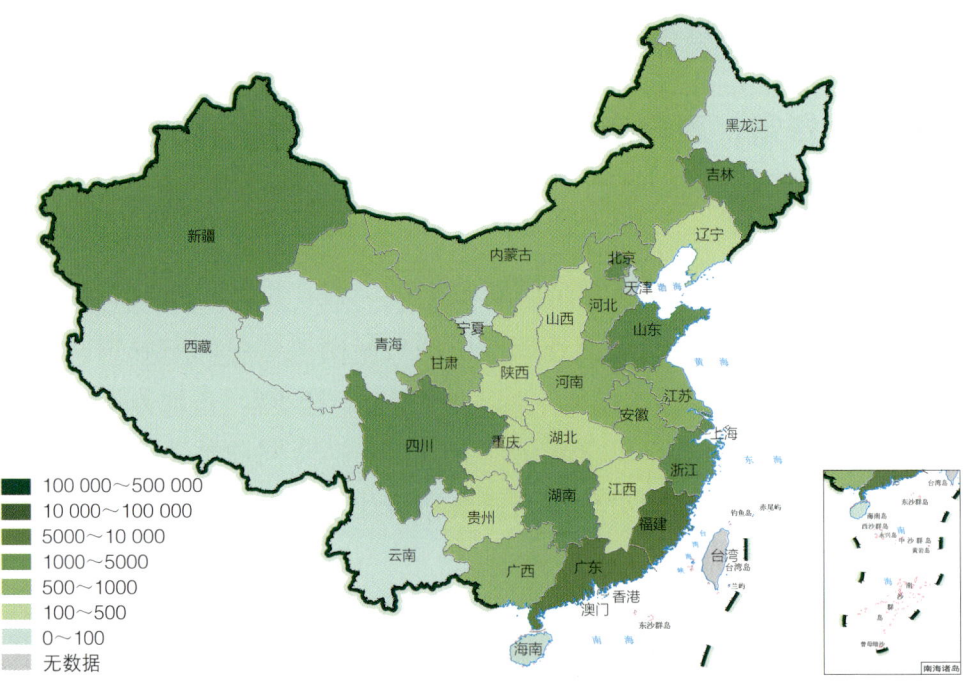

图 3-3-6　各地方所属科研院所转化受全国财政资助项目成果合同金额情况（单位：万元）

（二）中央财政资助项目成果转化情况

各地方所属科研院所受中央财政资助项目产生的科技成果以转让、许可、作价投资方式转化的合同金额、合同项数均有所增加。2019年，各地方所属科研院所受中央财政资助项目产生的科技成果以转让、许可、作价投资方式转化的合同金额达1.3亿元，比上一年增长76.8%，占地方所属科研院所全国财政资助转化项目合同总金额（3.5亿元）的36.2%；合同项数为218项，比上一年增长67.0%，占地方所属科研院所全国财政资助转化项目合同总项数（657项）的33.2%（图3-3-7）。

图3-3-7　各地方所属科研院所受中央财政资助项目成果转化合同金额和合同项数情况

2019年，各地方所属科研院所受中央财政资助项目的成果以转让、许可、作价投资方式转化的合同金额排名前3位的省区分别是福建省（0.3亿元）、四川省（0.2亿元）、新疆维吾尔自治区（0.1亿元）（图3-3-8）。

2019年，广东省林业科学研究院以转让、许可、作价投资方式转化科技成果的合同项数为152项，比上一年增长1.2倍。其中，受到财

261

政资助的转化成果为 20 项,比上一年增长 1 倍,受到中央财政资助的转化成果为 10 项,比上一年增长 11.1%。

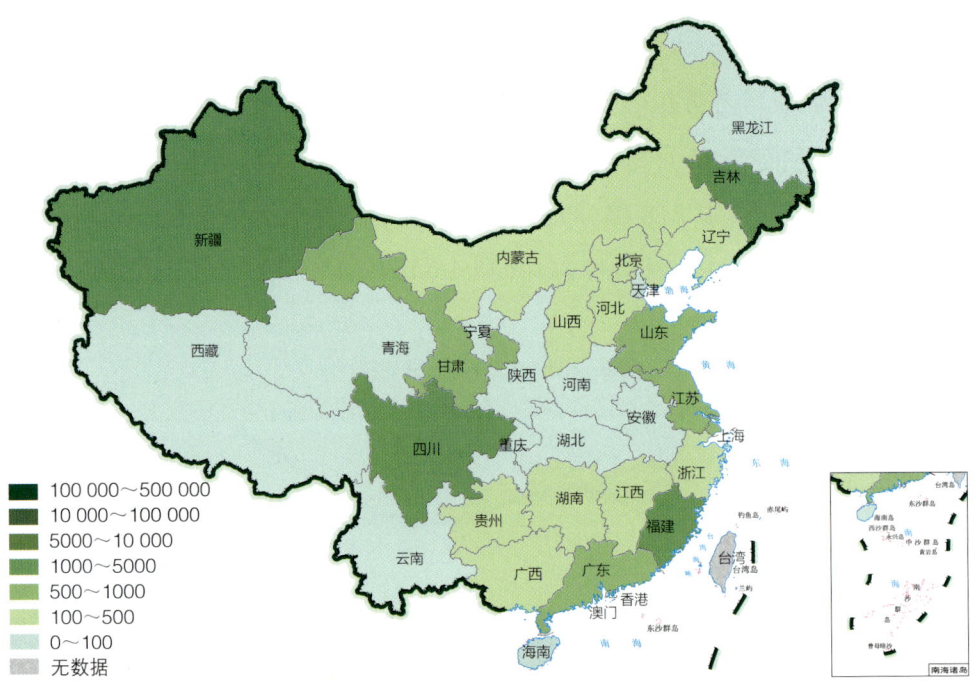

图 3-3-8　各地方所属科研院所受中央财政资助项目成果转化合同金额情况(单位:万元)

四、各地区财政资助科技成果转化

(一)科研院所所在辖区科技成果转化情况

1. 全国财政资助项目成果转化情况

按科研院所所在地区统计,2019 年,各地方辖区内的科研院所受到全国财政资助项目的成果以转让、许可、作价投资方式转化的合同金额排名前 3 位的省市分别是上海市(9.2 亿元)、广东省(5.6 亿元)、北京市（4.7亿元）（图3-3-9）。

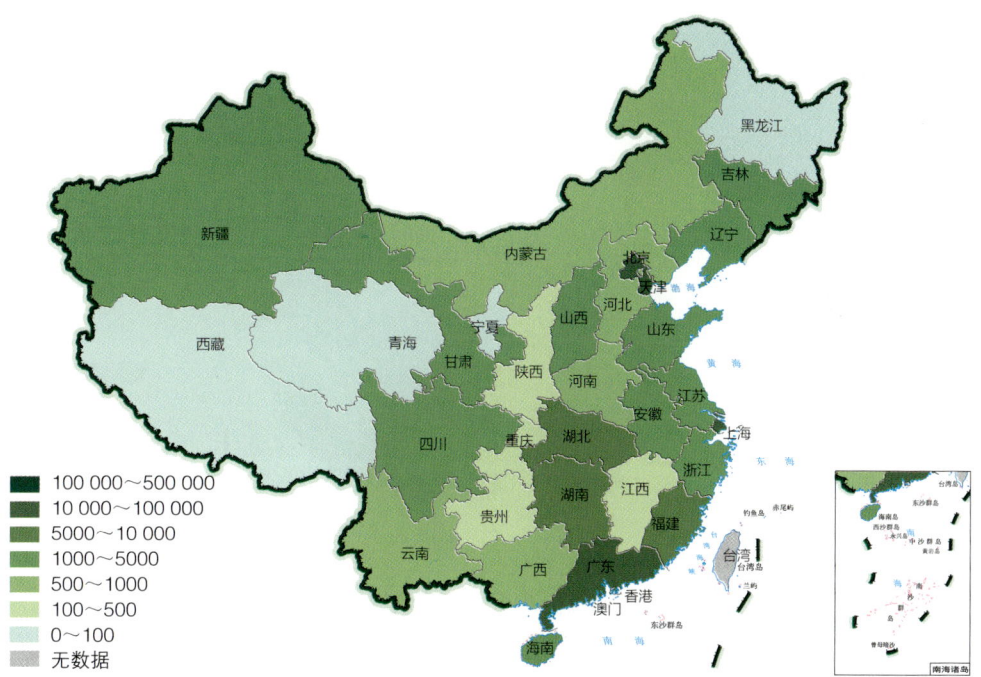

图3-3-9　各地方辖区内科研院所转化政府全国资助项目成果合同金额情况（单位：万元）

2. 中央财政资助项目成果转化情况

2019年，各地方辖区内的科研院所受到中央财政资助项目产生的科技成果以转让、许可、作价投资方式转化的合同金额排名前3位的省市分别是上海市（9.1亿元）、广东省（5.0亿元）、北京市（4.3亿元）（图3-3-10）。

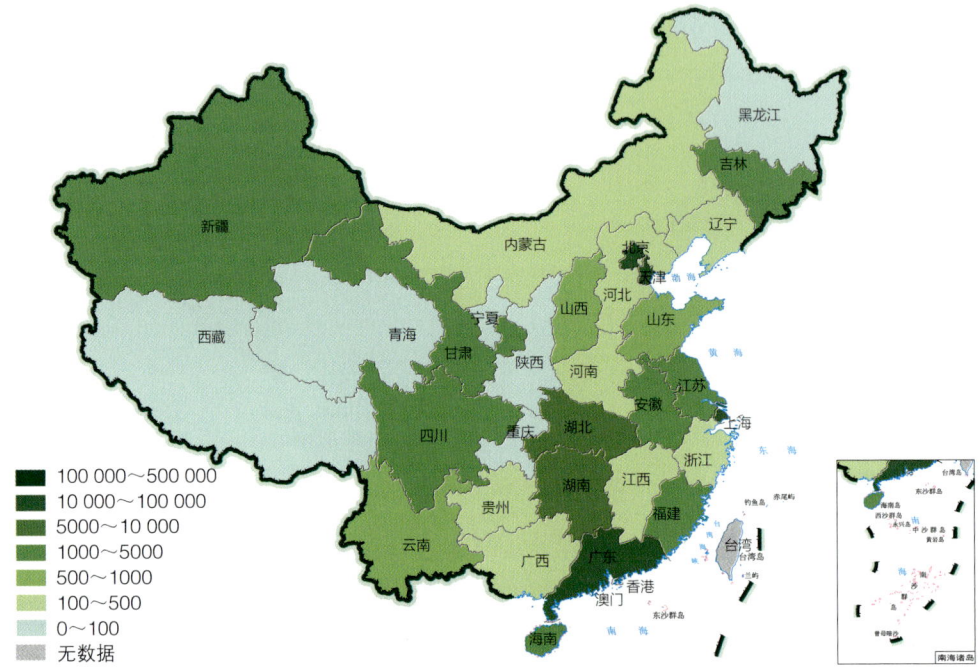

图 3-3-10　各地方辖区内科研院所转化受中央财政资助项目成果合同金额情况（单位：万元）

（二）东部、中部、西部和东北地区财政资助项目成果转化情况

1. 全国财政资助项目成果转化情况

各地区科研院所受财政资助项目产生的科技成果以转让、许可、作价投资方式转化的合同金额均有不同程度的下降。2019年，东部、中部、西部和东北地区科研院所受财政资助产生的科技成果以转让、许可、作价投资方式转化的合同金额分别为22.4亿元、2.0亿元、0.9亿元、0.6亿元，比上一年分别下降25.8%、52.6%、49.2%、94.1%（图3-3-11）。

2. 中央财政资助项目成果转化情况

2019年，东部地区单位受中央财政资助产生的科技成果以转让、许可、作价投资方式转化的合同金额为 20.0 亿元，比上一年下降 23.6%；中部地区合同金额为 1.4 亿元，比上一年下降 60.7%；西部地区合同金额为 0.6 亿元，比上一年下降 45.6%；东北地区合同金额为 0.1 亿元，比上一年下降 98.5%（图 3-3-12）。

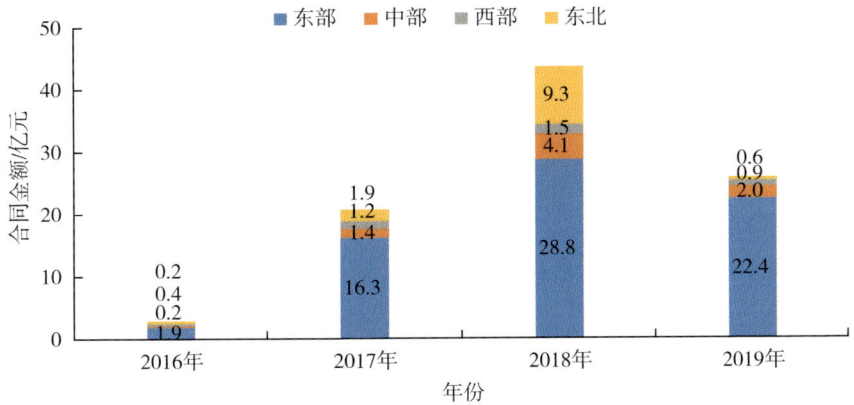

图 3-3-11　各地区科研院所受全国财政资助项目成果转化合同金额情况[①]

图 3-3-12　各地区科研院所受中央财政资助项目成果转化合同金额情况[②]

---

① 2016 年合同金额为东部 1.9 亿元、中部 2149.1 万元、西部 3739.7 万元、东北 1967.3 万元。

② 2016 年合同金额为东部 1.3 亿元、中部 661 万元、西部 379 万元、东北 838.8 万元。

第四章
科技成果转化收入分配及奖励

统计数据显示,科研人员获得奖励金额超 20 亿元,占总奖励金额的比重为 33.6%,比上一年有所下降;奖励人次达 4 万余人次,比上一年略有降低。

一、基本情况

(一)现金和股权收入分配及奖励情况

以转让、许可、作价投资方式转化科技成果获得的现金和股权收入、科研人员获得的现金和股权奖励均有所下降。2019 年,现金和股权收入总金额为 61.4 亿元,比上一年下降 38.8%;个人获得的现金和股权奖励金额达 20.6 亿元,比上一年下降 51.9%。研发与转化主要贡献人员所获现金和股权奖励达 16.9 亿元,比上一年下降 56.1%(图 3-4-1)。

奖励个人金额占现金和股权收入总额的比重超三成,奖励研发与转化主要贡献人员金额占奖励个人金额的比重超八成。奖励人次、人均奖励金额均有所下降。2019 年,个人获得的现金和股权奖励占现金和股权收入的比重为 33.6%,低于 2018 年的 46.5%,研发与转化主要贡献

第三篇
第四章 科技成果转化收入分配及奖励

人员获得的奖励占奖励个人总金额的比重达到 81.9%，低于 2018 年的 93.4%（图 3-4-2、图 3-4-3）。奖励人次为 44 167 人次，比上一年下降 11.0%，人均奖励金额为 4.7 万元，比上一年下降 45.9%。

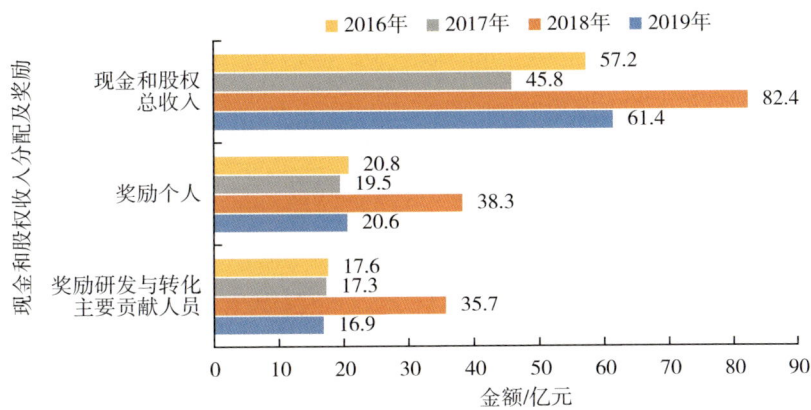

图 3-4-1 科研院所现金和股权收入分配及奖励金额情况

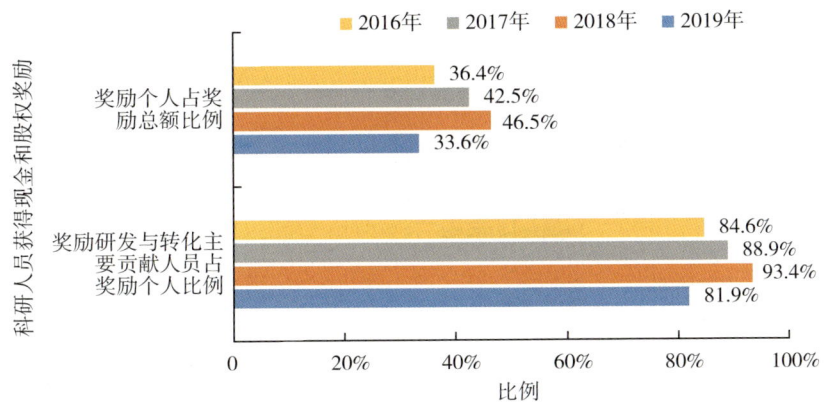

图 3-4-2 科研院所科研人员获得现金和股权奖励金额占比情况

267

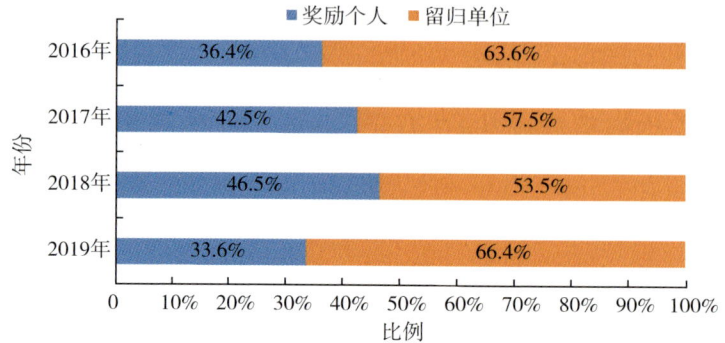

图 3-4-3　科研院所现金和股权收入分配情况

（二）现金收入分配及奖励情况

以转让、许可方式转化科技成果获得的现金收入金额比上一年度有所增长，科研人员获得的现金奖励比上一年度有所降低。2019 年，现金收入金额为 44.8 亿元，比上一年增长 16.2%；个人获得的现金奖励金额为 14.3 亿元，比上一年下降 1.3%，其中研发与转化主要贡献人员所获现金奖励为 11.1 亿元，比上一年下降 1.4%（图 3-4-4）。

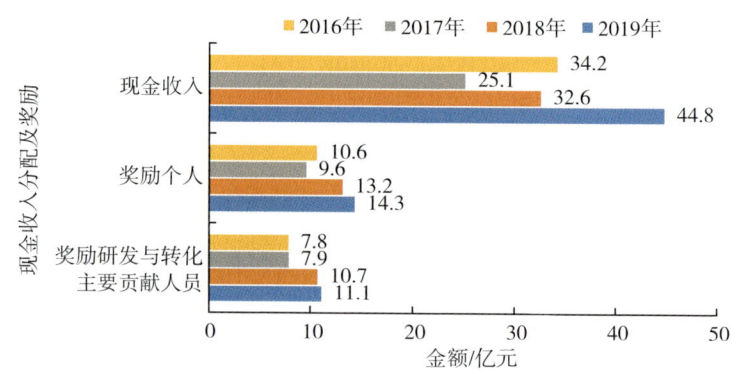

图 3-4-4　科研院所现金收入分配及奖励金额情况

奖励个人金额占现金收入总额比重、奖励研发与转化主要贡献人员金额占奖励个人金额比重、现金收入奖励人次均有所下降。2019

年，个人获得的现金奖励占现金收入的比重为 32.0%，低于 2018 年的 40.4%，研发与转化主要贡献人员获得的奖励占奖励科研人员总金额的比重为 77.4%，低于 2018 年的 81.3%（图 3-4-5、图 3-4-6）。奖励人次为 42 493 人次，比上一年下降 11.6%，人均奖励金额 3.4 万元，比上一年增长 11.7%。现金奖励个人金额达 1 亿元的科研院所共 2 家，生态环境部华南环境科学研究所（1.3 亿元）、中国农业科学院哈尔滨兽医研究所（1.0 亿元）。

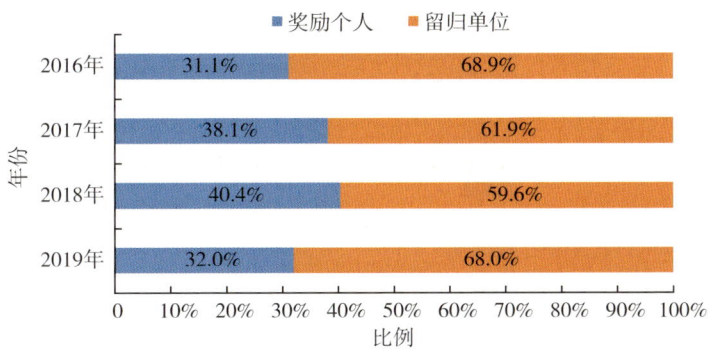

图 3-4-5　科研院所现金收入留归单位和奖励个人分配情况

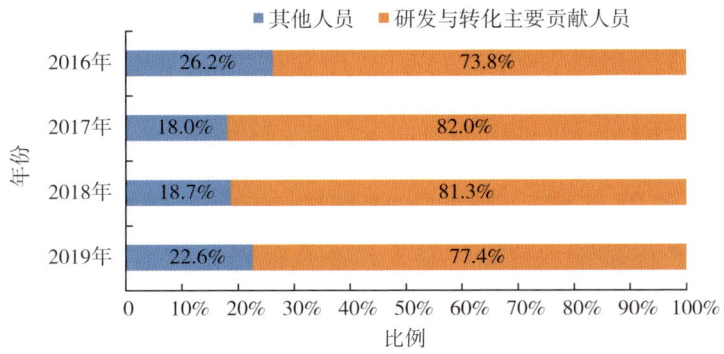

图 3-4-6　科研院所现金收入奖励个人分配情况

（三）股权收入分配及奖励情况

以作价投资方式转化科技成果获得的股权收入、科研人员获得的股权奖励均有所下降。2019年，股权收入金额为16.6亿元，比上一年下降72.4%。个人获得的股权奖励金额为6.3亿元，比上一年下降75.5%。个人奖励中，研发与转化主要贡献人员所获股权奖励为5.8亿元，比上一年下降77.3%（图3-4-7）。

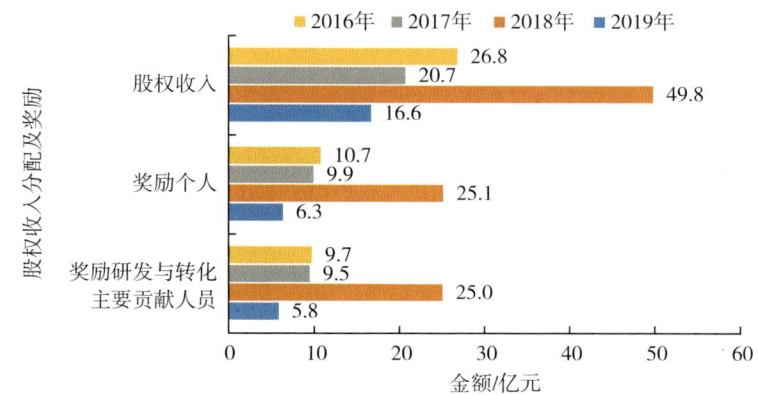

图 3-4-7　科研院所股权收入分配及奖励情况

股权奖励个人金额占股权收入总额的比重超过30%，股权奖励研发与转化主要贡献人员金额占奖励个人金额的比重有所下降，奖励人次有所增长，人均奖励金额有所下降。2019年，个人获得的股权奖励占股权收入的比重为37.8%，低于2018年的50.4%；研发与转化主要贡献人员获得的股权奖励占奖励科研人员总金额的比重为92.2%，低于2018年的99.7%（图3-4-8、图3-4-9）；奖励人次为1674人次，比上一年增长8.4%；人均股权奖励金额为37.6万元，比上一年下降77.4%，是人均现金奖励金额的11.1倍。

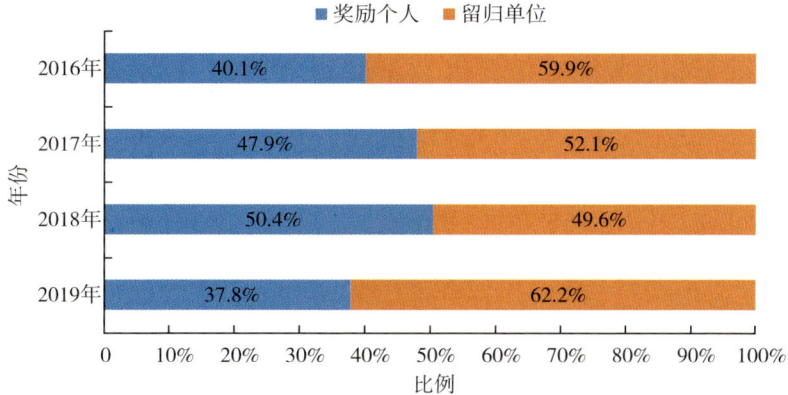

图 3-4-8　科研院所股权收入留归单位和奖励个人分配情况

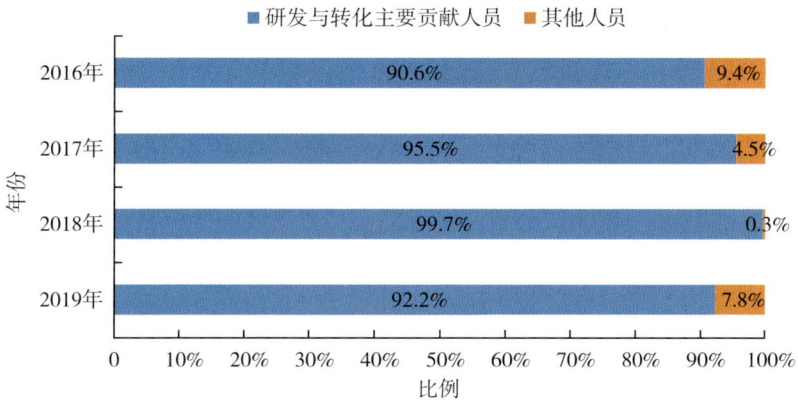

图 3-4-9　科研院所股权收入奖励个人分配情况

二、中央所属科研院所收入分配及奖励

（一）现金和股权收入分配及奖励情况

中央所属科研院所以转让、许可、作价投资方式转化科技成果获得的现金和股权收入、科研人员获得的现金和股权奖励均有所下降。2019年，436家中央所属科研院所以转让、许可、作价投资方式转化科技成

果获得的现金和股权收入总金额为 40.4 亿元，比上一年下降 53.0%；个人获得的现金和股权奖励金额达 14.1 亿元，比上一年下降 61.0%，研发与转化主要贡献人员所获现金和股权奖励达 12.1 亿元，比上一年下降 63.6%（图 3-4-10）。

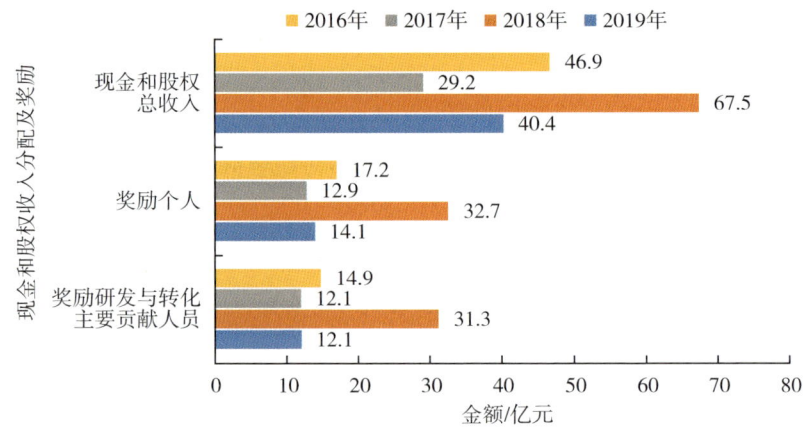

图 3-4-10　中央所属科研院所现金和股权收入分配及奖励情况

奖励个人金额占现金和股权收入总额的比重超过 30%，奖励研发与转化主要贡献人员金额占奖励个人金额的比重接近 90%。奖励人次、奖励金额均有所下降。2019 年，个人获得的现金和股权奖励占现金和股权收入的比重为 34.9%，低于 2018 年的 48.4%，研发与转化主要贡献人员获得的奖励占奖励个人总金额的比重达到 86.2%，低于 2018 年的 95.8%（图 3-4-11、图 3-4-12）。奖励人次为 13 041 人次，比上一年下降 30.7%，人均奖励金额为 10.8 万元，比上一年下降 43.7%。

第四章　科技成果转化收入分配及奖励

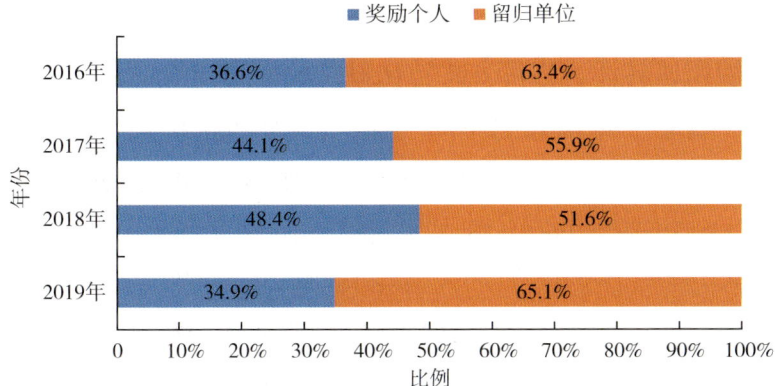

图 3-4-11　中央所属科研院所现金和股权收入分配情况

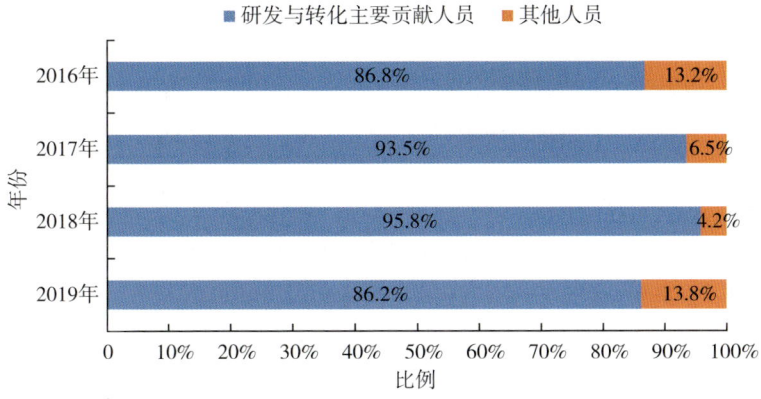

图 3-4-12　中央所属科研院所现金和股权奖励收入分配情况

2019 年，以现金和股权收入奖励个人总金额排名，生态环境部华南环境科学研究所位列 436 家中央所属科研院所之首。2019 年度，生态环境部华南环境科学研究所科研人员获得的科技成果转化现金和股权奖励总额达 1.3 亿元，人均奖励金额达 22.5 万元，均为现金奖励。

（二）现金收入分配及奖励情况

中央所属科研院所以转让、许可方式转化科技成果获得的现金收入有所增长，科研人员获得的现金奖励有所下降。2019 年，436 家中央所属科研院所以转让、许可方式转化科技成果获得的现金收入总金额为 26.7 亿元，比上一年增长 12.0%，其中个人获得的现金奖励金额为 8.3 亿元，比上一年下降 11.8%；研发与转化主要贡献人员所获现金奖励为 6.8 亿元，比上一年下降 7.6%（图 3-4-13）。

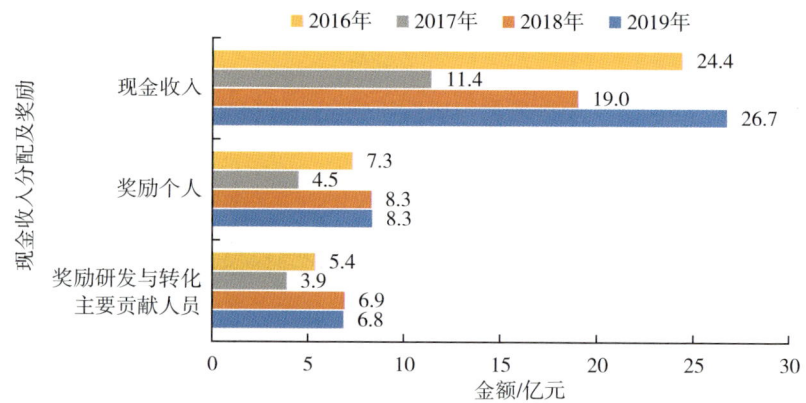

图 3-4-13　中央所属科研院所现金收入分配及奖励情况

奖励个人金额占现金收入总额的比重超 30%，奖励研发与转化主要贡献人员金额占奖励个人金额的比重、奖励人次均有所下降，人均奖励金额有所上升。2019 年，个人获得的现金奖励占现金收入的比重为 31.1%，低于 2018 年的 43.5%，研发与转化主要贡献人员获得的奖励占奖励科研人员总金额的比重为 82.2%，低于 2018 年的 83.4%（图 3-4-14、图 3-4-15）。奖励人次为 11 723 人次，比上一年下降 33.9%，人均奖励金额为 7.1 万元，比上一年增长 33.5%。

第三篇 第四章 科技成果转化收入分配及奖励

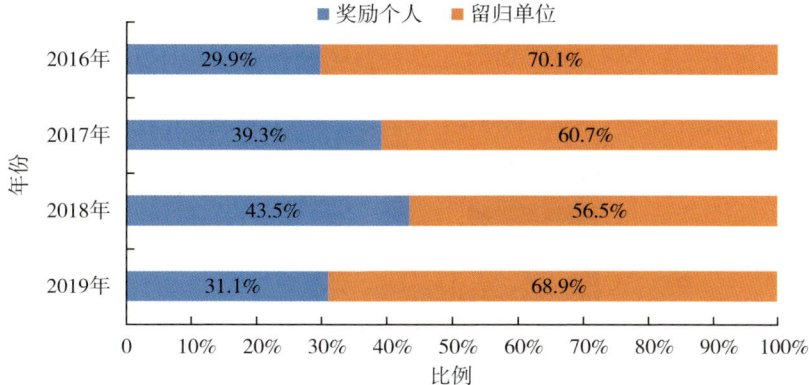

图 3-4-14 中央所属科研院所现金收入分配情况

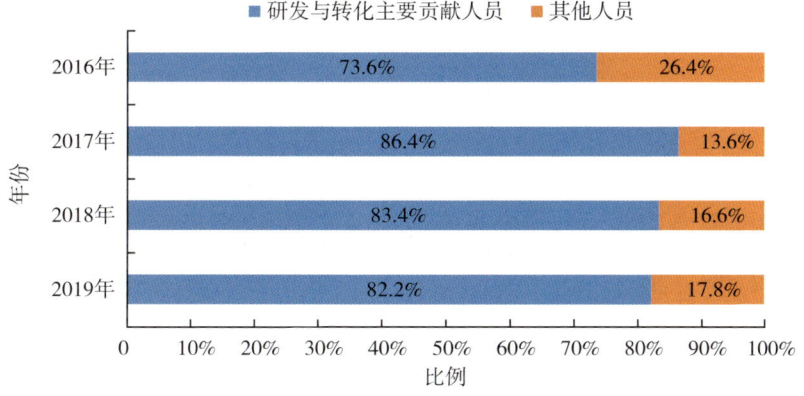

图 3-4-15 中央所属科研院所现金收入奖励个人分配情况

（三）股权收入分配及奖励情况

中央所属科研院所以作价投资方式转化科技成果获得的股权收入、科研人员获得的股权奖励均有所下降。2019年，436家中央所属科研院所以作价投资方式转化科技成果获得的股权收入金额为13.7亿元，比上一年下降77.6%；个人获得的股权奖励金额为5.8亿元，比上一年下降76.8%；研发与转化主要贡献人员所获股权奖励金额为5.3亿元，比

275

上一年下降 78.6%（图 3-4-16）。

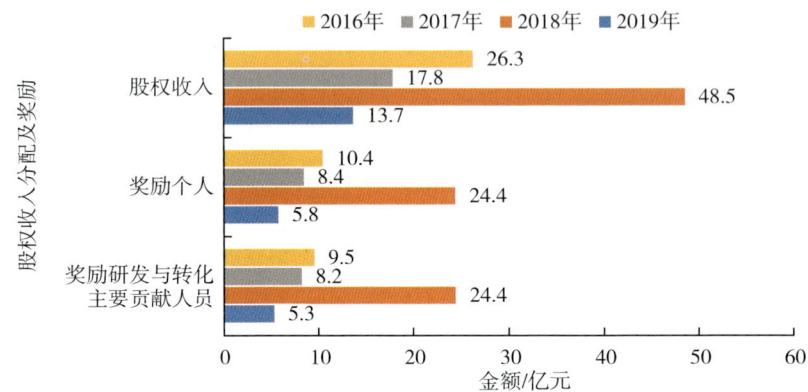

图 3-4-16　中央所属科研院所股权收入分配及奖励情况

奖励个人金额占股权收入总额的比重超 40%，奖励研发与转化主要贡献人员金额占奖励个人金额的比重略有下降，奖励人次有所增长，人均奖励金额下降明显。2019 年，个人获得的股权奖励占股权收入的比重为 42.2%，低于 2018 年的 50.3%，研发与转化主要贡献人员获得的股权奖励占奖励科研人员总金额的比重为 92.0%，低于 2018 年的 100.0%（图 3-4-17、图 3-4-18）。奖励人次为 1318 人次，比上一年增长 16.2%，股权人均奖励金额为 43.7 万元，比上一年下降 80.0%，是现金奖励人均奖励金额的 6.2 倍。

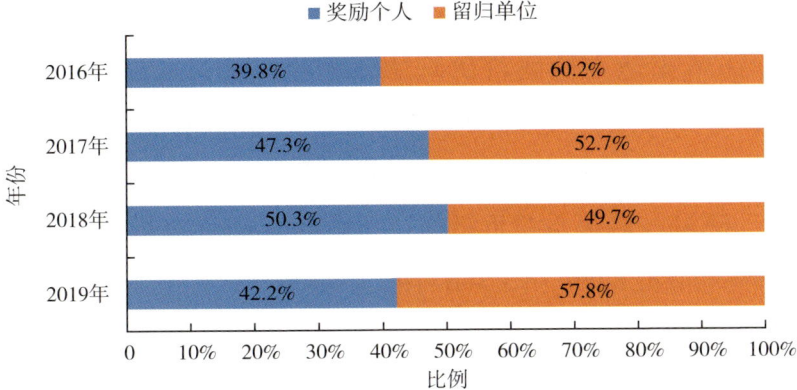

图 3-4-17　中央所属科研院所股权收入分配情况

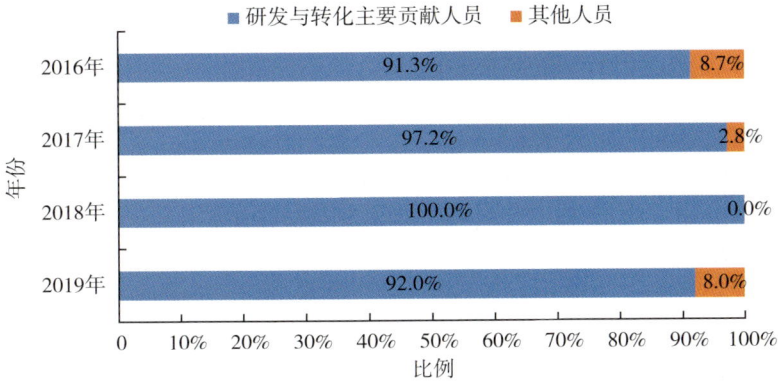

图 3-4-18　中央所属科研院所股权收入奖励个人分配情况

三、各省、直辖市、自治区所属科研院所收入分配及奖励

（一）现金和股权收入分配及奖励情况

1. 收入分配及奖励概况

地方所属科研院所以转让、许可、作价投资方式转化科技成果获

得的现金和股权收入、科研人员获得的现金和股权奖励均有所增长。2019年，1636家地方所属科研院所以转让、许可、作价投资方式转化科技成果获得的现金和股权收入总金额为21.1亿元，比上一年增长34.1%，其中个人获得的现金和股权奖励金额达6.5亿元，比上一年增长14.1%。研发与转化主要贡献人员所获现金和股权奖励金额为4.7亿元，比上一年增长8.0%（图3-4-19）。

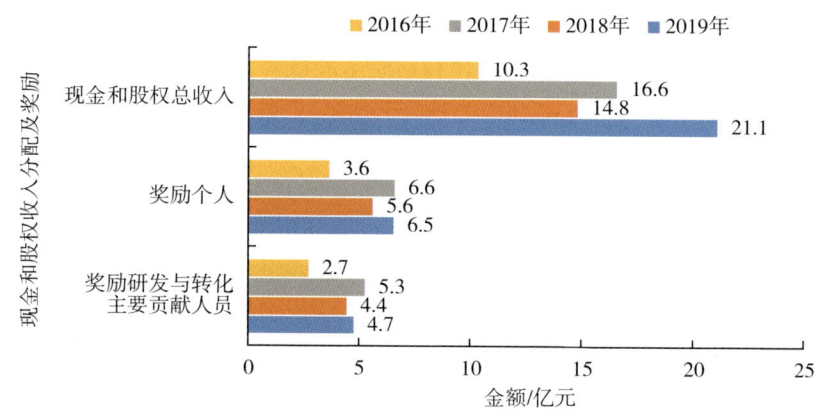

图 3-4-19　地方所属科研院所现金和股权收入分配及奖励情况

奖励个人金额占现金和股权收入总额的比重有所下降，奖励研发与转化主要贡献人员金额占奖励个人金额的比重超过70%。奖励人次、人均奖励金额均略有上升。2019年，个人获得的现金和股权奖励占现金和股权收入的比重为31.0%，低于2018年的37.7%，研发与转化主要贡献人员获得的奖励占奖励个人总金额的比重达到72.7%，低于2018年的79.2%（图3-4-20、图3-4-21）。奖励人次为31 126人次，比上一年增长3.9%，人均奖励金额为2.1万元，比上一年增长9.8%。

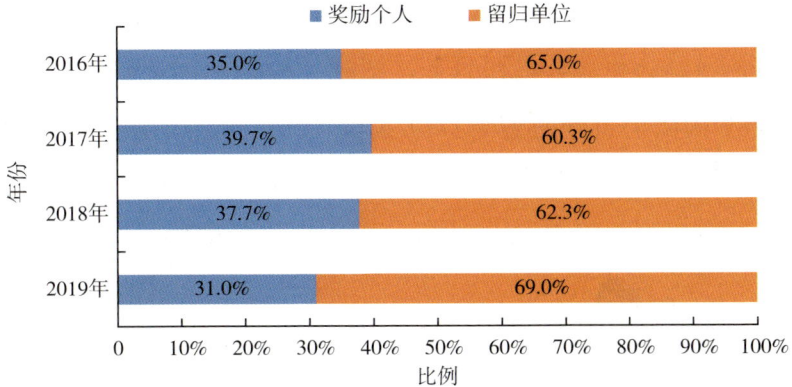

图 3-4-20　地方所属科研院所现金和股权收入分配情况

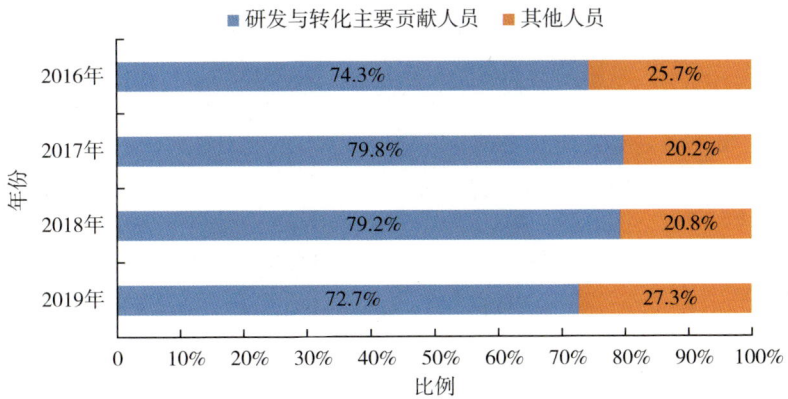

图 3-4-21　地方所属科研院所现金和股权收入奖励个人分配情况

2. 各地方科研院所收入分配及奖励情况

2019年，各地方所属科研院所以转让、许可、作价投资方式转化科技成果获得的现金和股权收入金额排名前3位的省市分别是广东省（4.4亿元）、江苏省（2.8亿元）、天津市（2.5亿元）；科研院所奖励个人金额排名前3位的省分别是广东省（1.0亿元）、江苏省（1.0亿元）、黑龙江省（0.9亿元）；科研院所奖励研发与转化主要贡献人员金额排名前3位的省分别是广东省（0.7亿元）、江苏省（0.7亿元）、山东省（0.6亿元）（图3-4-22、图3-4-23）；奖励人次排名前3位的省分别是广东省（5487人次）、湖南省（2717人次）、江苏省（1897人次）。

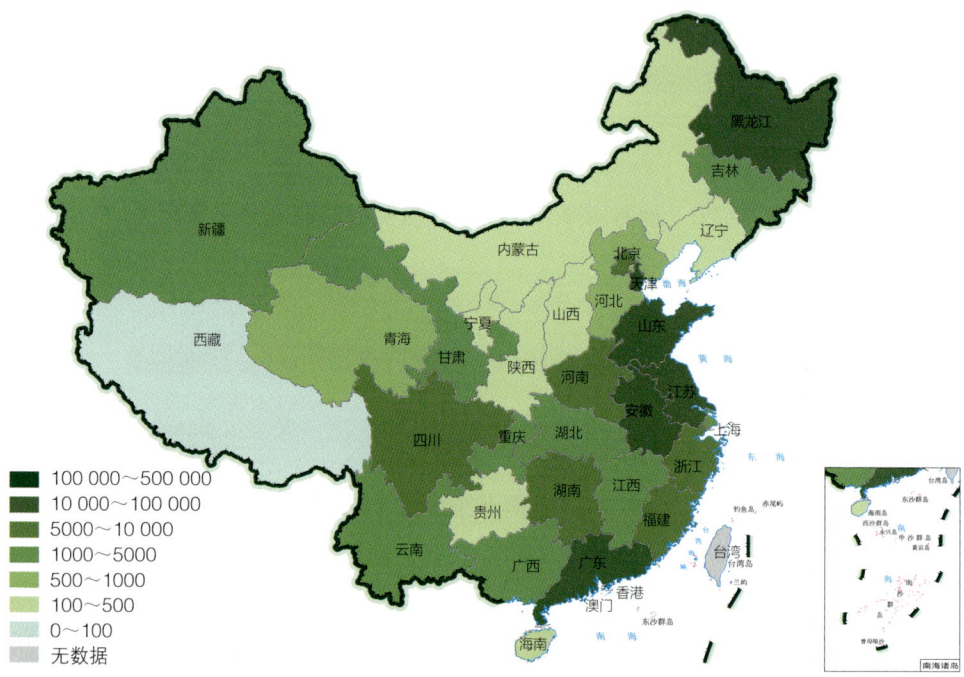

图3-4-22　地方所属科研院所现金和股权收入金额情况（单位：万元）

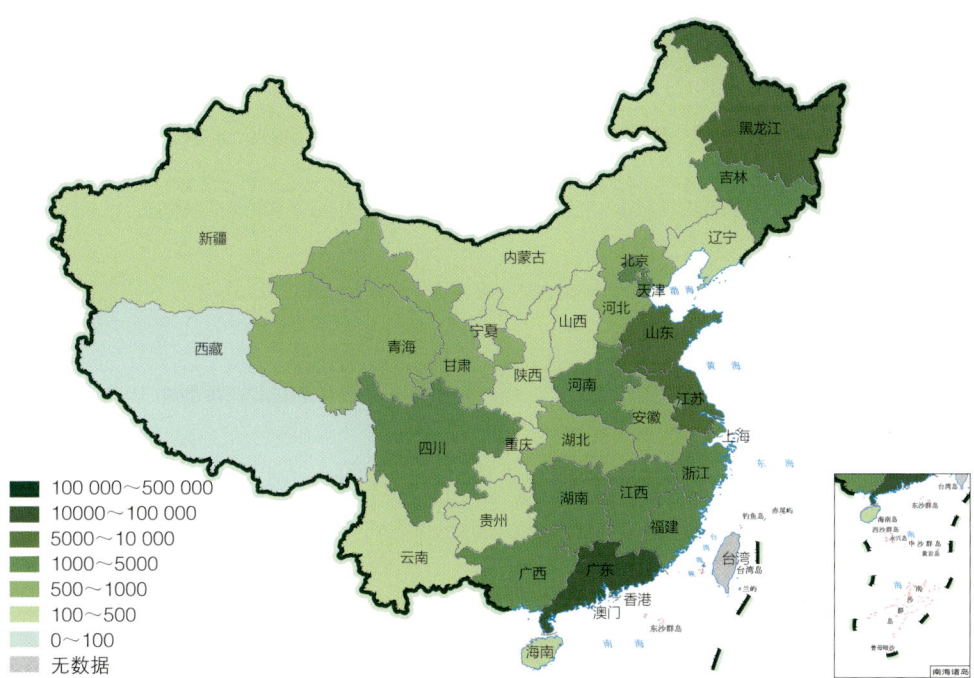

图 3-4-23　地方所属科研院所现金和股权奖励个人金额情况（单位：万元）

（二）现金收入分配及奖励情况

地方所属科研院所以转让、许可方式转化科技成果获得的现金收入、科研人员获得的现金奖励均有所增长。2019 年，1636 家地方所属科研院所以转让、许可方式转化科技成果获得的现金收入总金额为 18.1 亿元，比上一年增长 23.0%；个人获得的现金奖励金额为 6.0 亿元，比上一年增长 20.0%。研发与转化主要贡献人员所获现金奖励为 4.2 亿元，比上一年增长 11.5%（图 3-4-24）。

奖励个人金额占现金收入总额的比重超三成，奖励研发与转化主要贡献人员的金额占奖励个人金额的比重超七成，奖励人次、人均奖励金额均有所上升。2019 年，个人获得的现金奖励占现金收入的比重为

33.2%，低于 2018 年的 36.0%，研发与转化主要贡献人员获得的奖励占奖励科研人员总金额的比重为 70.7%，低于 2018 年的 77.8%（图 3-4-25、图 3-4-26）。奖励人次为 30 770 人次，比上一年增长 4.3%，人均奖励金额为 2.0 万元，比上一年增长 15.1%。

图 3-4-24　地方所属科研院所现金收入分配及奖励情况

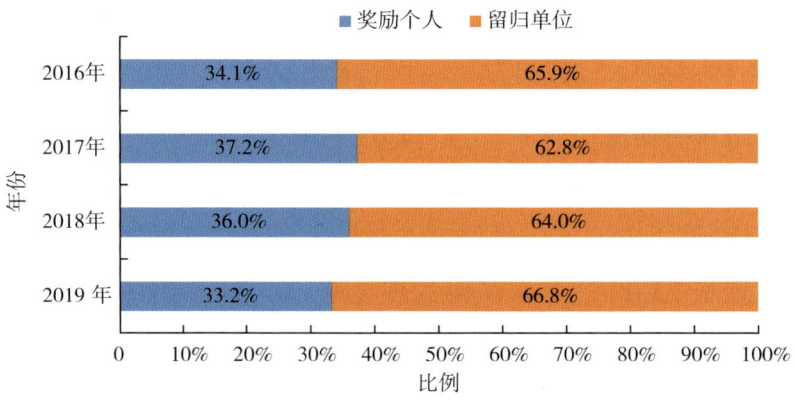

图 3-4-25　地方所属科研院所现金收入分配情况

第四章 科技成果转化收入分配及奖励

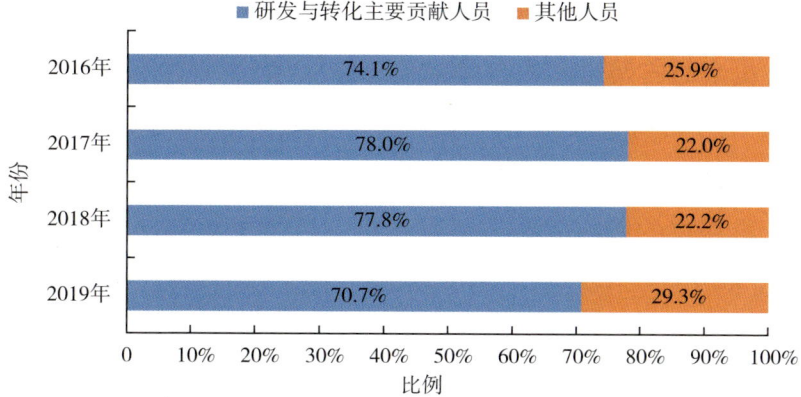

图 3-4-26　地方所属科研院所现金收入奖励个人分配情况

（三）股权收入分配及奖励情况

地方所属科研院所以作价投资方式转化科技成果获得的股权收入大幅增长，科研人员获得的股权奖励有所下降。2019 年，1636 家地方所属科研院所以作价投资方式转化科技成果获得的股权收入金额为 3.0 亿元，比上一年增长 152.0%；个人获得的股权奖励金额为 0.5 亿元，比上一年下降 24.2%，其中研发与转化主要贡献人员所获股权奖励为 0.5 亿元，比上一年下降 13.7%（图 3-4-27）。

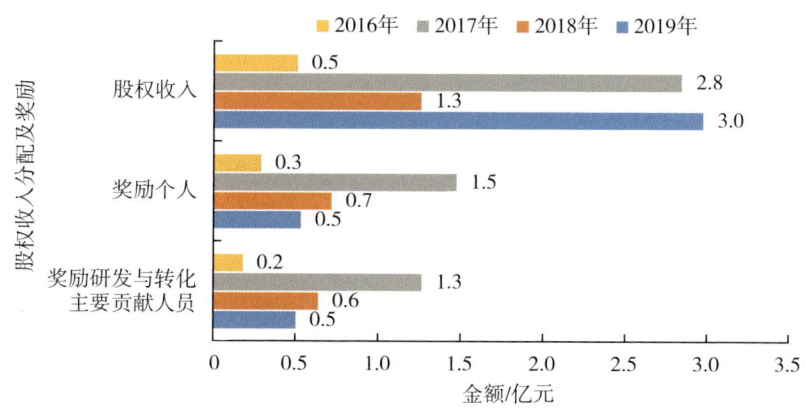

图 3-4-27　地方所属科研院所股权收入分配及奖励情况

奖励个人金额占股权收入总额的比重有所下降，奖励研发与转化主要贡献人员金额占奖励个人金额的比重略有增长，奖励人次下降有所下降，股权人均奖励金额有所增长。2019年，个人获得的股权奖励占股权收入的比重为17.8%，较2018年的56.9%有所下降，研发与转化主要贡献人员获得的股权奖励占奖励科研人员总金额的比重为94.6%，较2018年的89.1%有所增长（图3-4-28、图3-4-29）。奖励人次为356人次，比上一年下降39.7%，股权人均奖励金额为14.9万元，比上一年增长25.6%，是现金奖励人均奖励金额的7.6倍。

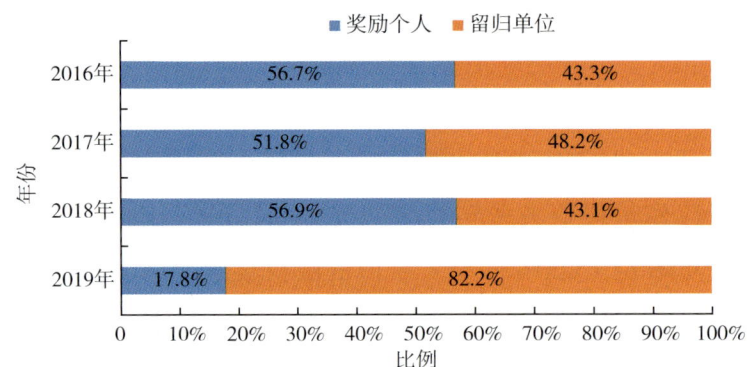

图3-4-28 地方所属科研院所股权收入分配情况

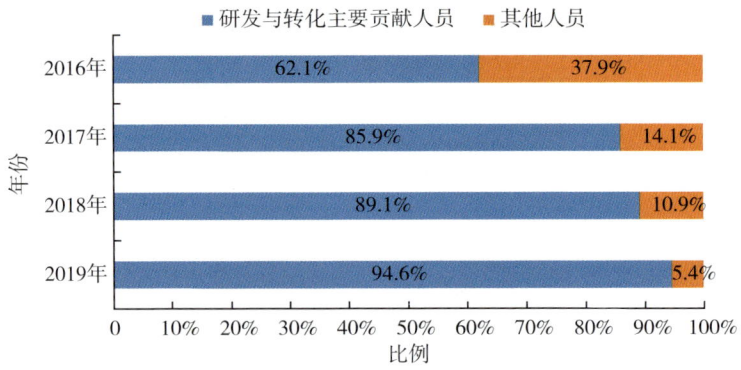

图3-4-29 地方所属科研院所股权收入奖励个人分配情况

四、地区收入分配及奖励

按科研院所所在地区统计,2019 年,各地方辖区内的科研院所以转让、许可、作价投资方式转化科技成果获得的现金和股权收入金额排名前 3 位的省市分别是广东省(16.3 亿元)、北京市(14.2 亿元)、上海市(3.9 亿元);辖区内的科研院所以转让、许可、作价投资方式转化科技成果获得的现金和股权奖励个人金额排名前 3 位的省市分别是北京市(4.2 亿元)、广东省(3.8 亿元)、黑龙江省(1.9 亿元);奖励研发与转化主要贡献人员金额排名前 3 位的省市分别是北京市(3.6 亿元)、广东省(2.8 亿元)、上海市(1.8 亿元);奖励人次排名前 3 位的省市分别是广东省(7636 人次)、北京市(5183 人次)、江苏省(4146 人次)(图 3-4-30)。

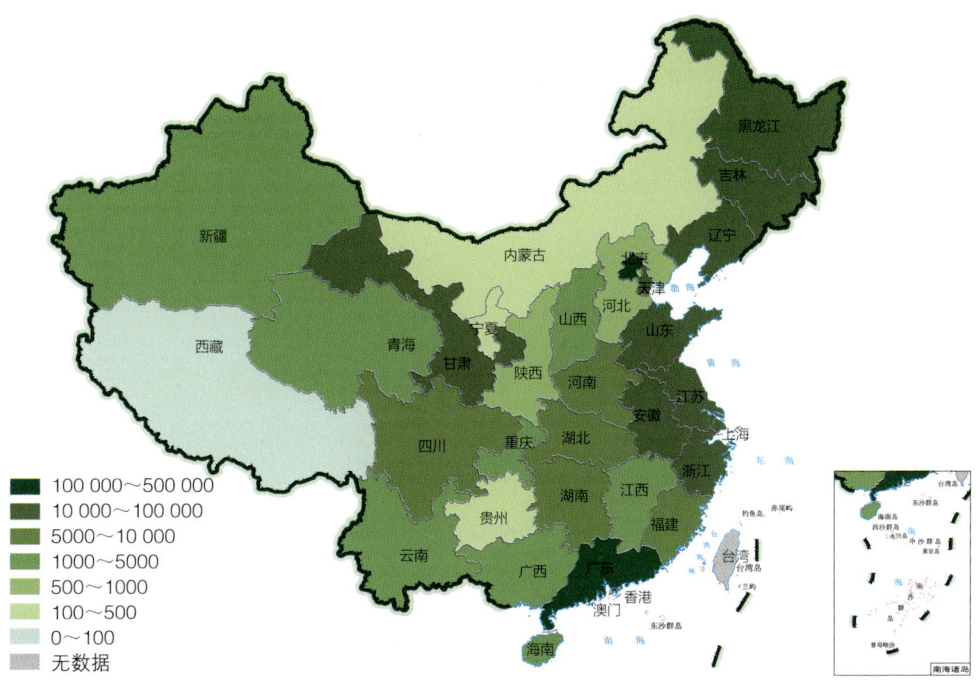

图 3-4-30 各地方辖区内科研院所现金和股权奖励个人金额情况(单位:万元)

第五章
产学研合作

《若干规定》指出,国家设立的研究开发机构、科研院所按照规定格式报送的科技成果转化年度报告中,应包括签订的技术开发合同、技术咨询合同、技术服务合同等产学研合作情况。《科技部办公厅 财政部办公厅关于研究开发机构和高等院校报送2019年度科技成果转化年度报告工作有关事项的通知》(国科办区〔2020〕52号)规定,产学研合作情况主要是指技术开发、咨询、服务3种方式的技术活动。统计发现,2072家科研院所输出技术、服务能力不断加强,技术开发、咨询、服务数量和质量稳步提升。

一、基本情况

技术开发、咨询、服务合同项数大幅增长,合同项数占"四技"合同总项数的比重达95%以上。2019年,技术开发、咨询、服务合同项数达229 534项,比上一年增长72.2%,占"四技"合同总数的比重为98.4%(2018年占比为97.6%)(图3-5-1)。

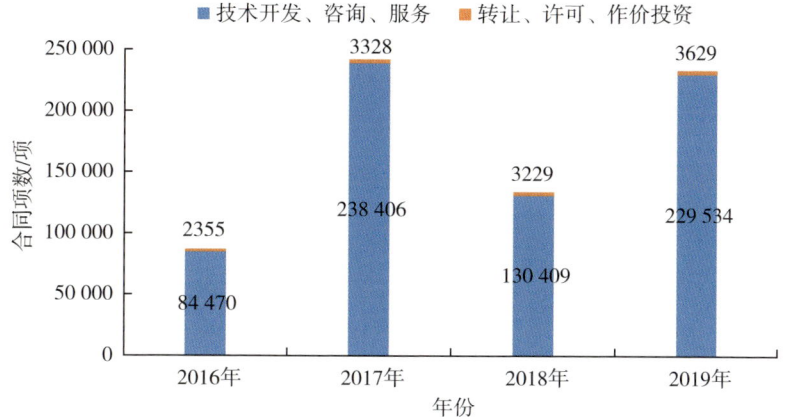

图 3-5-1　科研院所不同转化方式合同项数情况

技术开发、咨询、服务合同金额持续增长，占"四技"合同总金额的比重达 75% 以上。2019 年，技术开发、咨询、服务合同金额为 299.1 亿元，比上一年增长 17.7%，占"四技"合同总金额的 78.8%（2018 年占比为 69.6%）（图 3-5-2）。

图 3-5-2　科研院所不同转化方式合同金额情况

"四技"合同金额略有增长。2019 年，2072 家科研院所签订的"四技"合同总金额达 379.6 亿元，比上一年增长 2.7%，其中"四技"合同金额达 1 亿元的科研院所为 102 家，比上一年增长 25.9%。"四技"合同总项数达 233 163 项，比上一年增长 70.6%。

技术开发、咨询、服务合同金额超过 10 亿元的科研院所共 1 家，是中国水利水电科学研究院（11.7 亿元）。2019 年，中国水利水电科学研究院签订的产学研合作（技术开发、咨询、服务）合同中，合同金额超过 1000 万元的合同有 13 项，其中"白鹤滩电站计算机监控系统及主设备状态在线监测趋势分析系统采购"合同金额达 9110.9 万元。

二、中央所属科研院所产学研合作

中央所属科研院所技术开发、咨询、服务合同金额、合同项数均有所增长。2019 年，436 家中央所属科研院所签订的技术开发、咨询、服务合同金额为 182.3 亿元，比上一年增长 13.6%；合同项数为 39 745 项，比上一年增长 13.2%（图 3-5-3）。

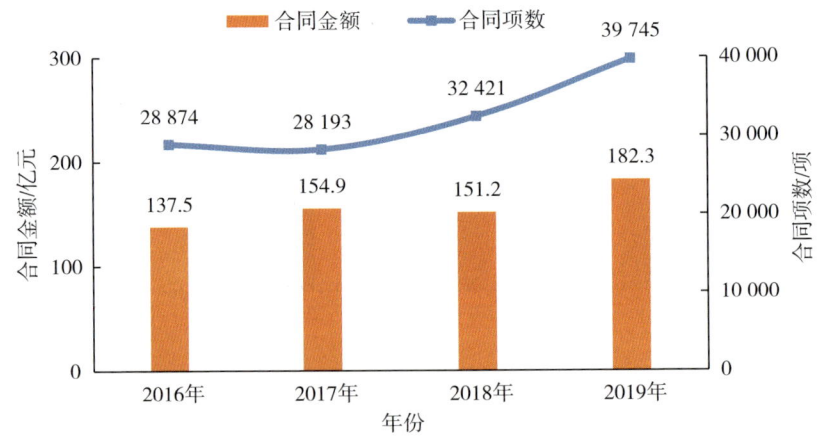

图 3-5-3　中央所属科研院所产学研合作情况

三、各省、直辖市、自治区所属科研院所产学研合作

（一）产学研合作概况

地方所属科研院所的技术开发、咨询、服务合同项数大幅增长，合同金额有所增长。2019年，1636家各地方所属科研院所签订的技术开发、咨询、服务合同项数共189 789项，比上一年增长94.1%，合同金额共116.8亿元，比上一年增长26.1%（图3-5-4）。

图3-5-4 地方所属科研院所产学研合作情况

（二）各地方产学研合作情况

2019年，各地方所属的科研院所签订的技术开发、咨询、服务合同总项数排名前3位的省市分别是广东省（113 393项）、浙江省（17 946项）、重庆市（8999项），合同总金额排名前3位的省分别是广东省（23.6亿元）、山东省（10.2亿元）、浙江省（10.1亿元）（图3-5-5、图3-5-6）。广东省科学院产学研合作（技术开发、咨询、服务）合同金额达6.1亿元，在所有地方所属科研院所中排名第一。

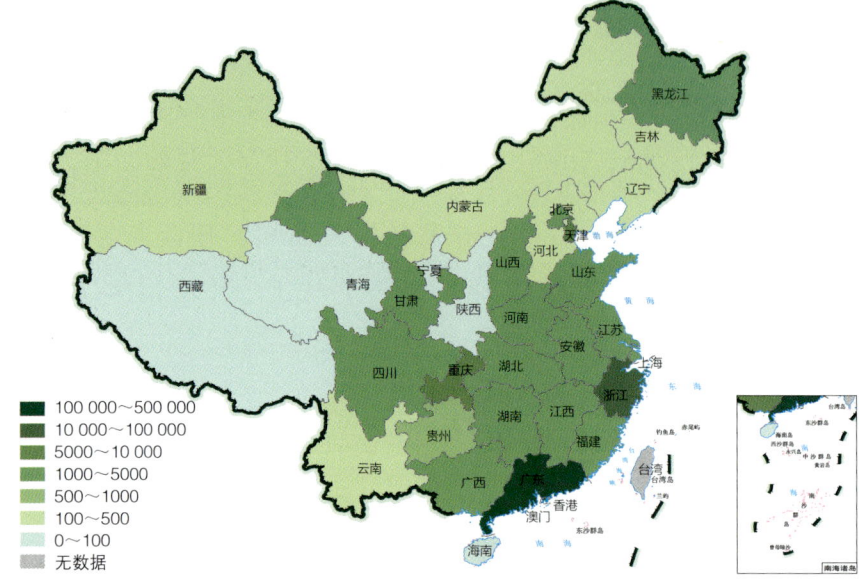

图 3-5-5　地方所属科研院所产学研合作合同项数情况（单位：项）

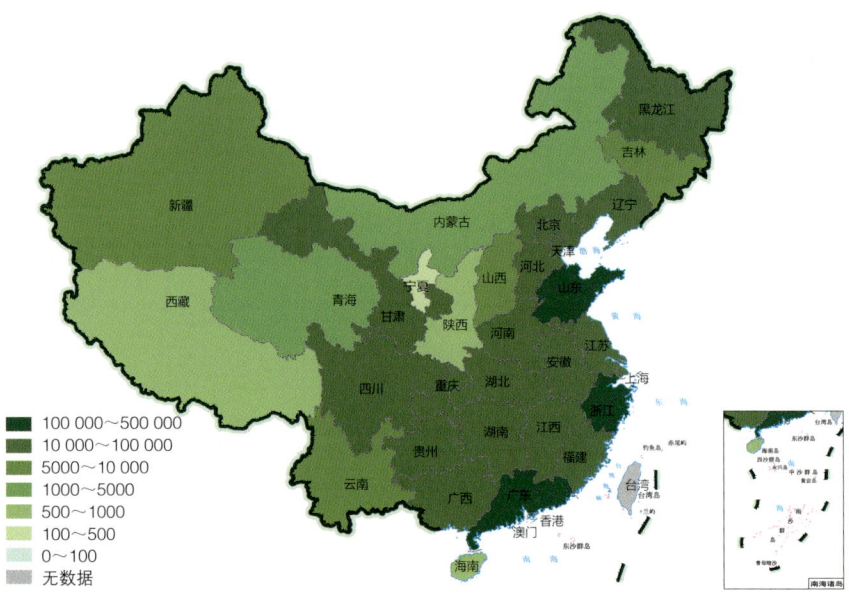

图 3-5-6　地方所属科研院所产学研合作合同金额情况（单位：万元）

四、地区产学研合作

按照科研院所所在辖区统计,2019年全国31个省、直辖市、自治区辖区内的科研院所签订的产学研合作(技术开发、咨询、服务)合同项数排名前3位的省市分别是广东省(115 027项)、北京市(24 131项)、浙江省(19 018项),合同金额排名前3位的省市分别是北京市(88.5亿元)、广东省(38.0亿元)、江苏省(23.2亿元)(图3-5-7、图3-5-8)。

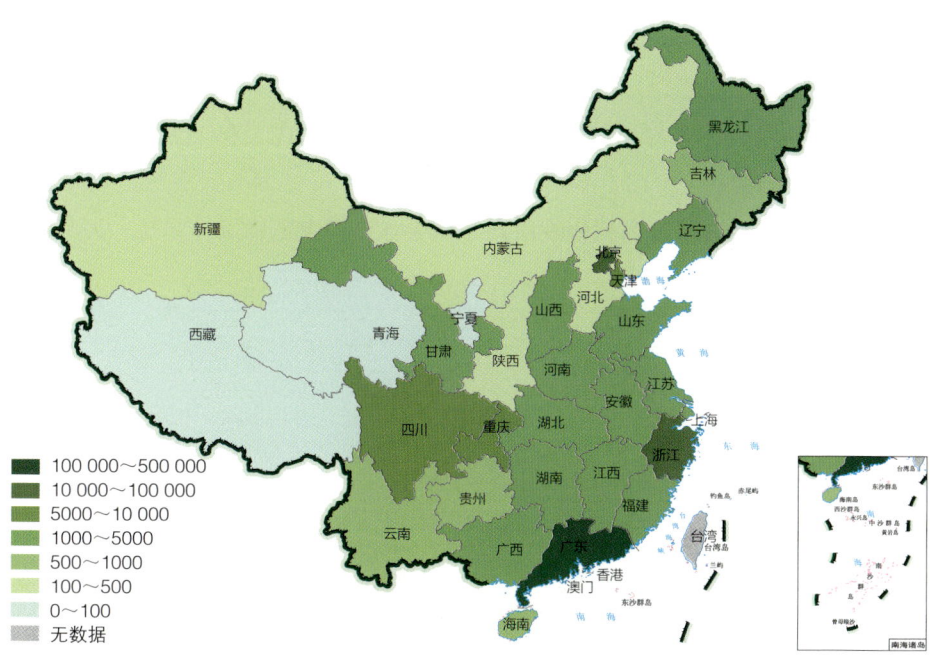

图3-5-7　各地方辖区内科研院所产学研合作合同项数情况(单位:项)

中国科技成果转化
年度报告 2020
高等院校与科研院所篇

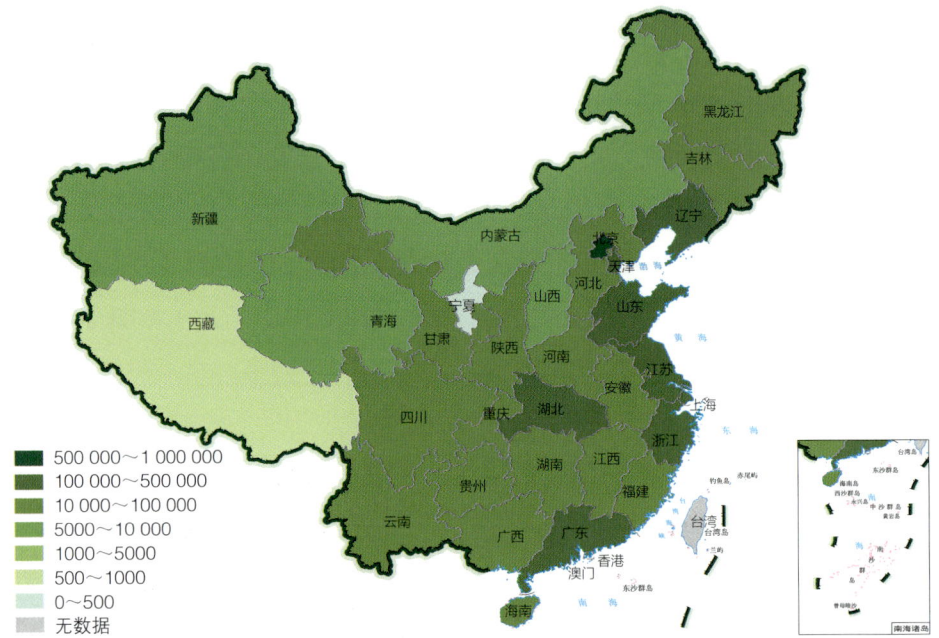

图 3-5-8　各地方辖区内科研院所产学研合作合同金额情况（单位：万元）

第六章
兼职创业和创设参股新公司

据统计数据显示，科研院所兼职从事科技成果转化和离岗创业人员数量不断增加，创设和参股新公司的数量超过 800 家。

一、兼职及离岗创业人员

兼职从事成果转化和离岗创业人员数量有所上升。2019 年，2072 家科研院所兼职从事成果转化和离岗创业人员数量为 3560 人，比上一年增长 21.8%。其中，436 家中央所属科研院所兼职从事成果转化和离岗创业人员数量为 1521 人，比上一年增长 46.8%。1636 家地方所属科研院所兼职从事成果转化和离岗创业人员数量为 2039 人，比上一年增长 5.8%（图 3-6-1）。平均每家科研院所兼职从事成果转化和离岗创业人员数量为 1.7 人，其中中央所属科研院所平均每家兼职人员数量为 3.5 人，地方所属科研院所平均每家兼职人员数量为 1.2 人。

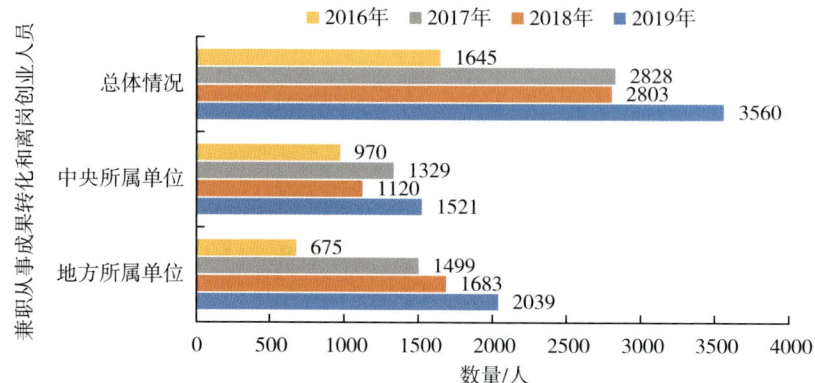

图 3-6-1　科研院所兼职从事成果转化和离岗创业人员情况

二、创设和参股新公司

创设和参股新公司数量有所下降。其中，中央所属科研院所创设和参股新公司的数量有所下降，地方所属科研院所创设和参股新公司的数量有所增长。2019 年，2072 家科研院所创设和参股新公司数量为 853 家，比上一年下降 21.0%。中央所属科研院所创设和参股新公司数量为 353 家，比上一年下降 45.9%。地方所属科研院所创设和参股新公司数量为 500 家，比上一年增长 24.7%（图 3-6-2）。2072 家科研院所平均创设和参股新公司 0.4 家，中央所属科研院所平均创建 0.8 家，地方所属科研院所平均创建 0.3 家。

第三篇 第六章 兼职创业和创设参股新公司

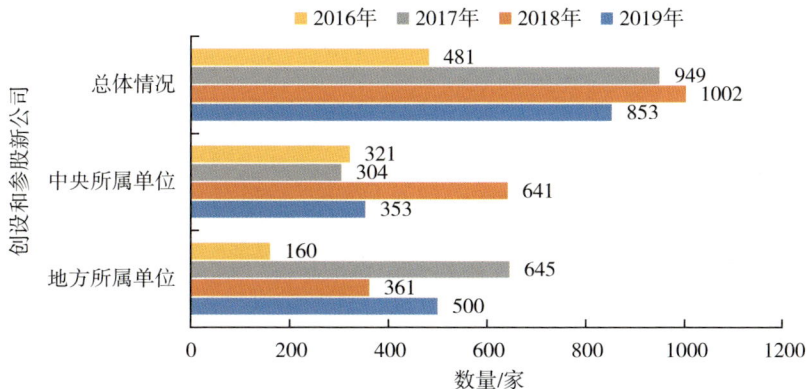

图 3-6-2 科研院所创设和参股新公司情况

第七章
技术转移机构建设

一、科研院所技术转移机构及人才建设

（一）技术转移机构

自建从事科技成果转移转化机构的科研院所数量占全部科研院所数量的比重有所增长。200家科研院所自建了技术转移机构，占科研院所总数（2072家）的9.7%（图3-7-1），比上一年增长31.1%。该200家科研院所共自建了295家技术转移机构，比上一年增长7.9%。

科研院所与市场化技术转移机构合作开展科技成果转化的情况日益活跃。与市场化技术转移机构合作开展科技成果转化的科研院所数量为272家，占科研院所总数的13.1%（图3-7-2），比上一年增长13.2%。该272家科研院所与1802家市场化技术转移机构合作开展科技成果转化活动，比上一年增长73.3%。

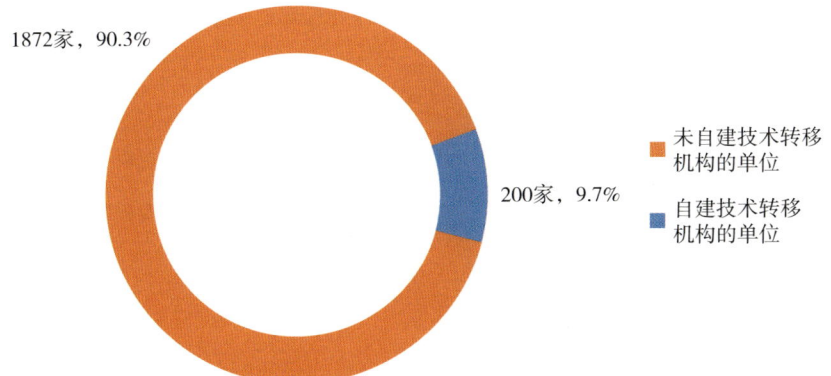

图 3-7-1　自建技术转移机构的科研院所数量情况

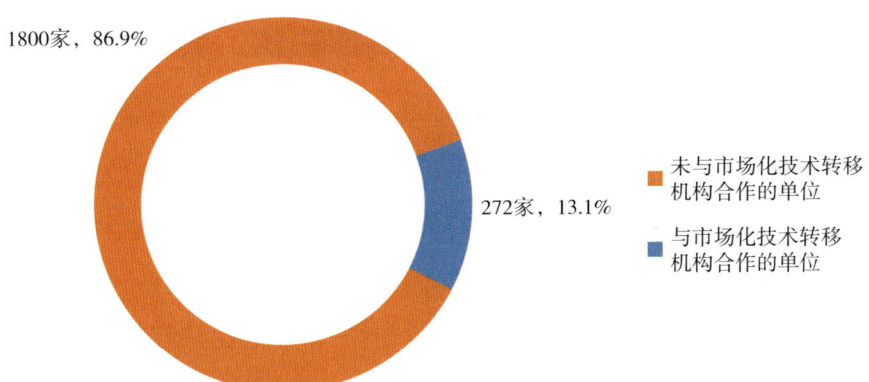

图 3-7-2　与市场化技术转移机构合作的科研院所数量情况

（二）技术转移人员

2072家科研院所的科技成果转化年度报告的填报信息显示，填报从事科技成果转移转化工作人员的科研院所共803家，仅占填报科研院所数的38.8%，反映出各科研院所普遍缺乏技术转移人才。这803家科研院所中，从事科技成果转移转化工作的人员共9932人，其中专职工作人员6372人、兼职工作人员3560人；平均每家科研院所拥有专职工作人员7.9人，兼职工作人员4.4人（图3-7-3）。

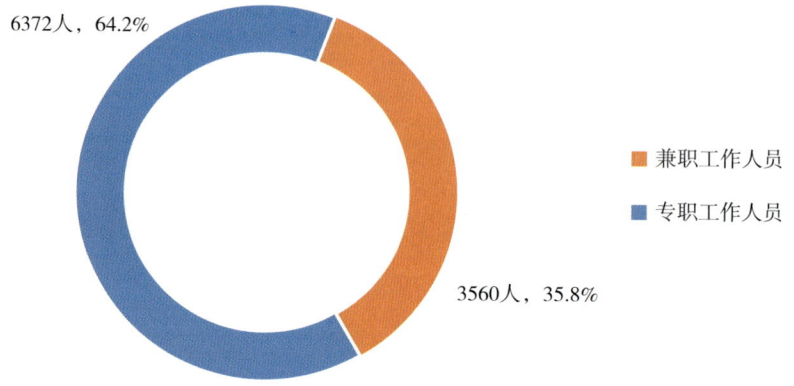

图 3-7-3　科研院所技术转移人才数量情况

二、与企业共建研发机构、转移机构、转化服务平台

科研院所与企业共建研发机构、转移机构和转化服务平台的数量有所增长。2019年，2072家科研院所中的363家与企业共建研发机构、转移机构、转化服务平台总数为1573家，比上一年增长4.2%。中央所属科研院所与企业共建研发机构、转移机构、转化服务平台总数为428家，比上一年下降9.4%。地方所属科研院所与企业共建研发机构、转移机构、转化服务平台总数为1145家，比上一年增长11.7%（图3-7-4）。2072家科研院所平均创建机构和平台0.8家，中央所属科研院所平均创建1.0家，地方所属科研院所平均创建0.7家。

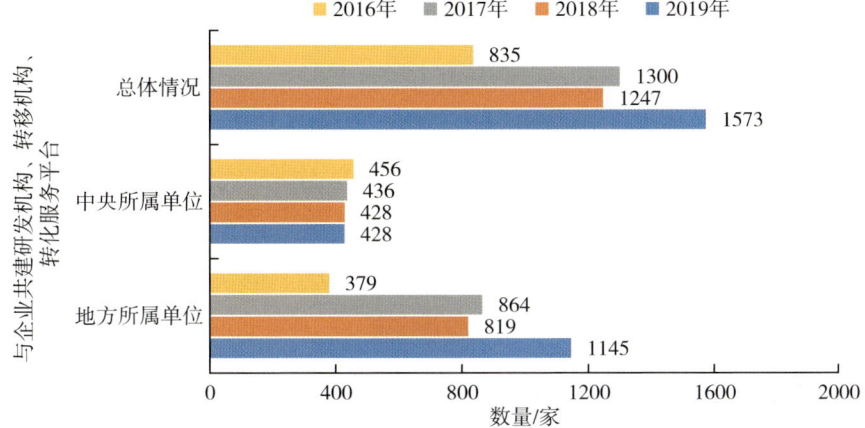

图 3-7-4 科研院所与企业共建研发机构、转移机构、转化服务平台情况

三、技术转移机构发挥作用

统计发现，超过三成的科研院所认为技术转移机构在科技成果转移转化过程中发挥了作用。2072家科研院所中，35.4%（共734家）的技术转移机构在科技成果转移转化过程中发挥了重要作用，15.8%（共327家）的技术转移机构在科技成果转移转化过程中发挥的作用一般，7.3%（共151家）的技术转移机构在科技成果转移转化过程中发挥的作用很小，41.5%（共860家）的技术转移机构在科技成果转移转化过程中基本未发挥作用（图3-7-5）。

科研院所自建技术转移机构在科技成果转移转化过程中发挥的作用相比2018年有所增加。200家自建有技术转移机构的科研院所中，认为自建的技术转移机构在科技成果转移转化过程中发挥了重要作用的占78.0%（156家），认为发挥了一般作用的占15.0%（30家），认为发挥了很少作用的占2.5%（5家），认为未发挥作用的占4.5%（9家）（图3-7-6），反映出各科研院所中从事科技成果转移转化的机构服务能力有待提高。

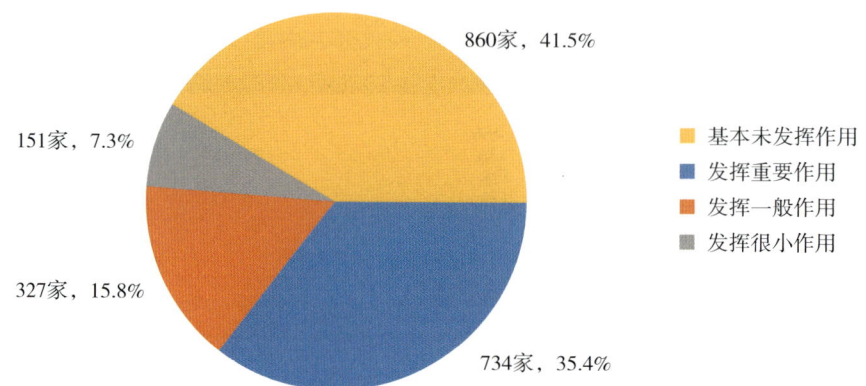

图 3-7-5　科研院所技术转移机构在科技成果转移转化过程中发挥作用情况

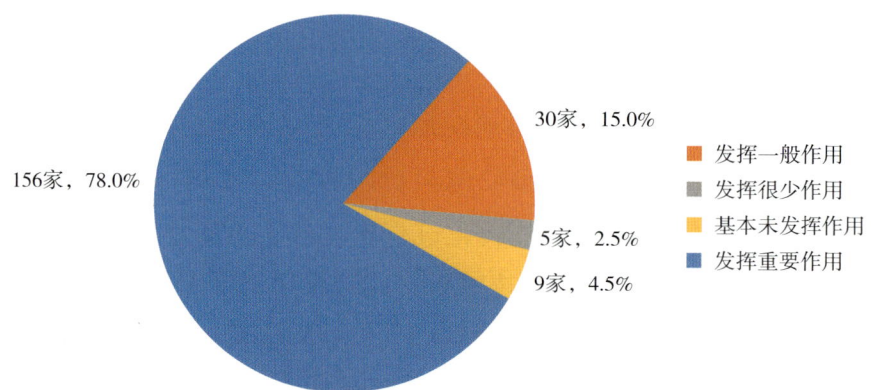

图 3-7-6　科研院所自建技术转移机构在本科研院所科技成果转移转化过程中发挥作用情况

附　录

附录1 2016—2020年涉及科技成果转化主要政策法规

编号	文件名称	发文字号
1	《中华人民共和国专利法》（2020年新修订）	2020年中华人民共和国主席令第55号
2	国家科学技术奖励条例	中华人民共和国国务院令第731号
3	中共中央关于制定国民经济和社会发展第十四个五年规划和二〇三五年远景目标的建议	
4	中共中央办公厅　国务院办公厅印发《深圳建设中国特色社会主义先行示范区综合改革试点实施方案（2020—2025年）》	
5	中共中央　国务院关于构建更加完善的要素市场化配置体制机制的意见	
6	国务院关于深化北京市新一轮服务业扩大开放综合试点建设国家服务业扩大开放综合示范区工作方案的批复	国函〔2020〕123号
7	中共中央　国务院关于新时代加快完善社会主义市场经济体制的意见	
8	国务院办公厅关于提升大众创业万众创新示范基地带动作用进一步促改革稳就业强动能的实施意见	国办发〔2020〕26号
9	国务院关于促进国家高新技术产业开发区高质量发展的若干意见	国发〔2020〕7号
10	国务院办公厅关于推广第三批支持创新相关改革举措的通知	国办发〔2020〕3号
11	国务院关于2019年度国家科学技术奖励的决定	国发〔2020〕2号
12	关于开展双创示范基地创业就业"校企行"专项行动的通知	发改办高技〔2020〕310号

续表

编号	文件名称	发文字号
13	科技部　财政部　发展改革委关于印发《中央财政科技计划（专项、基金等）绩效评估规范（试行）》的通知	国科发监〔2020〕165号
14	科技部办公厅关于加快推动国家科技成果转移转化示范区建设发展的通知	国科办区〔2020〕50号
15	科技部　教育部印发《关于进一步推进高等学校专业化技术转移机构建设发展的实施意见》的通知	国科发区〔2020〕133号
16	科技部等9部门印发《赋予科研人员职务科技成果所有权或长期使用权试点实施方案》的通知	国科发区〔2020〕128号
17	科技部办公厅　财政部办公厅　教育部办公厅　中科院办公厅　工程院办公厅　自然科学基金委办公室关于印发《新形势下加强基础研究若干重点举措》的通知	国科办基〔2020〕38号
18	科技部　财政部印发《关于推进国家技术创新中心建设的总体方案（暂行）》的通知	国科发区〔2020〕93号
19	科技部关于贯彻落实《法治政府建设实施纲要（2015—2020年）》情况的报告	
20	科技部印发《关于科技创新支撑复工复产和经济平稳运行的若干措施》的通知	国科发区〔2020〕67号
21	科技部印发《关于破除科技评价中"唯论文"不良导向的若干措施（试行）》的通知	国科发监〔2020〕37号
22	教育部　科技部印发《关于规范高等学校SCI论文相关指标使用　树立正确评价导向的若干意见》的通知	教科技〔2020〕2号
23	教育部　国家知识产权局　科技部关于提升高等学校专利质量促进转化运用的若干意见	教科技〔2020〕1号
24	住房和城乡建设部等部门关于推动智能建造与建筑工业化协同发展的指导意见	建市〔2020〕60号
25	交通运输部办公厅征求《关于深入推进公路工程技术创新工作的意见（征求意见稿）》有关意见的函	交办公路函〔2020〕654号
26	住房和城乡建设部等部门关于推动智能建造与建筑工业化协同发展的指导意见	建市〔2020〕60号

续表

编号	文件名称	发文字号
27	科技部　农业农村部　教育部　财政部　人力资源社会保障部　银保监会　中华全国供销合作总社印发《关于加强农业科技社会化服务体系建设的若干意见》的通知	国科发农〔2020〕192号
28	农业农村部办公厅关于开展国家农业科技示范展示基地建设的通知	农办科〔2020〕6号
29	国家知识产权局办公室关于进一步提升企业知识产权管理体系贯标认证质量的通知	国知办函运字〔2020〕953号
30	国家知识产权局办公室关于印发《知识产权信息公共服务工作指引》的通知	国知办发服字〔2020〕43号
31	国家铁路局关于印发《铁路行业科技创新基地管理办法（试行）》的通知	国铁科法规〔2020〕38号
32	教育部关于第五轮学科评估工作方案	
33	国务院办公厅关于支持国家级新区深化改革创新加快推动高质量发展的指导意见	国办发〔2019〕58号
34	中共中央办公厅　国务院办公厅印发《关于促进劳动力和人才社会性流动体制机制改革的意见》	
35	国务院办公厅关于印发科技领域中央与地方财政事权和支出责任划分改革方案的通知	国办发〔2019〕26号
36	科技部　教育部关于印发《国家大学科技园管理办法》的通知	国科发区〔2019〕117号
37	科技部印发《关于促进新型研发机构发展的指导意见》的通知	国科发政〔2019〕313号
38	科技部等6部门印发《关于扩大高校和科研院所科研相关自主权的若干意见》的通知	国科发政〔2019〕260号
39	科技部印发《关于新时期支持科技型中小企业加快创新发展的若干政策措施》的通知	国科发区〔2019〕268号
40	财政部关于修改《事业单位国有资产管理暂行办法》的决定	财政部令第100号

续表

编号	文件名称	发文字号
41	关于进一步加大授权力度促进科技成果转化的通知	财资〔2019〕57号
42	关于继续执行研发机构采购设备增值税政策的公告	财政部 商务部 税务总局公告2019年第91号
43	人力资源社会保障部 农业农村部关于深化农业技术人员职称制度改革的指导意见	人社部发〔2019〕114号
44	交通运输部 中央网信办 国家发展改革委 教育部 科技部 工业和信息化部 财政部关于印发《智能航运发展指导意见》的通知	交海发〔2019〕66号
45	中共自然资源部党组关于激励科技创新人才的若干措施	自然资党发〔2019〕2号
46	中共国家林业和草原局党组关于实施激励科技创新人才若干措施的通知	林发〔2019〕22号
47	人力资源社会保障部关于进一步支持和鼓励事业单位科研人员创新创业的指导意见	人社部发〔2019〕137号
48	关于推动先进制造业和现代服务业深度融合发展的实施意见	发改产业〔2019〕1762号
49	交通运输部办公厅关于公布2019年度交通运输重大科技创新成果库入库成果的通知	交办科技函〔2019〕1647号
50	中共中央办公厅 国务院办公厅印发《关于分类推进人才评价机制改革的指导意见》的通知	中办发〔2018〕6号
51	中共中央办公厅 国务院办公厅印发《关于进一步加强科研诚信建设的若干意见》的通知	中办发〔2018〕23号
52	中共中央办公厅 国务院办公厅印发《关于深化项目评审、人才评价、机构评估改革的意见》	中办发〔2018〕37号
53	国务院关于全面加强基础科学研究的若干意见	国发〔2018〕4号
54	国务院关于优化科研管理提升科研绩效若干措施的通知	国发〔2018〕25号
55	国务院关于推动创新创业高质量发展打造"双创"升级版的意见	国发〔2018〕32号

续表

编号	文件名称	发文字号
56	国务院办公厅关于推进农业高新技术产业示范区建设发展的指导意见	国办发〔2018〕4号
57	国务院办公厅关于印发《知识产权对外转让有关工作办法（试行）》的通知	国办发〔2018〕19号
58	国务院办公厅关于推广第二批支持创新相关改革举措的通知	国办发〔2018〕126号
59	国务院办公厅关于抓好赋予科研机构和人员更大自主权有关文件贯彻落实工作的通知	国办发〔2018〕127号
60	关于印发振兴东北科技成果转移转化专项行动实施方案的通知	国科发创〔2018〕17号
61	科技部 国资委印发《关于进一步推进中央企业创新发展的意见》的通知	国科发资〔2018〕19号
62	科技部关于印发《关于技术市场发展的若干意见》的通知	国科发创〔2018〕48号
63	科技部 财政部 税务总局关于科技人员取得职务科技成果转化现金奖励信息公示办法的通知	国科发政〔2018〕103号
64	财政部 税务总局 科技部关于科技人员取得职务科技成果转化现金奖励有关个人所得税政策的通知	财税〔2018〕58号
65	国家税务总局关于科技人员取得职务科技成果转化现金奖励有关个人所得税征管问题的公告	国家税务总局公告2018年第30号
66	国家发展改革委关于印发《国家产业创新中心建设工作指引（试行）》的通知	发改高技规〔2018〕68号
67	教育部关于印发《高校科技创新服务"一带一路"倡议行动计划》的通知	教技〔2018〕12号
68	教育部 财政部 国家发展改革委印发《关于高等学校加快"双一流"建设的指导意见》的通知	教研〔2018〕5号
69	教育部关于印发《高等学校科技成果转化和技术转移基地认定暂行办法》的通知	教技〔2018〕7号

续表

编号	文件名称	发文字号
70	工业和信息化部办公厅关于印发《国家制造业创新中心考核评估办法(暂行)》的通知	工信厅科〔2018〕37号
71	工业和信息化部　财政部关于印发国家新材料产业资源共享平台建设方案的通知	工信部联原〔2018〕78号
72	财政部　科技部　国资委关于扩大国有科技型企业股权和分红激励暂行办法实施范围等有关事项的通知	财资〔2018〕54号
73	财政部　税务总局　科技部关于企业委托境外研究开发费用税前加计扣除有关政策问题的通知	财税〔2018〕64号
74	财政部　税务总局　科技部关于提高研究开发费用税前加计扣除比例的通知	财税〔2018〕99号
75	财政部　税务总局　科技部　教育部关于科技企业孵化器大学科技园和众创空间税收政策的通知	财税〔2018〕120号
76	中共自然资源部党组关于深化科技体制改革提升科技创新效能的实施意见	自然资党发〔2018〕31号
77	交通运输部办公厅关于建立交通运输重大科技创新成果库的通知	交办科技〔2018〕37号
78	关于印发国家卫生健康委员会科技重大专项实施管理细则的通知	国卫办科教发〔2018〕15号
79	国家粮食和物资储备局办公室关于印发《全国粮食行业领军人才选拔培养管理办法》的通知	国粮办发〔2018〕310号
80	食品药品监管总局　科技部关于加强和促进食品药品科技创新工作的指导意见	食药监科〔2018〕14号
81	国务院关于印发国家技术转移体系建设方案的通知	国发〔2017〕44号
82	科技部关于印发国家科技成果转移转化示范区建设指引的通知	国科发创〔2017〕304号
83	教育部办公厅关于进一步推动高校落实科技成果转化政策相关事项的通知	教技厅函〔2017〕139号

续表

编号	文件名称	发文字号
84	财政部关于《国有资产评估项目备案管理办法》的补充通知	财资〔2017〕70号
85	人力资源社会保障部关于支持和鼓励事业专业技术人员创新创业的指导意见	人社部规〔2017〕4号
86	质检总局关于促进科技成果转化的指导意见	国质检科〔2017〕140号
87	交通运输部关于印发促进科技成果转化暂行办法的通知	交科技发〔2017〕55号
88	国家林业局关于印发《国家林业局促进科技成果转移转化行动方案》的通知	林科发〔2017〕46号
89	国家食品药品监督管理总局关于促进科技成果转化的意见	食药监科〔2017〕71号
90	国家铁路局关于印发《铁路标准化"十三五"发展规划》的通知	国铁科法〔2017〕15号
91	交通运输部关于印发促进科技成果转化暂行办法的通知	交科技发〔2017〕55号
92	中共中央 国务院印发《国家创新驱动发展战略纲要》	中发〔2016〕4号
93	中共中央办公厅 国务院办公厅印发《关于实行以增加知识价值为导向分配政策的若干意见》的通知	厅字〔2016〕35号
94	国务院关于印发实施《中华人民共和国促进科技成果转化法》若干规定的通知	国发〔2016〕16号
95	国务院办公厅关于印发促进科技成果转移转化行动方案的通知	国办发〔2016〕28号
96	教育部 科技部关于加强高等学校科技成果转移转化工作的若干意见	教技〔2016〕3号
97	国家卫生计生委 科学技术部 国家食品药品监督管理总局 国家中医药管理局 中央军委后勤保障部 卫生局关于加强卫生与健康科技成果转移转化工作的指导意见	国卫科教发〔2016〕51号
98	教育部办公厅关于印发《促进高等学校科技成果转移转化行动计划》的通知	教技厅函〔2016〕115号

续表

编号	文件名称	发文字号
99	财政部 国家税务总局关于完善股权激励和技术入股有关所得税政策的通知	财税〔2016〕101号
100	财政部 科技部 国资委关于印发《国有科技型企业股权和分红激励暂行办法》的通知	财资〔2016〕4号
101	国土资源部关于印发促进科技成果转化暂行办法的通知	国土资发〔2016〕105号
102	农业部关于印发《农业部深入实施〈中华人民共和国促进科技成果转化法〉若干细则》的通知	农科教发〔2016〕7号
103	中国科学院关于印发《中国科学院促进科技成果转移转化专项行动实施方案》的通知	科发促字〔2016〕37号
104	中国科学院 科技部关于印发《中国科学院关于新时期加快促进科技成果转移转化指导意见》的通知	科发促字〔2016〕97号
105	中国科学院科技成果转移转化重点专项项目管理办法	科发促字〔2016〕138号
106	国家粮食局关于大力促进粮食科技成果转化的实施意见	国粮储〔2016〕148号
107	交通运输部关于深化科技体制改革落实创新驱动发展战略的意见	交科技发〔2016〕173号

附录 2　2019 年高校院所以转让、许可、作价投资 3 种方式转化科技成果合同金额前 100 名

以转让、许可、作价投资方式转化科技成果的合同金额，可在一定程度上反映科技成果的价值。有的大额合同实施周期较长，达数年甚至 10 年以上，转化合同资金可能分期到账。

排名	单位名称	合同金额/万元
1	中国科学院上海药物研究所	171 700.00
2	中国科学院深圳先进技术研究院	49 315.32
3	暨南大学	43 802.30
4	中南大学	42 585.46
5	清华大学	39 777.14
6	上海交通大学	36 719.55
7	南方科技大学	33 368.66
8	中国科学院微电子研究所	32 288.49
9	深圳华大生命科学研究院	30 000.00
10	上海科技大学	29 560.00
11	长春大学	28 848.00
12	中国科学院空天信息创新研究院	28 131.07
13	中国科学院动物研究所	22 000.00
14	中国科学院分子细胞科学卓越创新中心	21 080.00
15	沈阳药科大学	21 070.00

续表

排名	单位名称	合同金额/万元
16	天津先进技术研究院	20 000.00
17	之江实验室	20 000.00
18	中国药科大学	19 648.93
19	西安交通大学	17 200.60
20	中国科学院天津工业生物技术研究所	16 320.00
21	中国农业科学院兰州兽医研究所	13 943.69
22	中国民航科学技术研究院（中国民用航空局航空安全技术中心）	13 934.99
23	湖州师范学院	12 546.70
24	江苏省农业科学院	12 316.80
25	中国科学院上海光学精密机械研究所	12 246.95
26	中国科学院脑科学与智能技术卓越创新中心	11 785.00
27	复旦大学	11 730.30
28	上海大学	10 682.00
29	中国医学科学院医药生物技术研究所	10 000.00
30	华东理工大学	9800.00
31	华南理工大学	9737.68
32	南京理工大学	9705.83
33	山东大学	9665.30
34	四川大学	9322.75
35	浙江大学	9227.97
36	南京航空航天大学	9105.21
37	黑龙江省农业科学院	9010.15
38	中国科学院长春光学精密机械与物理研究所	8856.66

续表

排名	单位名称	合同金额/万元
39	中国科学院工程热物理研究所	8840.00
40	兰州大学	8818.00
41	中国科学院大连化学物理研究所	8665.08
42	中国科学院合肥物质科学研究院	8483.86
43	东北大学	8417.60
44	郑州轻工业大学	7158.00
45	北京大学	7048.77
46	武汉理工大学	7041.40
47	中国科学院理化技术研究所	6810.00
48	中国科学院声学研究所	6581.90
49	南京工业大学	6480.29
50	中国计量大学	6461.20
51	广东省农业科学院	6402.02
52	华中科技大学	6377.75
53	武汉大学	6364.75
54	中国科学院半导体研究所	6330.00
55	陕西科技大学	6271.85
56	福州大学	6186.30
57	中国科学院上海硅酸盐研究所	6100.00
58	西安建筑科技大学	5962.50
59	福建海洋研究所	5798.62
60	扬州大学	5676.93
61	交通运输部公路科学研究所	5567.00

续表

排名	单位名称	合同金额/万元
62	上海理工大学	5368.00
63	中国科学院微生物研究所	5321.00
64	中国农业科学院麻类研究所	5111.00
65	沈阳化工大学	5106.34
66	湖南大学	4968.72
67	广东省科学院	4961.15
68	中国科学院自动化研究所	4910.00
69	中国科学院上海有机化学研究所	4810.00
70	中国医学科学院药物研究所	4740.00
71	中国科学院宁波材料技术与工程研究所	4730.00
72	西南科技大学	4591.70
73	电子科技大学广东电子信息工程研究院	4450.00
74	中国科学院广州能源研究所	4435.00
75	哈尔滨工业大学	4409.72
76	中国科学院化学研究所	4350.00
77	中国农业科学院哈尔滨兽医研究所	4330.00
78	辽宁科技大学	4155.45
79	上海中医药大学	3986.00
80	中国科学院过程工程研究所	3730.12
81	中国科学院上海微系统与信息技术研究所	3562.00
82	北京化工大学	3557.71
83	太原理工大学	3541.67
84	南京农业大学	3505.00

续表

排名	单位名称	合同金额/万元
85	重庆大学	3492.42
86	杭州师范大学	3379.04
87	厦门大学	3211.50
88	天津市农作物研究所	3037.62
89	重庆文理学院	3017.65
90	公安部交通管理科学研究所	3011.44
91	中国医学科学院放射医学研究所	3000.00
92	东南大学	2940.33
93	北京航空航天大学	2923.70
94	中国农业科学院上海兽医研究所	2910.00
95	中国科学院国家空间科学中心	2909.83
96	吉林大学	2898.75
97	应急管理部天津消防研究所	2880.00
98	湖南杂交水稻研究中心	2880.00
99	西北工业大学	2734.00
100	浙江省农业科学院	2722.78
	合计	1 225 456.96

附录3 2019年高校院所奖励个人现金和股份总金额前100名

高校院所以转让、许可、作价投资方式转化科技成果获得的现金和股权收入奖励给科研人员的金额，与当年到账额（有的单位的当年到账额是2019年以前签订的转化合同的当年到账额）、各单位的具体操作办法、合同执行周期等因素密切相关。

排名	单位名称	奖励个人金额/万元
1	中南大学	29 809.50
2	清华大学	27 845.00
3	南方科技大学	23 563.14
4	华东理工大学	15 794.18
5	生态环境部华南环境科学研究所	13 171.78
6	湖州师范学院	12 543.41
7	西安交通大学	10 808.16
8	湖南城市学院	10 647.03
9	中国农业科学院哈尔滨兽医研究所	10 462.00
10	中国农业科学院兰州兽医研究所	9301.90
11	中国科学院深圳先进技术研究院	9290.64
12	山东大学	8562.86
13	东北大学	7439.14
14	华南理工大学	6889.86
15	上海交通大学	6815.44

续表

排名	单位名称	奖励个人金额/万元
16	黑龙江省农业科学院	6321.07
17	四川大学	6229.65
18	中国科学院上海光学精密机械研究所	6053.22
19	江苏省产业技术研究院	5671.00
20	中国科学院合肥物质科学研究院	5559.24
21	南京航空航天大学	5336.42
22	西安建筑科技大学	5228.76
23	中国科学院计算技术研究所	5189.46
24	武汉理工大学	4523.29
25	中国科学院工程热物理研究所	4421.00
26	中国科学院长春光学精密机械与物理研究所	4278.33
27	广东省水利水电科学研究院	4184.32
28	武汉大学	4133.63
29	沈阳化工大学	4064.22
30	江苏省农业科学院	3979.10
31	中国科学院大连化学物理研究所	3959.48
32	郑州轻工业大学	3824.31
33	湖南大学	3781.56
34	华中科技大学	3750.23
35	上海理工大学	3710.19
36	中国科学院上海药物研究所	3687.32
37	中国计量大学	3639.83
38	西南科技大学	3559.67

续表

排名	单位名称	奖励个人金额/万元
39	交通运输部公路科学研究所	3340.20
40	中国科学院半导体研究所	3266.50
41	浙江大学	3170.84
42	南京工业大学	3115.62
43	北京大学	3111.45
44	中国科学院广州能源研究所	3045.00
45	水利部南京水利水文自动化研究所	2779.48
46	广东省农业科学院	2653.19
47	中国科学院上海有机化学研究所	2578.68
48	同济大学	2572.79
49	重庆文理学院	2405.32
50	中国科学院动物研究所	2399.82
51	天津工业大学	2391.70
52	黑龙江省科学院	2180.30
53	湖南工艺美术职业学院	2163.20
54	哈尔滨工业大学	2154.00
55	中国科学院自动化研究所	2122.86
56	杭州师范大学	2080.75
57	中国科学院宁波材料技术与工程研究所	1990.92
58	中国科学院国家空间科学中心	1934.13
59	中国科学院上海微系统与信息技术研究所	1877.14
60	西北工业大学	1826.30
61	应急管理部天津消防研究所	1728.00

续表

排名	单位名称	奖励个人金额/万元
62	北京化工大学	1726.00
63	四川美术学院	1707.30
64	四川大学青岛研究院	1670.00
65	中国科学院微电子研究所	1662.17
66	吉林省农业科学院	1646.69
67	沈阳药科大学	1638.37
68	中国农业科学院郑州果树研究所	1603.20
69	莆田学院	1593.00
70	西南大学	1563.17
71	东南大学	1552.26
72	南京理工大学	1535.10
73	中国农业科学院植物保护研究所	1521.00
74	浙江省农业科学院	1460.66
75	中国农业大学	1456.50
76	北京交通大学	1447.11
77	复旦大学	1420.85
78	南京大学	1411.97
79	中国地质大学（武汉）	1391.95
80	北京航空航天大学	1365.19
81	西南交通大学	1362.20
82	中国科学院山西煤炭化学研究所	1338.50
83	中国农业科学院农业环境与可持续发展研究所	1332.00
84	大连海事大学	1298.80

续表

排名	单位名称	奖励个人金额/万元
85	北京邮电大学	1294.90
86	江南大学	1279.00
87	宁波职业技术学院	1273.57
88	西安理工大学	1269.74
89	江西现代职业技术学院	1247.16
90	西安工程大学	1187.42
91	中国医学科学院医学实验动物研究所	1183.00
92	中国测绘科学研究院	1149.27
93	北京市农林科学院	1137.95
94	中国农业科学院油料作物研究所	1130.82
95	中国热带农业科学院香料饮料研究所	1120.00
96	重庆工程职业技术学院	1107.68
97	中国农业科学院农业质量标准与检测技术研究所	1098.48
98	上海市农业科学院	1085.08
99	湖南杂交水稻研究中心	1081.00
100	暨南大学	1072.96
	合计	418 339.55

附录4 2019年高校院所以技术转让(包括转让、许可、作价投资)、技术开发、技术咨询、技术服务方式转化科技成果合同金额前100名

排名	单位名称	合同金额/万元
1	清华大学	294 682.14
2	浙江大学	227 569.86
3	上海交通大学	204 050.35
4	同济大学	198 501.86
5	中国科学院上海药物研究所	195 220.68
6	北京航空航天大学	156 173.29
7	东南大学	153 749.33
8	华南理工大学	118 595.06
9	中国水利水电科学研究院	117 088.79
10	暨南大学	103 928.38
11	北京大学	98 513.79
12	哈尔滨工业大学	94 692.73
13	西安交通大学	91 315.74
14	四川大学	88 364.26
15	南京理工大学	86 167.23
16	江苏大学	84 281.17
17	武汉理工大学	82 241.40
18	武汉大学	76 399.11

续表

排名	单位名称	合同金额/万元
19	中国石油大学(华东)	74 222.45
20	中南大学	74 089.46
21	东北大学	72 187.60
22	中国环境科学研究院	72 015.94
23	西南交通大学	66 978.41
24	广东省科学院	65 790.61
25	深圳华大生命科学研究院	61 442.00
26	中国科学院深圳先进技术研究院	61 315.32
27	天津大学	60 813.35
28	西北工业大学	60 810.58
29	中国科学院微电子研究所	60 330.49
30	重庆大学	60 150.32
31	江南大学	58 328.04
32	复旦大学	57 249.43
33	水利部 交通运输部 国家能源局南京水利科学研究院	56 710.48
34	南京航空航天大学	56 244.34
35	长江水利委员会长江科学院	55 939.28
36	北京科技大学	54 937.90
37	山东大学	54 799.75
38	中国矿业大学	54 200.53
39	苏州大学	51 837.20
40	生态环境部南京环境科学研究所	49 200.00
41	南京大学	48 303.47

续表

排名	单位名称	合同金额/万元
42	西南石油大学	48 173.70
43	湖南大学	47 958.47
44	上海大学	47 873.39
45	中国农业大学	47 703.72
46	北京交通大学	46 342.93
47	吉林大学	46 290.98
48	中国石油大学（北京）	46 181.12
49	南方科技大学	45 724.55
50	兰州大学	44 218.88
51	电子科技大学	44 021.21
52	中国科学院大连化学物理研究所	42 770.58
53	西安电子科技大学	42 087.47
54	浙江工业大学	42 031.14
55	生态环境部华南环境科学研究所	41 906.07
56	中国科学院工程热物理研究所	40 628.00
57	中国矿业大学（北京）	40 198.55
58	华东理工大学	40 197.00
59	华北电力大学	40 133.75
60	河海大学	39 027.24
61	江苏省产业技术研究院	38 617.00
62	郑州轻工业大学	37 802.21
63	中国药科大学	37 632.01
64	中山大学	37 555.79

续表

排名	单位名称	合同金额/万元
65	沈阳药科大学	37 409.93
66	中国科学院长春光学精密机械与物理研究所	37 244.53
67	中国科学院合肥物质科学研究院	36 983.86
68	大连理工大学	36 409.10
69	广西壮族自治区水利电力勘测设计研究院	36 254.66
70	之江实验室	36 247.00
71	青岛科技大学	36 064.87
72	华中科技大学	34 329.75
73	交通运输部天津水运工程科学研究所	34 214.43
74	珠江水利委员会珠江水利科学研究院	33 444.17
75	中国科学院半导体研究所	33 312.00
76	中国科学院信息工程研究所	32 587.10
77	扬州大学	32 494.53
78	南京工业大学	32 287.92
79	交通运输部公路科学研究所	31 969.62
80	上海科技大学	31 511.73
81	中国科学院沈阳自动化研究所	31 473.00
82	厦门大学	30 944.56
83	中国科学院空天信息创新研究院	29 407.77
84	长春大学	29 360.02
85	东华大学	28 479.28
86	北京邮电大学	28 348.57
87	中国地质大学（武汉）	27 717.50

续表

排名	单位名称	合同金额/万元
88	南开大学	27 714.86
89	广东省水利水电科学研究院	27 465.14
90	成都理工大学	27 007.69
91	江苏省农业科学院	26 690.13
92	郑州大学	26 563.60
93	中国特种设备检测研究院	26 248.54
94	北京化工大学	26 212.71
95	福州大学	25 783.60
96	中国科学技术大学	25 550.56
97	国家工业信息安全发展研究中心（工业和信息化部电子第一研究所）	25 518.74
98	中国科学院金属研究所	25 424.38
99	湖南省交通科学研究院有限公司	25 347.65
100	北京工业大学	25 309.83
	合计	5 943 841.21

附录5 2019年高等院校以转让、许可、作价投资3种方式转化科技成果合同金额前100名

排名	单位名称	合同金额/万元
1	暨南大学	43 802.30
2	中南大学	42 585.46
3	清华大学	39 777.14
4	上海交通大学	36 719.55
5	南方科技大学	33 368.66
6	上海科技大学	29 560.00
7	长春大学	28 848.00
8	沈阳药科大学	21 070.00
9	中国药科大学	19 648.93
10	西安交通大学	17 200.60
11	湖州师范学院	12 546.70
12	复旦大学	11 730.30
13	上海大学	10 682.00
14	华东理工大学	9800.00
15	华南理工大学	9737.68
16	南京理工大学	9705.83
17	山东大学	9665.30
18	四川大学	9322.75
19	浙江大学	9227.97
20	南京航空航天大学	9105.21

续表

排名	单位名称	合同金额/万元
21	兰州大学	8818.00
22	东北大学	8417.60
23	郑州轻工业大学	7158.00
24	北京大学	7048.77
25	武汉理工大学	7041.40
26	南京工业大学	6480.29
27	中国计量大学	6461.20
28	华中科技大学	6377.75
29	武汉大学	6364.75
30	陕西科技大学	6271.85
31	福州大学	6186.30
32	西安建筑科技大学	5962.50
33	扬州大学	5676.93
34	上海理工大学	5368.00
35	沈阳化工大学	5106.34
36	湖南大学	4968.72
37	西南科技大学	4591.70
38	哈尔滨工业大学	4409.72
39	辽宁科技大学	4155.45
40	上海中医药大学	3986.00
41	北京化工大学	3557.71
42	太原理工大学	3541.67
43	南京农业大学	3505.00

续表

排名	单位名称	合同金额/万元
44	重庆大学	3492.42
45	杭州师范大学	3379.04
46	厦门大学	3211.50
47	重庆文理学院	3017.65
48	东南大学	2940.33
49	北京航空航天大学	2923.70
50	吉林大学	2898.75
51	西北工业大学	2734.00
52	江南大学	2606.85
53	江西理工大学	2596.00
54	武汉工程大学	2395.10
55	北京交通大学	2394.93
56	山东农业大学	2320.00
57	河海大学	2245.96
58	东北电力大学	2183.94
59	江苏大学	2162.87
60	成都中医药大学	2149.45
61	西北大学	2116.50
62	北京邮电大学	2116.00
63	西南大学	2094.11
64	中国地质大学（武汉）	1988.50
65	内蒙古农业大学	1970.00
66	西南交通大学	1945.63

续表

排名	单位名称	合同金额/万元
67	广西大学	1889.45
68	中国矿业大学	1867.50
69	潍坊学院	1706.12
70	上海海洋大学	1663.60
71	重庆工业职业技术学院	1640.00
72	南京大学	1618.28
73	大连海事大学	1612.00
74	北京科技大学	1570.50
75	中国石油大学（北京）	1535.00
76	清华大学深圳国际研究生院	1520.00
77	同济大学	1517.12
78	四川美术学院	1504.00
79	华北水利水电大学	1501.27
80	武汉科技大学	1486.00
81	河南农业大学	1448.00
82	西北农林科技大学	1437.50
83	中山大学	1430.03
84	大连理工大学	1420.10
85	西安理工大学	1361.93
86	西安电子科技大学	1303.88
87	嘉兴学院	1272.08
88	湖北工业大学	1265.43
89	华南师范大学	1263.89

续表

排名	单位名称	合同金额/万元
90	浙江理工大学	1231.87
91	中国石油大学（华东）	1201.35
92	东华理工大学	1195.69
93	山东理工职业学院	1170.00
94	中原工学院	1158.00
95	四川轻化工大学	1137.85
96	重庆工程职业技术学院	1118.87
97	东华大学	1086.00
98	淮阴工学院	1070.30
99	齐鲁工业大学	1069.00
100	首都医科大学	1065.50
	合计	650 781.37

附录 6 2019 年高等院校奖励个人现金和股份总金额前 100 名

排名	单位名称	奖励个人金额/万元
1	中南大学	29 809.50
2	清华大学	27 845.00
3	南方科技大学	23 563.14
4	华东理工大学	15 794.18
5	湖州师范学院	12 543.41
6	西安交通大学	10 808.16
7	湖南城市学院	10 647.03
8	山东大学	8562.86
9	东北大学	7439.14
10	华南理工大学	6889.86
11	上海交通大学	6815.44
12	四川大学	6229.65
13	南京航空航天大学	5336.42
14	西安建筑科技大学	5228.76
15	武汉理工大学	4523.29
16	武汉大学	4133.63
17	沈阳化工大学	4064.22
18	郑州轻工业大学	3824.31
19	湖南大学	3781.56
20	华中科技大学	3750.23

续表

排名	单位名称	奖励个人金额/万元
21	上海理工大学	3710.19
22	中国计量大学	3639.83
23	西南科技大学	3559.67
24	浙江大学	3170.84
25	南京工业大学	3115.62
26	北京大学	3111.45
27	同济大学	2572.79
28	重庆文理学院	2405.32
29	天津工业大学	2391.70
30	湖南工艺美术职业学院	2163.20
31	哈尔滨工业大学	2154.00
32	杭州师范大学	2080.75
33	西北工业大学	1826.30
34	北京化工大学	1726.00
35	四川美术学院	1707.30
36	沈阳药科大学	1638.37
37	莆田学院	1593.00
38	西南大学	1563.17
39	东南大学	1552.26
40	南京理工大学	1535.10
41	中国农业大学	1456.50
42	北京交通大学	1447.11
43	复旦大学	1420.85

续表

排名	单位名称	奖励个人金额/万元
44	南京大学	1411.97
45	中国地质大学（武汉）	1391.95
46	北京航空航天大学	1365.19
47	西南交通大学	1362.20
48	大连海事大学	1298.80
49	北京邮电大学	1294.90
50	江南大学	1279.00
51	宁波职业技术学院	1273.57
52	西安理工大学	1269.74
53	江西现代职业技术学院	1247.16
54	西安工程大学	1187.42
55	重庆工程职业技术学院	1107.68
56	暨南大学	1072.96
57	兰州大学	1066.33
58	江苏大学	1065.15
59	西北大学	1037.96
60	华南师范大学	972.29
61	武汉工程大学	971.09
62	中山大学	969.56
63	西南石油大学	929.00
64	湖南铁路科技职业技术学院	907.17
65	东北电力大学	885.46
66	清华大学深圳国际研究生院	861.00

续表

排名	单位名称	奖励个人金额/万元
67	北京科技大学	841.80
68	东华大学	768.80
69	中国海洋大学	750.74
70	南京农业大学	734.30
71	南京师范大学	732.60
72	延边大学	731.68
73	武汉科技大学	724.78
74	广西大学	704.24
75	北京工业大学	704.23
76	浙江理工大学	688.59
77	南开大学	677.50
78	闽南师范大学	674.44
79	天津大学	646.87
80	西北农林科技大学	646.13
81	扬州大学	617.90
82	华中农业大学	541.49
83	温州医科大学	537.60
84	云南农业大学	536.40
85	南京林业大学	526.80
86	淮阴师范学院	521.19
87	台州学院	511.83
88	山东理工大学	507.60
89	杭州电子科技大学	499.27

续表

排名	单位名称	奖励个人金额/万元
90	广东工业大学	497.25
91	中原工学院	493.85
92	首都医科大学	493.85
93	苏州大学	492.68
94	河南大学	462.24
95	中国石油大学(北京)	435.31
96	安徽大学	435.09
97	盐城工学院	424.37
98	河南科技学院	394.10
99	华北电力大学	381.88
100	四川轻化工大学	380.78
	合计	299 076.84

附录7　2019年高等院校以技术转让（包括转让、许可、作价投资）、技术开发、技术咨询、技术服务方式转化科技成果合同金额前100名

排名	单位名称	合同金额 / 万元
1	清华大学	294 682.14
2	浙江大学	227 569.86
3	上海交通大学	204 050.35
4	同济大学	198 501.86
5	北京航空航天大学	156 173.29
6	东南大学	153 749.33
7	华南理工大学	118 595.06
8	暨南大学	103 928.38
9	北京大学	98 513.79
10	哈尔滨工业大学	94 692.73
11	西安交通大学	91 315.74
12	四川大学	88 364.26
13	南京理工大学	86 167.23
14	江苏大学	84 281.17
15	武汉理工大学	82 241.40
16	武汉大学	76 399.11
17	中国石油大学（华东）	74 222.45
18	中南大学	74 089.46

续表

排名	单位名称	合同金额/万元
19	东北大学	72 187.60
20	西南交通大学	66 978.41
21	天津大学	60 813.35
22	西北工业大学	60 810.58
23	重庆大学	60 150.32
24	江南大学	58 328.04
25	复旦大学	57 249.43
26	南京航空航天大学	56 244.34
27	北京科技大学	54 937.90
28	山东大学	54 799.75
29	中国矿业大学	54 200.53
30	苏州大学	51 837.20
31	南京大学	48 303.47
32	西南石油大学	48 173.70
33	湖南大学	47 958.47
34	上海大学	47 873.39
35	中国农业大学	47 703.72
36	北京交通大学	46 342.93
37	吉林大学	46 290.98
38	中国石油大学（北京）	46 181.12
39	南方科技大学	45 724.55
40	兰州大学	44 218.88
41	电子科技大学	44 021.21

续表

排名	单位名称	合同金额/万元
42	西安电子科技大学	42 087.47
43	浙江工业大学	42 031.14
44	中国矿业大学（北京）	40 198.55
45	华东理工大学	40 197.00
46	华北电力大学	40 133.75
47	河海大学	39 027.24
48	郑州轻工业大学	37 802.21
49	中国药科大学	37 632.01
50	中山大学	37 555.79
51	沈阳药科大学	37 409.93
52	大连理工大学	36 409.10
53	青岛科技大学	36 064.87
54	华中科技大学	34 329.75
55	扬州大学	32 494.53
56	南京工业大学	32 287.92
57	上海科技大学	31 511.73
58	厦门大学	30 944.56
59	长春大学	29 360.02
60	东华大学	28 479.28
61	北京邮电大学	28 348.57
62	中国地质大学（武汉）	27 717.50
63	南开大学	27 714.86
64	成都理工大学	27 007.69

续表

排名	单位名称	合同金额/万元
65	郑州大学	26 563.60
66	北京化工大学	26 212.71
67	福州大学	25 783.60
68	中国科学技术大学	25 550.56
69	北京工业大学	25 309.83
70	西安科技大学	24 266.00
71	西南大学	23 909.11
72	太原理工大学	23 412.10
73	中国计量大学	23 017.80
74	中北大学	22 222.50
75	北京师范大学	22 079.38
76	浙江农林大学	21 061.92
77	武汉工程大学	20 261.10
78	首都医科大学	20 254.41
79	浙江理工大学	19 464.87
80	重庆交通大学	19 400.80
81	长安大学	19 214.34
82	合肥工业大学	18 649.67
83	江苏师范大学	17 984.10
84	西安建筑科技大学	17 374.98
85	南京农业大学	17 309.00
86	南通大学	17 276.46
87	山东科技大学	17 251.63

续表

排名	单位名称	合同金额/万元
88	武汉科技大学	16 809.83
89	华中农业大学	16 755.13
90	西安邮电大学	16 731.00
91	长江大学	16 686.80
92	重庆科技学院	16 542.00
93	哈尔滨工程大学	16 445.83
94	江苏科技大学	16 298.73
95	南京信息工程大学	16 154.83
96	华南农业大学	15 933.86
97	昆明理工大学	15 907.00
98	湖南工程学院	15 879.00
99	湖州师范学院	15 272.70
100	西北大学	15 253.68
	合计	5 030 113.81

附录 8　2019 年科研院所以转让、许可、作价投资 3 种方式转化科技成果合同金额前 100 名

排名	单位名称	合同金额 / 万元
1	中国科学院上海药物研究所	171 700.00
2	中国科学院深圳先进技术研究院	49 315.32
3	中国科学院微电子研究所	32 288.49
4	深圳华大生命科学研究院	30 000.00
5	中国科学院空天信息创新研究院	28 131.07
6	中国科学院动物研究所	22 000.00
7	中国科学院分子细胞科学卓越创新中心	21 080.00
8	之江实验室	20 000.00
9	天津先进技术研究院	20 000.00
10	中国科学院天津工业生物技术研究所	16 320.00
11	中国农业科学院兰州兽医研究所	13 943.69
12	中国民航科学技术研究院（中国民用航空局航空安全技术中心）	13 934.99
13	江苏省农业科学院	12 316.80
14	中国科学院上海光学精密机械研究所	12 246.95
15	中国科学院脑科学与智能技术卓越创新中心	11 785.00
16	中国医学科学院医药生物技术研究所	10 000.00
17	黑龙江省农业科学院	9010.15
18	中国科学院长春光学精密机械与物理研究所	8856.66

续表

排名	单位名称	合同金额/万元
19	中国科学院工程热物理研究所	8840.00
20	中国科学院大连化学物理研究所	8665.08
21	中国科学院合肥物质科学研究院	8483.86
22	中国科学院理化技术研究所	6810.00
23	中国科学院声学研究所	6581.90
24	广东省农业科学院	6402.02
25	中国科学院半导体研究所	6330.00
26	中国科学院上海硅酸盐研究所	6100.00
27	福建海洋研究所	5798.62
28	交通运输部公路科学研究所	5567.00
29	中国科学院微生物研究所	5321.00
30	中国农业科学院麻类研究所	5111.00
31	广东省科学院	4961.15
32	中国科学院自动化研究所	4910.00
33	中国科学院上海有机化学研究所	4810.00
34	中国医学科学院药物研究所	4740.00
35	中国科学院宁波材料技术与工程研究所	4730.00
36	电子科技大学广东电子信息工程研究院	4450.00
37	中国科学院广州能源研究所	4435.00
38	中国科学院化学研究所	4350.00
39	中国农业科学院哈尔滨兽医研究所	4330.00
40	中国科学院过程工程研究所	3730.12
41	中国科学院上海微系统与信息技术研究所	3562.00

续表

排名	单位名称	合同金额/万元
42	天津市农作物研究所	3037.62
43	公安部交通管理科学研究所	3011.44
44	中国医学科学院放射医学研究所	3000.00
45	中国农业科学院上海兽医研究所	2910.00
46	中国科学院国家空间科学中心	2909.83
47	应急管理部天津消防研究所	2880.00
48	湖南杂交水稻研究中心	2880.00
49	浙江省农业科学院	2722.78
50	中国地震局地震研究所	2706.77
51	中国科学院山西煤炭化学研究所	2704.68
52	广东省信息安全测评中心	2556.84
53	中国科学院力学研究所	2520.90
54	中国科学院上海技术物理研究所	2478.38
55	应急管理部上海消防研究所	2360.00
56	中国科学院计算技术研究所济宁分所（山东省物联网技术发展研究院）	2271.00
57	四川大学青岛研究院	2115.00
58	中国科学院信息工程研究所	2112.00
59	国家工业信息安全发展研究中心（工业和信息化部电子第一研究所）	2000.00
60	江苏物联网研究发展中心	2000.00
61	中国科学院上海巴斯德研究所	2000.00
62	山东省计算中心（国家超级计算济南中心）	1984.00
63	四川省中医药科学院（四川省中药研究所）	1877.00

续表

排名	单位名称	合同金额/万元
64	广东省林业科学研究院	1841.32
65	中国农业科学院北京畜牧兽医研究所	1800.00
66	中国测绘科学研究院	1768.26
67	清华大学天津电子信息研究院	1736.22
68	广东省计量科学研究院（华南国家计量测试中心）	1688.75
69	中国科学院国家授时中心	1670.00
70	中国科学院苏州生物医学工程技术研究所	1662.50
71	湖南化工研究院有限公司	1586.00
72	中国科学院海洋研究所	1575.00
73	中国科学院青岛生物能源与过程研究所	1560.00
74	云南省热带作物科学研究所	1500.00
75	济南市环境研究院	1484.30
76	上海市农业科学院	1459.00
77	中国科学院生物物理研究所	1445.48
78	中国科学院遗传与发育生物学研究所	1440.00
79	中国农业科学院特产研究所	1433.80
80	浙江中科院应用技术研究院	1408.00
81	浙江大学台州研究院	1388.11
82	周口市农业科学院	1382.06
83	中国科学院金属研究所	1381.68
84	北京市农林科学院	1377.13
85	中国农业科学院油料作物研究所	1368.30
86	中国科学院新疆理化技术研究所	1359.55

续表

排名	单位名称	合同金额/万元
87	中国科学院电工研究所	1322.12
88	中国科学院兰州化学物理研究所	1306.93
89	福建省农业科学院水稻研究所	1291.00
90	中国热带农业科学院香料饮料研究所	1290.00
91	中国农业科学院农业质量标准与检测技术研究所	1190.00
92	中国科学院长春应用化学研究所	1179.18
93	云南省高原特色农业产业研究院	1170.00
94	国家粮食和物资储备局科学研究院	1160.00
95	中国科学院上海高等研究院	1080.00
96	江西省建筑材料工业科学研究设计院	1075.02
97	新疆农业科学院	1074.00
98	广西壮族自治区农业科学院	1054.57
99	中国科学院物理研究所	1045.54
100	中国科学院苏州纳米技术与纳米仿生研究所	1010.00
	合计	738 549.93

附录 9　2019 年科研院所奖励个人现金和股份总金额前 100 名

排名	单位名称	奖励个人金额 / 万元
1	生态环境部华南环境科学研究所	13 171.78
2	中国农业科学院哈尔滨兽医研究所	10 462.00
3	中国农业科学院兰州兽医研究所	9301.90
4	中国科学院深圳先进技术研究院	9290.64
5	黑龙江省农业科学院	6321.07
6	中国科学院上海光学精密机械研究所	6053.22
7	江苏省产业技术研究院	5671.00
8	中国科学院合肥物质科学研究院	5559.24
9	中国科学院计算技术研究所	5189.46
10	中国科学院工程热物理研究所	4421.00
11	中国科学院长春光学精密机械与物理研究所	4278.33
12	广东省水利水电科学研究院	4184.32
13	江苏省农业科学院	3979.10
14	中国科学院大连化学物理研究所	3959.48
15	中国科学院上海药物研究所	3687.32
16	交通运输部公路科学研究所	3340.20
17	中国科学院半导体研究所	3266.50
18	中国科学院广州能源研究所	3045.00
19	水利部南京水利水文自动化研究所	2779.48
20	广东省农业科学院	2653.19

续表

排名	单位名称	奖励个人金额/万元
21	中国科学院上海有机化学研究所	2578.68
22	中国科学院动物研究所	2399.82
23	黑龙江省科学院	2180.30
24	中国科学院自动化研究所	2122.86
25	中国科学院宁波材料技术与工程研究所	1990.92
26	中国科学院国家空间科学中心	1934.13
27	中国科学院上海微系统与信息技术研究所	1877.14
28	应急管理部天津消防研究所	1728.00
29	四川大学青岛研究院	1670.00
30	中国科学院微电子研究所	1662.17
31	吉林省农业科学院	1646.69
32	中国农业科学院郑州果树研究所	1603.20
33	中国农业科学院植物保护研究所	1521.00
34	浙江省农业科学院	1460.66
35	中国科学院山西煤炭化学研究所	1338.50
36	中国农业科学院农业环境与可持续发展研究所	1332.00
37	中国医学科学院医学实验动物研究所	1183.00
38	中国测绘科学研究院	1149.27
39	北京市农林科学院	1137.95
40	中国农业科学院油料作物研究所	1130.82
41	中国热带农业科学院香料饮料研究所	1120.00
42	中国农业科学院农业质量标准与检测技术研究所	1098.48
43	上海市农业科学院	1085.08

续表

排名	单位名称	奖励个人金额/万元
44	湖南杂交水稻研究中心	1081.00
45	江西省农业科学院	1031.39
46	中国科学院信息工程研究所	1008.00
47	中国科学院上海硅酸盐研究所	990.00
48	中国科学院计算技术研究所济宁分所（山东省物联网技术发展研究院）	978.00
49	长江水利委员会长江科学院	977.83
50	中国检验检疫科学研究院	972.47
51	中国科学院空天信息创新研究院	900.00
52	中国科学院生物物理研究所	873.24
53	公安部交通管理科学研究所	871.32
54	中国科学院上海高等研究院	864.00
55	中国科学院新疆理化技术研究所	860.02
56	中国农业科学院麻类研究所	837.00
57	广东省林业科学研究院	834.94
58	浙江省计量科学研究院	833.80
59	中国医学科学院血液病医院（中国医学科学院血液学研究所）	827.85
60	天津市水利科学研究院	773.45
61	中国科学院苏州生物医学工程技术研究所	757.60
62	中国科学院金属研究所	754.70
63	广西壮族自治区农业科学院	735.55
64	安徽省农业科学院	678.50
65	青海省农林科学院	668.00

续表

排名	单位名称	奖励个人金额/万元
66	河南省农业科学院小麦研究所	661.89
67	清华大学天津电子信息研究院	655.35
68	浙江省淡水水产研究所	631.75
69	中国科学院苏州纳米技术与纳米仿生研究所	631.00
70	四川省中医药科学院（四川省中药研究所）	625.40
71	广东省信息安全测评中心	615.12
72	江西省建筑材料工业科学研究设计院	615.05
73	山东省科学院自动化研究所	605.00
74	广州中国科学院先进技术研究所	602.10
75	中国科学院过程工程研究所	581.37
76	中国热带农业科学院农产品加工研究所	572.50
77	山东省农业科学院作物研究所	565.74
78	中国科学院化学研究所	528.81
79	河南省农业科学院植物保护研究所	503.00
80	中国科学院微生物研究所	497.33
81	中国信息通信研究院	484.00
82	广西壮族自治区林业科学研究院	464.77
83	山东省建筑材料工业设计研究院（山东省建材工业新型材料检测中心）	464.60
84	山东省科学院能源研究所	455.00
85	四川省农业科学院水稻高粱研究所	452.00
86	湖南省计量检测研究院	445.00
87	广州市林业和园林科学研究院	444.31

续表

排名	单位名称	奖励个人金额/万元
88	广东省科学院	433.11
89	中国科学院昆明动物研究所	431.90
90	中国水产科学研究院珠江水产研究所	415.00
91	北京市科学技术研究院	393.13
92	中国地质科学院矿产综合利用研究所	391.77
93	四川省安全科学技术研究院	376.51
94	中国科学院天津工业生物技术研究所	376.30
95	中国科学院重庆绿色智能技术研究院	375.00
96	上海市食品药品检验所	369.00
97	中国农业科学院上海兽医研究所	360.38
98	北京市劳动保护科学研究所	344.77
99	中国农业科学院北京畜牧兽医研究所	336.23
100	福建省计量科学研究院	330.41
	合计	183 708.16

附录10　2019年科研院所以技术转让(包括转让、许可、作价投资)、技术开发、技术咨询、技术服务方式转化科技成果合同金额前100名

排名	单位名称	合同金额/万元
1	中国科学院上海药物研究所	195 220.68
2	中国水利水电科学研究院	117 088.79
3	中国环境科学研究院	72 015.94
4	广东省科学院	65 790.61
5	深圳华大生命科学研究院	61 442.00
6	中国科学院深圳先进技术研究院	61 315.32
7	中国科学院微电子研究所	60 330.49
8	水利部　交通运输部　国家能源局南京水利科学研究院	56 710.48
9	长江水利委员会长江科学院	55 939.28
10	生态环境部南京环境科学研究所	49 200.00
11	中国科学院大连化学物理研究所	42 770.58
12	生态环境部华南环境科学研究所	41 906.07
13	中国科学院工程热物理研究所	40 628.00
14	江苏省产业技术研究院	38 617.00
15	中国科学院长春光学精密机械与物理研究所	37 244.53
16	中国科学院合肥物质科学研究院	36 983.86
17	广西壮族自治区水利电力勘测设计研究院	36 254.66
18	之江实验室	36 247.00

续表

排名	单位名称	合同金额/万元
19	交通运输部天津水运工程科学研究所	34 214.43
20	珠江水利委员会珠江水利科学研究院	33 444.17
21	中国科学院半导体研究所	33 312.00
22	中国科学院信息工程研究所	32 587.10
23	交通运输部公路科学研究所	31 969.62
24	中国科学院沈阳自动化研究所	31 473.00
25	中国科学院空天信息创新研究院	29 407.77
26	广东省水利水电科学研究院	27 465.14
27	江苏省农业科学院	26 690.13
28	中国特种设备检测研究院	26 248.54
29	国家工业信息安全发展研究中心（工业和信息化部电子第一研究所）	25 518.74
30	中国科学院金属研究所	25 424.38
31	湖南省交通科学研究院有限公司	25 347.65
32	山东省水利科学研究院	24 680.00
33	中国科学院分子细胞科学卓越创新中心	24 659.47
34	安徽省（水利部淮河水利委员会）水利科学研究院	24 254.00
35	中国科学院动物研究所	22 681.84
36	中国民航科学技术研究院（中国民用航空局航空安全技术中心）	22 659.18
37	中国科学院上海光学精密机械研究所	21 556.95
38	交通运输部科学研究院	21 036.30
39	天津先进技术研究院	20 435.87
40	中国科学院地理科学与资源研究所	20 251.25

续表

排名	单位名称	合同金额/万元
41	重庆地质矿产研究院	20 075.00
42	广东省农业科学院	20 073.05
43	应急管理部天津消防研究所	19 763.75
44	北京市农林科学院	19 648.19
45	中国科学院生态环境研究中心	19 320.00
46	中国科学院过程工程研究所	18 886.90
47	中国科学院理化技术研究所	18 365.00
48	中国安全生产科学研究院	18 361.12
49	中国科学院西安光学精密机械研究所	18 162.14
50	中国科学院天津工业生物技术研究所	17 703.90
51	中国科学院自动化研究所	17 689.84
52	北京市科学技术研究院	17 467.70
53	中国农业科学院兰州兽医研究所	17 083.69
54	中国科学院微生物研究所	16 354.78
55	自然资源部第二海洋研究所	15 834.46
56	中国科学院声学研究所	15 728.90
57	上海市预防医学研究院	15 638.00
58	河北省计量监督检测研究院	15 422.87
59	四川省国土科学技术研究院（四川省卫星应用技术中心）	15 325.91
60	中国科学院苏州纳米技术与纳米仿生研究所	15 255.68
61	中国科学院上海微系统与信息技术研究所	15 048.04
62	江苏省环境科学研究院	15 012.13
63	散裂中子源科学中心	14 884.90

续表

排名	单位名称	合同金额/万元
64	交通运输部水运科学研究院	14 813.41
65	中国科学院兰州化学物理研究所	14 788.84
66	清华大学天津高端装备研究院	14 668.00
67	中国标准化研究院	14 456.14
68	黄河水利委员会黄河水利科学研究院	14 445.50
69	中国科学院上海硅酸盐研究所	14 007.62
70	中国科学院武汉岩土力学研究所	13 767.31
71	中国科学院力学研究所	13 759.10
72	湖北省环境科学研究院	13 635.80
73	公安部第三研究所	13 601.73
74	中国科学院计算机网络信息中心	13 514.72
75	交通运输部规划研究院	13 419.80
76	北京市环境保护科学研究院	13 222.21
77	中国科学院宁波材料技术与工程研究所	13 119.20
78	公安部第一研究所	13 076.35
79	广东华中科技大学工业技术研究院	12 876.55
80	长沙矿山研究院有限责任公司	12 792.41
81	上海市环境科学研究院	12 700.74
82	长江水利委员会水文局	12 462.00
83	山东省交通科学研究院	12 379.95
84	中国农业科学院哈尔滨兽医研究所	12 269.00
85	中国科学院脑科学与智能技术卓越创新中心	12 187.88
86	自然资源部第三海洋研究所	12 116.45

续表

排名	单位名称	合同金额/万元
87	黑龙江省农业科学院	12 099.15
88	浙江清华长三角研究院	11 877.54
89	黑龙江省科学院	11 858.78
90	北京市肿瘤防治研究所	11 682.58
91	中国医学科学院医药生物技术研究所	11 636.37
92	中国地质科学院勘探技术研究所	11 589.72
93	浙江省农业科学院	11 533.84
94	国家海洋局南海调查技术中心	11 408.12
95	江西省水利科学研究院（江西省大坝安全管理中心、江西省水资源管理中心）	11 368.30
96	浙江省计量科学研究院	11 295.53
97	中国科学院上海有机化学研究所	11 250.36
98	湖南省建筑科学研究院有限责任公司	11 136.21
99	中国电子产品可靠性与环境试验研究所[工业和信息化部电子第五研究所（中国赛宝实验室）]	11 126.85
100	水利部产品质量标准研究所	10 790.00
	合计	2 556 862.83

附录11 2019年高校院所以转让、许可、作价投资方式转化科技成果的平均合同金额前100名

排名	单位名称	平均合同金额/万元
1	深圳华大生命科学研究院	30 000.00
2	中国科学院动物研究所	22 000.00
3	天津先进技术研究院	20 000.00
4	之江实验室	20 000.00
5	中国科学院上海药物研究所	17 170.00
6	中国医学科学院医药生物技术研究所	10 000.00
7	长春大学	7212.00
8	上海科技大学	5912.00
9	中国科学院空天信息创新研究院	4688.51
10	沈阳药科大学	4214.00
11	中国科学院脑科学与智能技术卓越创新中心	3928.33
12	暨南大学	3369.41
13	中国医学科学院放射医学研究所	3000.00
14	中国科学院微电子研究所	2935.32
15	交通运输部公路科学研究所	2783.50
16	中国科学院深圳先进技术研究院	2739.74
17	中国医学科学院药物研究所	2370.00
18	中国科学院工程热物理研究所	2210.00
19	中国科学院信息工程研究所	2112.00

续表

排名	单位名称	平均合同金额/万元
20	南方科技大学	2085.54
21	国家工业信息安全发展研究中心（工业和信息化部电子第一研究所）	2000.00
22	江苏物联网研究发展中心	2000.00
23	中国科学院上海巴斯德研究所	2000.00
24	中国民航科学技术研究院（中国民用航空局航空安全技术中心）	1990.71
25	中国科学院分子细胞科学卓越创新中心	1916.36
26	中国科学院上海光学精密机械研究所	1749.56
27	中国农业科学院兰州兽医研究所	1394.37
28	周口市农业科学院	1382.06
29	中国科学院半导体研究所	1266.00
30	中国科学院长春光学精密机械与物理研究所	1107.08
31	中国科学院物理研究所	1045.54
32	中国科学院上海硅酸盐研究所	1016.67
33	山东省科学院激光研究所	1000.58
34	浙江省淡水水产研究所	1000.00
35	湖南杂交水稻研究中心	960.00
36	中南大学	906.07
37	中国科学院山西煤炭化学研究所	901.56
38	中国农业科学院北京畜牧兽医研究所	900.00
39	湖州师范学院	836.45
40	中国科学院国家授时中心	835.00
41	中国科学院软件研究所	801.79

续表

排名	单位名称	平均合同金额/万元
42	上海中医药大学	797.20
43	中国科学院天津工业生物技术研究所	777.14
44	中国科学院理化技术研究所	756.67
45	云南省热带作物科学研究所	750.00
46	中国农业科学院上海兽医研究所	727.50
47	中国科学院上海微系统与信息技术研究所	712.40
48	湖南省蔬菜研究所	705.00
49	中国中医科学院西苑医院	700.00
50	中国科学院声学研究所	658.19
51	中国科学院合肥物质科学研究院	652.60
52	中国药科大学	633.84
53	中国科学院力学研究所	630.23
54	中国科学院昆明动物研究所	617.00
55	山西省农业科学院经济作物研究所	600.00
56	陕西学前师范学院	600.00
57	上海理工大学	596.44
58	应急管理部天津消防研究所	576.00
59	中国农业科学院麻类研究所	567.89
60	中国科学院自动化研究所	545.56
61	长春师范大学	543.00
62	中国科学院大连化学物理研究所	541.57
63	中国科学院上海高等研究院	540.00
64	中国科学院上海有机化学研究所	534.44

续表

排名	单位名称	平均合同金额/万元
65	中国科学院高能物理研究所	533.20
66	四川大学青岛研究院	528.75
67	中国科学院海洋研究所	525.00
68	中国医学科学院基础医学研究所	520.00
69	天津市农作物研究所	506.27
70	华南理工大学珠海现代产业创新研究院	500.00
71	农业农村部食物与营养发展研究所	500.00
72	湖南中医药大学	500.00
73	青岛海洋生物医药研究院	500.00
74	北京中医药大学	500.00
75	西北民族大学	490.00
76	郑州轻工业大学	477.20
77	应急管理部上海消防研究所	472.00
78	复旦大学	469.21
79	中国科学院武汉物理与数学研究所	465.00
80	上海大学	464.43
81	辽宁科技大学	461.72
82	中国科学院计算技术研究所济宁分所（山东省物联网技术发展研究院）	454.20
83	中国地震局地震研究所	451.13
84	电子科技大学广东电子信息工程研究院	445.00
85	中国科学院广州能源研究所	443.50
86	中国科学院微生物研究所	443.42

续表

排名	单位名称	平均合同金额/万元
87	山东省科学院新材料研究所	437.84
88	中国农业科学院哈尔滨兽医研究所	433.00
89	上海交通大学	403.51
90	金华市科技人才与创新服务中心	400.00
91	北京服装学院	400.00
92	湖南机电职业技术学院	400.00
93	山东省计算中心(国家超级计算济南中心)	396.80
94	中国科学院青岛生物能源与过程研究所	390.00
95	四川省中医药科学院(四川省中药研究所)	375.40
96	中国科学院重庆绿色智能技术研究院	375.00
97	江苏省产业技术研究院	373.50
98	中国科学院宁波材料技术与工程研究所	363.85
99	清华大学	355.15
100	中国热带农业科学院环境与植物保护研究所	350.00
	以上100家平均合同金额	1251.96

附录 12　2019 年各地方辖区内的高校院所以转让、许可、作价投资方式转化科技成果的合同金额排名

排名	省、自治区、直辖市名称	合同金额 / 万元
1	上海市	359 758.76
2	北京市	261 785.19
3	广东省	204 807.18
4	江苏省	97 350.30
5	浙江省	74 761.69
6	湖南省	61 729.68
7	辽宁省	57 254.91
8	吉林省	49 648.63
9	天津市	49 530.00
10	陕西省	42 948.80
11	山东省	40 223.55
12	湖北省	36 472.81
13	四川省	28 672.45
14	甘肃省	27 264.72
15	福建省	20 975.44
16	河南省	20 192.39
17	黑龙江省	19 717.56
18	重庆市	16 750.04
19	安徽省	12 490.59

续表

排名	省、自治区、直辖市名称	合同金额/万元
20	山西省	8060.08
21	江西省	7541.85
22	广西壮族自治区	6809.47
23	云南省	4219.03
24	内蒙古自治区	4164.47
25	新疆维吾尔自治区	3751.05
26	河北省	2838.93
27	海南省	1875.88
28	贵州省	1476.82
29	青海省	688.00
30	宁夏回族自治区	359.39
31	西藏自治区	86.00
合计		1 524 205.66

附录 13　2019 年各地方辖区内的高等院校以转让、许可、作价投资方式转化科技成果的合同金额排名

排名	省、自治区、直辖市名称	合同金额/万元
1	上海市	113 699.93
2	广东省	96 208.91
3	江苏省	75 985.06
4	北京市	66 782.83
5	湖南省	49 578.92
6	辽宁省	45 851.85
7	陕西省	40 941.80
8	浙江省	38 030.44
9	吉林省	35 933.60
10	湖北省	29 296.18
11	四川省	22 560.37
12	山东省	21 637.04
13	河南省	14 687.99
14	重庆市	14 262.13
15	福建省	11 723.87
16	甘肃省	10 478.55
17	黑龙江省	5745.46
18	江西省	5745.10
19	山西省	4258.16

续表

排名	省、自治区、直辖市名称	合同金额/万元
20	内蒙古自治区	3454.47
21	安徽省	3296.23
22	广西壮族自治区	2869.23
23	天津市	2088.16
24	河北省	1760.16
25	贵州省	1168.68
26	云南省	627.65
27	新疆维吾尔自治区	106.00
28	宁夏回族自治区	102.89
29	海南省	29.88
30	青海省	3.00
31	西藏自治区	0.00
	合计	718 914.54

附录 14　2019 年各地方辖区内的科研院所以转让、许可、作价投资方式转化科技成果的合同金额排名

排名	省、自治区、直辖市名称	合同金额/万元
1	上海市	246 058.83
2	北京市	195 002.36
3	广东省	108 598.27
4	天津市	47 441.84
5	浙江省	36 731.25
6	江苏省	21 365.24
7	山东省	18 586.51
8	甘肃省	16 786.17
9	黑龙江省	13 972.10
10	吉林省	13 715.03
11	湖南省	12 150.76
12	辽宁省	11 403.06
13	福建省	9251.57
14	安徽省	9194.36
15	湖北省	7176.63
16	四川省	6112.08
17	河南省	5504.40
18	广西壮族自治区	3940.24
19	山西省	3801.92

续表

排名	省、自治区、直辖市名称	合同金额/万元
20	新疆维吾尔自治区	3645.05
21	云南省	3591.38
22	重庆市	2487.91
23	陕西省	2007.00
24	海南省	1846.00
25	江西省	1796.75
26	河北省	1078.77
27	内蒙古自治区	710.00
28	青海省	685.00
29	贵州省	308.14
30	宁夏回族自治区	256.50
31	西藏自治区	86.00
合计		805 291.12

附录 15　2019 年各地方辖区内产出科技成果转化至本地方的合同项数与合同金额情况

省、自治区、直辖市名称	单位数量/家	在本地方辖区内产出科技成果在本地方转化的合同项数/项	占本地方辖区内产出科技成果转化合同总项数的比重	在本地方辖区内产出科技成果在本地方转化的合同金额/万元	占本地方辖区内产出科技成果转化合同金额的比重
上海市	135	225	47.3%	227 297.55	63.2%
广东省	244	902	82.4%	103 648.02	50.6%
北京市	253	485	44.6%	85 039.25	32.5%
江苏省	92	2108	68.4%	56 638.81	58.2%
浙江省	151	1225	78.1%	55 544.16	74.3%
湖南省	164	172	63.0%	54 019.97	87.5%
山东省	381	525	65.0%	32 486.24	80.8%
湖北省	170	518	68.9%	26 293.47	72.1%
天津市	79	86	39.4%	24 076.28	48.6%
四川省	169	545	74.1%	22 412.63	78.2%
陕西省	79	315	49.2%	22 029.75	51.3%
福建省	123	387	86.8%	19 740.78	94.1%
河南省	121	342	74.2%	14 804.54	73.3%
黑龙江省	52	198	55.8%	12 827.18	65.1%
辽宁省	100	303	66.7%	12 729.52	22.2%
安徽省	103	254	67.2%	10 813.08	86.6%
重庆市	60	194	69.0%	10 802.93	64.5%

续表

省、自治区、直辖市名称	单位数量/家	在本地方辖区内产出科技成果在本地方转化的合同项数/项	占本地方辖区内产出科技成果转化合同总项数的比重	在本地方辖区内产出科技成果在本地方转化的合同金额/万元	占本地方辖区内产出科技成果转化合同金额的比重
吉林省	65	142	54.4%	8375.11	16.9%
甘肃省	90	102	53.1%	7976.99	29.3%
山西省	45	137	70.6%	6433.70	79.8%
广西壮族自治区	85	166	74.4%	6095.15	89.5%
江西省	157	183	68.3%	5427.40	72.0%
内蒙古自治区	122	42	93.3%	3949.47	94.8%
新疆维吾尔自治区	47	46	86.8%	2879.05	76.8%
云南省	104	51	69.9%	2706.33	64.1%
河北省	140	214	76.4%	2269.98	80.0%
海南省	22	25	80.6%	1727.10	92.1%
青海省	20	9	81.8%	675.00	98.1%
贵州省	43	48	66.7%	609.34	41.3%
宁夏回族自治区	23	17	81.0%	309.89	86.2%
西藏自治区	11	2	100.0%	86.00	100.0%
合计	3450	9968		840 724.67	

附录 16　2019 年各地方辖区内产出科技成果输出至其他地方合同金额占合同总金额比重的相关情况

排名	省、自治区、直辖市名称	单位数量/家	本地方辖区内产出科技成果合同总金额/万元	输出成果到其他地方合同金额/万元	输出成果至其他地方合同金额占本地方辖区内产出科技成果合同总金额的比重
1	吉林省	65	49 648.6	41 266.4	83.1%
2	辽宁省	100	57 254.9	44 405.4	77.6%
3	甘肃省	90	27 264.7	19 287.7	70.7%
4	北京市	253	261 785.2	176 698.8	67.5%
5	贵州省	43	1476.8	867.5	58.7%
6	天津市	79	49 530.0	25 453.7	51.4%
7	广东省	244	204 807.2	101 150.2	49.4%
8	陕西省	79	42 948.8	20 919.1	48.7%
9	上海市	135	359 758.8	131 821.2	36.6%
10	云南省	104	4219.0	1512.7	35.9%
11	重庆市	60	16 750.0	5947.1	35.5%
12	黑龙江省	52	19 717.6	6890.4	34.9%
13	江苏省	92	97 350.3	33 862.2	34.8%
14	江西省	157	7541.9	2114.5	28.0%
15	湖北省	170	36 472.8	10 179.3	27.9%
16	浙江省	151	74 761.7	19 217.5	25.7%
17	新疆维吾尔自治区	47	3751.1	872.0	23.2%

续表

排名	省、自治区、直辖市名称	单位数量/家	本地方辖区内产出科技成果合同总金额/万元	输出成果到其他地方合同金额/万元	输出成果至其他地方合同金额占本地方辖区内产出科技成果合同总金额的比重
18	河南省	121	20 192.4	4327.9	21.4%
19	山西省	45	8060.1	1626.4	20.2%
20	河北省	140	2838.9	569.0	20.0%
21	四川省	169	28 672.5	5729.8	20.0%
22	山东省	381	40 223.6	7737.3	19.2%
23	宁夏回族自治区	23	359.4	49.5	13.8%
24	安徽省	103	12 490.6	1677.5	13.4%
25	广西壮族自治区	85	6809.5	714.3	10.5%
26	湖南省	164	61 729.7	5859.7	9.5%
27	海南省	22	1875.9	148.8	7.9%
28	福建省	123	20 975.4	1234.7	5.9%
29	内蒙古自治区	122	4164.5	215.0	5.2%
30	青海省	20	688.0	13.0	1.9%
31	西藏自治区	11	86.0	0.0	0.0%

附录 17　科技成果转化年度报告指标体系

一、单位基本情况

单位名称				邮政编码	
地址		省（自治区、直辖市）市（县）区路（街道）号			
单位性质				单位网址	
法定代表人		电话		传真	
联系人	姓名			所在部门、职务	
	手机号码			办公电话	
	电子邮件			传真	

二、科技成果转移转化情况

（一）科技成果转移转化总体情况

序号	项目		2019 年度		
			总计	其中：财政资助	中央财政资助
一	以转让方式转化科技成果	合同项数 / 项			
		合同金额 / 万元			
		当年到账金额 / 万元			
二	以许可方式转化科技成果	合同项数 / 项			
		合同金额 / 万元			
		当年到账金额 / 万元			

续表

序号	项目		2019 年度		
			总计	其中：财政资助	中央财政资助
三	以作价投资方式转化科技成果	合同项数 / 项			
		作价金额 / 万元			
小计	以上三项小计	合同总项数 / 项			
		合同总金额 / 万元			
		当年到账总金额 / 万元			
四	产学研合作情况	技术开发、咨询、服务项目合同数 / 项		—	—
		技术开发、咨询、服务项目合同金额 / 万元		—	—
合计	以上一、二、三、四项合计	科技成果转让、许可、作价投资项目和技术开发、咨询、服务合同项目数 / 项		—	—
		科技成果转让、许可、作价投资项目和技术开发、咨询、服务项目合同总收入 / 万元			
五	其他相关指标	与企业共建研发机构、转移机构、转化服务平台数量 / 个			
		自建技术转移机构数量 / 个			
		专职从事科技成果转化工作人数 / 人			
		与本单位合作开展科技成果转化的市场化转移机构数量 / 个			

续表

序号	项目	2019 年度		
		总计	其中：财政资助	中央财政资助
五	其他相关指标			
	在外兼职从事成果转化人员和离岗创业人员数/人		—	—
	创设新公司和参股新公司数/个		—	—
	单位认为其他需报告的指标（可不填）			

注：1."合同项数"为当年新签订的合同总数目。

2."合同金额"为当年新签订的合同总金额。

3."当年到账金额"为当年新签订和往年签订的合同在当年实际到账的总金额。

4."财政资助"为经费来源中受到过财政（包括中央财政和地方财政）资助的项目取得的科技成果转化后产生的合同数目、合同金额、当年到账金额。

5."中央财政资助"为"财政资助"中受到过中央财政资助的项目取得的科技成果转化后产生的合同项数、合同金额、当年到账金额等数据信息。财政资助包括中央财政资助和地方财政资助，"中央财政资助"的合同项数、合同金额、当年到账金额等数据应小于或等于"财政资助"相关数据。

6."其他相关指标"由单位填报截至当年年底的机构、平台、人员、公司的数量。

7."单位认为其他需报告指标"由单位自行判断填报，可以填标准制定等相关情况。

8. 表中"—"的地方不用填内容。

（二）科技成果转化清单

表1　以转让、许可、作价投资方式转化成果

序号	合同名称	对应成果名称	合同金额/万元	当年到账金额/万元	转化方式	定价方式	是否评估	转化去向	转化至单位名称（选填）	转化至单位所在地	该成果应用的行业领域	受财政资助类型（可多选）
1												
2（可加页）												

注：1. 本表中需填写以下两个方面的相关信息：当年新签订的以转让、许可、作价投资方式转化成果的合同相关信息；往年签订但当年有到账的以转让、许可、作价投资方式转化成果的合同相关信息。

2. "对应成果名称"为某项已签订合同涉及的科技成果名称，若某项合同含有成果数太多，可列举几项主要成果名称，如××等××项成果。

3. "合同金额"为某项成果转化当年新签订的单项合同金额，若某项成果转化当年签订多份合同，则应列出每份合同相关信息。"合同金额"一项只填写当年新签订的合同金额信息，往年签订的成果转化合同当年发生到账的，"合同金额"一项不用填写。

4. "当年到账金额"为某项成果转化当年新签订或往年签订的合同在当年实际到账金额，若某项成果转化当年有多份合同到账，则应列出每份合同当年到账相关信息，请填写具体数字。例如，"5350万元+专利技术药品年销售额3%""30万元+每套设备5万元销售提成"等均应折算成具体金额。

5. "转化方式"为某项已签订合同中约定的转化方式，如果是单一转化方式，请选"转让""许可"或"作价投资"；如果是多种转化方式的组合，请选择"其他"。

6. "是否评估"指采取协议定价、挂牌交易、拍卖及其他定价方式对科技成果定价时，是否进行过评估。

7. "中小微企业"和"大型企业"标准参考《国家统计局关于印发统计上大中小微型企业划分办法的通知》（国统字〔2011〕75号），"国有企业"标准参考《关于划分企业登记注册类型的规定调整的通知》（国统字〔2011〕86号），非国有企业均归类为"其他企业"。

8. "转化至单位名称"为选填项，若转化至单位名称较敏感，可不填。

9. "该成果应用的行业领域"标准参考《国民经济行业分类》(GB/T 4754—2017)中的分类标准。

10. "受财政资助类型"为某项合同内对应成果在研发及转化过程中受中央财政及地方财政资助类型。受"中央财政"资助类型可多选,若受五大类科技计划之外的中央财政资助则选"其他",并填写具体科技计划名称,若未受到中央财政资助,请选"无";若受到地方财政资助,请填写受"地方财政资助科技计划名称",或未受到地方财政资助,请填写"无"。只有当年新签订合同需要填该项,往年签订的合同但当年有到账的合同,该项请填"—"。

11. 本表"合同金额"的合计与第二部分(一)中科技成果转让、许可、作价投资(小计)"合同总金额"相同。

12. 本表"当年到账金额"的合计与第二部分(一)中科技成果转让、许可、作价投资(小计)"当年到账总金额"相同。

表2 技术开发、咨询、服务项目

序号	技术开发、咨询、服务项目名称	金额/万元
1		
2		

注:本表只填金额在100万元以上的项目。以上项目金额合计等于或者小于第二部分(一)中技术开发、咨询、服务项目金额合计。

三、成果转化收入及分配情况

序号	项目			2019年
一	现金收入及奖励	科技成果转化当年取得的现金总收入/万元	留归单位/万元	
			奖励个人/万元	
			研发与转化主要贡献人员/万元	
		现金奖励人次/次		

续表

序号	项目			2019 年
二	股权收入及奖励	成果转化取得的股份数量 / 万股		
		科技成果转化当年取得的股份金额 / 万元	留归单位 / 万元	
			奖励个人 / 万元	
				研发与转化主要贡献人员 / 万元	
		股权奖励人次 / 次		
三	奖励情况小计	单位获得现金和股权收入总额 / 万元		
		对个人现金、股权奖励总额 / 万元		

注：1. 本表只统计以转让、许可、作价投资方式转化科技成果的收入及分配情况。技术开发、咨询、服务等收入产生的分配情况不填写在本表中，但可在"取得的成效与经验"中介绍。

2. 本统计假设一元一股。

3. "留归单位"为当年现金总收入或股权总收入中除去奖励个人以外的部分。

4. "研发与转化主要贡献人员"为在研究开发和科技成果转化中做出主要贡献的人员，原则上该指标应不低于"奖励个人"的 50%。

5. 第二栏中"股份奖励人次"中如果是一个人代持团队的股份，请按照团队实际人数填报。

6. "单位获得现金和股权收入总额"是现金和股权收入"留归单位"部分的合计；"对个人现金、股权奖励总额"是现金和股权收入"奖励个人"部分的合计。

四、成效、问题与建议

（一）取得的成效与经验

1. 单位取得科技成果的数量总体情况

单位取得科技成果的数量总体情况（如专利总数量、授权专利数、有效专利数、当年新增专利数、当年新增软件著作权数、当年发表论文数、当年获得科技奖励情况等）。

2. 在成果转化方面取得成效和工作经验

包括规章制度体系建设及执行情况（如科技成果转化管理机构、审批流程、奖励机制、尽职调查程序和考核评价体系等）、项目运作流程，科技成果转化年度报告制度建设情况等。

3. 技术转移机构和技术转移队伍情况

包括技术转移机构在科技成果转化过程中发挥的作用、单位内部技术转移机构人才队伍建设等情况。

（二）成果转化典型案例

介绍1～2个近3年内科技成果转化的典型案例，包括成果的特点，前期研发投入（如财力、人力、物力等），研发周期，转化方式及过程，定价方式（如协议定价、挂牌交易、拍卖等，定价过程中是否进行过评估等），转化收益（如合同金额、到账金额等），单位内部或外部的第三方技术转移机构发挥的作用，收益分配情况（包括奖励比例、奖励金额及奖励人次等）；转化成果应用领域、产生的经济和社会效益、对国家战略的贡献；转化过程中遇到的相关问题及处理方式等。

（三）问题与建议

在开展成果转化过程中面临的问题和障碍，相关政策建议。

附录18　名词解释

1. 科技成果：是指按照《中华人民共和国促进科技成果转化法》第二条规定的通过科学研究与技术开发所产生的具有实用价值的成果。

2. 科技成果转化：是指按照《中华人民共和国促进科技成果转化法》第二条规定的为提高生产力水平而对科技成果所进行的后续试验、开发、应用、推广直至形成新技术、新工艺、新材料、新产品，发展新产业等活动。

3. 科技成果转让：是指通过所有权转移等转让方式进行科技成果转化。

4. 科技成果许可：是指以许可使用等方式进行科技成果转化。

5. 科技成果作价投资：是指以技术折算一定价值对外投资的科技成果转化，包括以专利作价入股、以技术作价投资创设新公司、以技术作价投资参股公司等方式。

6. 技术合同：是指按照原《中华人民共和国合同法》第十八章规定的当事人就技术开发、转让、咨询或者服务订立的确立相互之间权利和义务的合同。

7. 技术开发、转让、咨询和服务合同：是指按照原《中华人民共和国合同法》第十八章签署的合同。

技术开发合同：是指当事人之间就新技术、新产品、新工艺或者新材料及其系统的研究开发所订立的合同，包括委托开发合同和合作开发合同。

技术转让合同：包括专利权转让、专利申请权转让、技术秘密转让、专利实施许可合同。

技术咨询合同：包括就特定技术项目提供可行性论证、技术预测、专题技术调查、分析评价报告等合同。

技术服务合同：是指当事人一方以技术知识为另一方解决特定技术问题所订立的合同，不包括建设工程合同和承揽合同。

8. 合同金额：是指某项成果转化当年新签订的单项合同金额。

9. 当年到账额：是指当年新签订和往年签订的合同在当年实际到账的总金额。

10. 财政资助：是指经费来源中受到过财政（包括中央财政和地方财政）资助的项目取得的科技成果转化后产生的合同数目、合同金额、当年到账金额。

11. 根据国家统计局公布的《东西中部和东北地区划分方法》，本报告中东部、中部、西部、东北地区包含的省（区、市）如下。

东部地区：含北京、天津、河北、上海、江苏、浙江、福建、山东、广东和海南，共10个省市。

中部地区：含山西、安徽、江西、河南、湖北和湖南，共6个省。

西部地区：含内蒙古、广西、重庆、四川、贵州、云南、西藏、陕西、甘肃、青海、宁夏和新疆，共12个省（区、市）。

东北地区：含辽宁、吉林和黑龙江，共3个省。

12. 定价方式：是指协议定价、挂牌交易和拍卖。

13. 是否评估：是指采取协议定价、挂牌交易、拍卖方式对科技成果定价时，是否进行过评估。

14. 科技成果转化取得的现金和股权收入：现金收入是指《中华人民共和国促进科技成果转化法》第四十五条第（一）款规定取得的现金收入，主要是以转让和许可两种方式转化科技成果取得的收入；股权收入是指第四十五条第（二）款规定的股份收入，主要是以作价投资方式转化科技成果取得的收入；现金和股权收入是指现金收入和股权收入的总和。

15. 对个人现金、股权奖励总额：是指现金和股权收入"奖励个人"部分的合计。

16. 留归单位：是指当年现金总收入或股权总收入中除去"奖励个人"以外的部分。

17. 单位获得现金和股权收入总额：是指现金和股权收入"留归单位"部分的合计。

18. 研发与转化主要贡献人员：是指在研究开发和科技成果转化中做出主要贡献的人员。

19. 兼职和离岗创业人员：是指经单位审批程序批准，在外兼职或进行离岗创业（且保留人事关系）的人员。

20. 产学研合作：根据《实施〈中华人民共和国促进科技成果转化法〉若干规定》部署，国家设立的研究开发机构、高等院校年度报告的报送内容，应该包括自建、共建研究开发机构、技术转移机构、科技成果转化服务平台情况，签订技术开发合同、技术咨询合同、技术服务合同情况，人才培养和人员流动情况等。本报告中产学研合作是指以技术开发、技术咨询、技术服务3种方式转移转化科技成果。

21. 创设和参股新公司：研究开发机构、高等院校及其科技人员可以采取多种方式转化高新技术成果，创办高新技术企业和参股新公司。

22. 转化去向：是指非企业单位、中小微企业和其他企业。"中小微企业"和"大型企业"标准参考《国家统计局关于印发统计上大中小微型企业划分办法的通知》（国统字〔2011〕75号），"国有企业"标准参考《关于划分企业登记注册类型的规定调整的通知》（国统字〔2011〕86号），非国有企业归类为"其他企业"。

23. "该成果应用的行业领域"标准参考《国民经济行业分类》（GB/T 4754—2017）中的分类标准。